Familienvorstellungen im Wandel

TVZ

Stephanie Klein (Hg.)

Familienvorstellungen im Wandel

Biblische Vielfalt, geschichtliche Entwicklungen, gegenwärtige Herausforderungen

TVZ
Theologischer Verlag Zürich

Gedruckt mit freundlicher Unterstützung der Universität Luzern.

Der Theologische Verlag Zürich wird vom Bundesamt für Kultur mit einem Strukturbeitrag für die Jahre 2016–2018 unterstützt.

Bibliografische Informationen der Deutschen Nationalbibliothek
Die Deutsche Nationalbibliothek verzeichnet diese Publikation in der Deutschen Nationalbibliografie; detaillierte bibliografische Daten sind im Internet über http://dnb.dnb.de abrufbar.

Umschlaggestaltung
Simone Ackermann, Zürich

Druck
Rosch-Buch GmbH, Scheßlitz

ISBN 978-3-290-20166-1
© 2018 Theologischer Verlag Zürich
www.tvz-verlag.ch

Alle Rechte, auch die des auszugsweisen Nachdrucks, der fotografischen und audiovisuellen Wiedergabe, der elektronischen Erfassung sowie der Übersetzung, bleiben vorbehalten.

Inhalt

Vorwort 7

Stephanie Klein
Familienrealitäten und Familienvorstellungen heute
Ein Blick auf empirische Befunde 11

Walter Kirchschläger
Ehe als Charisma versus «Verlassen» als Lebensstil der Nachfolge
Versuch einer neutestamentlichen Problemanzeige 35

Robert Vorholt
Familia Dei und Familie Jesu
Skizze einer neutestamentlichen Familiengeschichte 63

Richard Breslauer
Familie und Familienrituale im Judentum
«Nun bist Du mir mit diesem Ring angeheiligt» (Eheritual) 77

Jon Mathieu
Entwicklung von Ehe und Familie in Europa: Die Jack-Goody-
Debatte um die christliche Prägung der Familienverfassung 83

Claudia Graf
Patenschaft als horizontale und vertikale Erweiterung des
christlichen Familienmodells 99

Iris Maria Gniosdorsch
Christliche Familiennarrative im Spiegel der europäischen Kunst 119

Christoph Gellner
Familienwirklichkeiten in der Gegenwartsliteratur –
im Dialog mit *Amoris laetitia* 145

Stephanie Klein
Amoris laetitia und der Wandel der kirchlichen Familienvorstellungen 165

Autorinnen und Autoren 191

Vorwort

Die Vorstellungen von Familie sind heute so vielfältig und bunt wie die komplexen Familienkonstellationen, in denen die Menschen leben. Subjektiv haben die Menschen aber recht genaue Vorstellungen davon, wie sie sich eine Familie wünschen. Die Familie ist ihnen wichtig. In der großen Vielfalt von Lebensformen hat das Modell der Kernfamilie von Eltern mit ihren Kindern auch heute eine hohe Bedeutsamkeit.

Die Vorstellungen von Familie haben sich geschichtlich auf der Grundlage der jüdisch-christlichen Tradition entwickelt. Aber erst im 19. Jahrhundert hat sich das Modell der Kernfamilie von verheirateten Eltern mit ihren Kindern als eine Norm in der Gesellschaft durchgesetzt, deren Verbreitung in den 1950er Jahren schließlich einen Höhepunkt erreicht hat. Bezogen auf diese Zeit erscheint die weitere Entwicklung den einen als Verfall, den anderen als Befreiung. Heute ist das Modell der Kernfamilie zwar nicht mehr verbindliche Norm, aber doch ein zentraler Bezugspunkt der Diskussionen um die verschiedenen Formen von Partnerschaft und Familie. Wie ist es zu diesen Entwicklungen gekommen? Welche Rolle spielen die biblischen Grundlagen, und wie wurden sie in der Geschichte aufgegriffen und transformiert? Welche Rolle spielen kirchliche Lehraussagen, und gibt es eine Entwicklung im kirchlichen Verständnis von Ehe und Familie?

Um den Wandel der Familienvorstellungen angemessen zu verstehen gilt es, die Entwicklungen in der Vergangenheit differenziert in den Blick zu nehmen. Dazu möchte der vorliegende Band einen Beitrag leisten. Er vereinigt verschiedene Zugänge aus unterschiedlichen Disziplinen: Erkenntnisse aus dem Christentum und dem Judentum, aus den Sozialwissenschaften, den Geschichtswissenschaften und der Theologie, aus der Kunstgeschichte und der Literatur. Jeder Beitrag stellt einen kleinen Baustein der Erkenntnis zum Wandel der Familienvorstellungen dar. So entsteht ein buntes Mosaik, das die Vielschichtigkeit der Familienvorstellungen und ihres Wandels zum Ausdruck bringt.

Der hermeneutische Ausgangspunkt der Rede von einem Wandel von Familienvorstellungen ist die Gegenwart. In welchen Familienkonstellationen leben die Menschen in unserer Gesellschaft heute? Wie stellen sie sich Familie vor, und wie wünschen sie sich Familie? *Stephanie Klein* stellt im ersten Beitrag einige empirische Eckdaten zur Situation von Partnerschaft, Ehe und Familie in der schweizerischen und deutschen Gesellschaft vor. Sie präsentiert Daten zu Lebens- und Haushaltsformen, zu Partnerschaftsformen, zu Ehescheidungen und ihren Gründen, zum Kinderwunsch und zur Bedeutung der Familie für Kinder, Jugendliche und ältere Menschen.

Die folgenden Beiträge blicken zunächst auf die Geschichte der westlichen Familienmodelle und ihre biblischen Grundlagen. *Walter Kirchschläger* untersucht das Eheverständnis bei Paulus und bei den Synoptikern und zeigt auf, dass diese die Ehe primär als ein Charisma und eine Berufung verstanden haben. Daneben gab es eine Vielfalt von Lebensweisen der christlichen Nachfolge, die auch der Vielgestaltigkeit der frühen Ortskirchen entsprach. So kommt er zu dem Schluss, dass das Christsein eine göttliche Berufung ist, die in verschiedenen Lebensformen verwirklicht worden ist und auch heute verwirklicht werden kann.

Robert Vorholt nähert sich in seinem Beitrag in einer eher narrativen Weise dem exegetischen Befund des Neuen Testaments. Er nimmt die Lesenden mit in die Kindheits- und Lebensgeschichte Jesu, in der auch Familiengeschichten erzählt werden, sowie in die Familiengeschichten von Jüngerinnen und Jüngern Jesu. Die exegetische Durchsicht durch die Spuren von Familien in neutestamtlichen Schriften zeigt ein spannungsvolles und plurales Bild von Familienvorstellungen. Die *familia Dei* überschreitet den biologischen und sozialen Familienbegriff und kann zuweilen auch in Spannung zu ihm stehen.

Richard Breslauer führt in die Welt der jüdischen Familienrituale und in ihre Grundlagen im Schöpfungsglauben ein. Das menschliche Paar und seine Familie wurzeln nach dem jüdischen Verständnis im Schöpfungsakt Gottes. Die Partnerschaft wurde zunächst nicht exklusiv verstanden; die Monogamie setzte sich im Judentum dann ab dem 11. Jahrhundert zugunsten der Rechte der Frauen durch. Breslauer erläutert die jüdische Familie aus drei Blickwinkeln: Er beschreibt das Verhältnis der Eltern zu den Kindern, der Kinder zu den Eltern und die Erweiterung der Familie in die größere Gemeinschaft hinein.

Jon Mathieu lässt die Lesenden an einem wissenschaftlichen Disput um die Interpretation der historischen Entwicklung der Familienverfassung in Europa teilhaben. Die sogenannte Jack-Goody-Debatte entzündete sich an einer Studie Goodys über den Wandel der Familienverfassung in Europa, speziell der Entwicklung der extensiven Heiratsverbote und der Konsensehe von der Spätantike bis zum Beginn der Neuzeit. Der Afrikanist Jack Goody vertrat die ökonomisch begründete These, die Heiratsbeschränkungen hätten die Erbpolitik und die Aneignung weltlicher Güter durch die Kirche zu Ziel gehabt. Dem widersprach Michael Mitterauer mit religionswissenschaftlichen Argumenten, während Karl Ubl politische Motive am Werk sah und Simon Teuscher rechtlich-organisatorische Gründe veranschlagte. Bei allen unterschiedlichen Argumenten sind sich die Disputanten darin einig, dass die westliche Kirche mit den Heiratsregeln eine Deutungshoheit über Ehe und Sexualität erlangte.

Eine ganz eigene Entwicklung der Familienformen im Christentum stellt das *Patenschaftsmodell* dar, welches das Modell der Abstammungsverwandtschaft durch das der geistlichen Verwandtschaft erweiterte. *Claudia Graf* verbindet in ihrer Analyse der Patenschaft einen historischen mit einem pastoraltheologischen Zugang. Die Patenschaft wurde historisch als geistlich-religiöse Verwandtschaft verstanden und galt als Teil des Verwandtschaftssystems; sie fiel deshalb unter die verwandtschaftlichen Heiratsverbote. Heute spielt dies keine Rolle mehr, aber die Patenschaft hat im Alltag vieler Menschen noch immer eine große Bedeutung. Auf der Grundlage einer qualitativ-empirischen Analyse von Interviews geht Graf auf das komplexe Verhältnis zwischen den erwachsenen Paten, dem Paten-Kind und dem familiären Umfeld der Patenschaft ein.

Zugänge aus der Kunstgeschichte und der Literatur ermöglichen noch einmal einen ganz anderen Blick auf den Wandel von Familienvorstellungen. *Iris Maria Gniosdorsch* macht am Beispiel von Exponaten aus der europäischen Kunstgeschichte den Wandel von Familienvorstellungen unmittelbar-sinnlich zugänglich. Sie blickt mit den Augen von Frauen auf die Kunstwerke: Was erzählen diese von Familienbeziehungen in der Bibel? Wie wird die Heilige Familie interpretiert? Was erzählen sie von Familienvorstellungen zur jeweiligen Zeit? Gniosdorsch schlägt einen Spannungsbogen vom Mittelalter bis zur Gegenwart und zeigt darin auf, wie die biblischen Familiennarrative zu verschiedenen Zeiten unterschiedlich verstanden und transformiert wurden.

Christoph Gellner macht die Vielschichtigkeit der Familienvorstellungen exemplarisch an Romanen der Gegenwartsliteratur sichtbar und bringt diese in das Gespräch mit dem päpstlichen Schreiben *Amoris laetitia*. Den hermeneutischen Schlüssel zum Verständnis der Familiengeschichten gewinnt er aus der Aufforderung von Papst Franziskus, die Wirklichkeiten von heute «mit den Augen Gottes» zu sehen. Gellner führt die Lesenden in diese Sichtweise ein, indem er sie mitnimmt auf eine Reise durch zwei zeitgenössische Familienromane. *Kristine Bilkaus* Roman *Die Glücklichen* lässt aufscheinen, welche Sinnerfahrungen familiäre Beziehungen angesichts prekärer Lebenssituationen vermitteln können. In *John von Düffels* Roman *Houwelandt* schieben sich verschiedene subjektive Versionen der einen Familiengeschichte ineinander. In den Lebenskonzepten vermag Gellner in der Hermeneutik von *Amoris laetitia* patriarchale wie auch befreiende Gottesbilder zu erkennen.

Gibt es auch in der kirchlichen Lehre einen Wandel von Familienvorstellungen? In ihrem abschließenden Beitrag legt *Stephanie Klein* dar, auf welch überraschende Weise Papst Franziskus den Prozess einer Weiterentwicklung des kirchlichen Familienverständnisses angestoßen hat. Durch Umfragen in den Ortskirchen und zwei an sie anschließende Bischofssynoden brachte er einen weltweiten Diskussionsprozess zur Familie in der katholischen Kirche in Gang. In seinem Nachsynodalen Schreiben *Amoris laetitia* legt er inhaltlich die Spur für eine neue Richtung des kirchlichen Familienverständnisses, indem er abwertende Interpretationen überwindet und das Verständnis von Ehe und Familie auf die theologische Aussage der Liebe Gottes zu den Menschen zentriert. Zudem stellt er eine Hermeneutik für ein differenziertes Verständnis der kirchlichen Normen zur Verfügung. Die Diskussion um den Wandel der Familienvorstellungen in der Kirche ist damit weder entschieden noch beendet, vielmehr hat sie einen Anstoß und einen wichtigen Impuls für die weitere Vertiefung bekommen.

Der vorliegende Sammelband geht auf eine gleichnamige öffentliche interdisziplinäre Ringvorlesung an der Universität Luzern im Frühjahrssemester 2017 zurück. Der Vortragsstil der Vorlesungen wurde meist beibehalten, und so lassen sich die Texte trotz des wissenschaftlichen Anmerkungsapparats flüssig lesen. Es ist ein Buch, das anregen und vielleicht auch einmal provozieren will, ein Buch, das zur theologischen Vertiefung und zu einer weitergehenden Diskussion um den Wandel der Familie beitragen möchte.

Die Ringvorlesung und der vorliegende Band sind Projekte des universitären Forschungsschwerpunkts *Wandel der Familie im Kontext von Migration und Globalisierung* (FaMiGlia) der Universität Luzern. Ich bedanke mich ganz herzlich bei allen, die die Ringvorlesung und das Buch ermöglicht haben: insbesondere bei Herrn Rektor Prof. Dr. Bruno Staffelbach und Herrn Altrektor Prof. Dr. Paul Richli, die den Forschungsschwerpunkt bewilligt und gefördert haben, sowie bei der Forschungskommission der Universität Luzern, die die Publikation finanziell unterstützt. Den Autorinnen und Autoren danke ich sehr herzlich für ihren Vortrag und dessen Überarbeitung für diesen Band. Ebenso danke ich Frau Laura Preissler, Frau Nadja Waibel und Frau Anna Maria Rohner für ihre Unterstützung bei der Durchführung der Ringvorlesung und für Korrekturarbeiten. Mein Dank gilt zudem Frau Lisa Biner und dem Theologischen Verlag Zürich für die gute Zusammenarbeit beim Lektorat und bei der Drucklegung.

Luzern, im März 2018　　　　　　　　　　　　　　　　　　Stephanie Klein

Familienrealitäten und Familienvorstellungen heute
Ein Blick auf empirische Befunde

Stephanie Klein

Das christliche Ehe- und Familienideal von lebenslang verheirateten heterosexuellen Ehepartnern mit eigenen Kindern hat die Vorstellungen, Ideale und Realitäten von Familien in Westeuropa über Jahrhunderte geprägt. Auch heute ist dieses Ideal lebendig, nicht mehr, weil es einer kirchlichen Norm entspricht, sondern weil eine verlässliche Ehe mit eigenen Kindern der Sehnsucht vieler Menschen entspricht und Glück und Lebenssinn verheißt. Es werden hohe Erwartungen an die Partnerschaft und Familie gestellt, zugleich machen die gesellschaftlichen Bedingungen es nicht gerade einfach, diese Erwartungen zu erfüllen. Es gibt Zeiten und Lebensphasen der Suche und des Ausprobierens, des Gelingens und des Scheiterns, und die Menschen werden oftmals in ihren Biografien zu einer Neuorientierung gezwungen. Neben dem Lebensentwurf von Ehe und Familie wird eine Vielzahl anderer Entwürfe gelebt. Solche gab es zwar schon immer, doch heute finden sie vermehrt gesellschaftliche und rechtliche Anerkennung und werden nicht mehr rechtlich oder moralisch sanktioniert. Scheidungen und Wiederverheiratung, Patchworkfamilien, Regenbogenfamilien und Einelternfamilien lassen eine Vielfalt von gelebten Familienformen sichtbar werden. Die Medien machen die Vielfalt von Lebensformen präsent, und so scheint es manchmal, als seien Ehe und Familie «Auslaufmodelle» aus einer vergangenen Ära.

Ein Nachdenken über den Wandel von Familienvorstellungen geschieht im hermeneutischen Horizont gegenwärtiger Familienvorstellungen. Dieser ist sowohl von subjektiven Erfahrungen als auch von gesellschaftlichen und kulturellen Vorstellungen geprägt, die stark über die modernen Medien vermittelt sind. Wie aber leben die Menschen in unserer Gesellschaft heute? Welche Bedeutung haben Partnerschaft, Ehe und Familie für sie heute? Im Folgenden möchte ich einige empirische Eckdaten zur Situation von Partnerschaft, Ehe und Familie und zu ihrer Bedeutung für das Leben der Menschen heute vorstellen. Grundlage dafür sind nationale empirische Studien aus der Schweiz und aus Deutschland.[1] Dabei konzentriere ich mich auf jene Themen, die in besonderem Maße im Blick auf den Wandel von Familie diskutiert werden.

In welchen Familienkonstellationen leben die Menschen heute? Zunächst präsentiere ich einige Daten zu Wohn- und Haushaltsformen, zu Eheschließungen und Ehescheidungen, zu gleichgeschlechtlichen Partnerschaften und zum Kinderwunsch und nenne einige Gründe für die gestiegene Anzahl von Ehescheidungen. Dann wende ich mich exemplarisch der Bedeutung von Partnerschaft, Ehe und Familie für die Menschen von heute zu. Diese wird in den Zukunftsvorstellungen von Jugendlichen über die Familie sichtbar, die in den großen Jugendstudien regelmäßig erhoben werden. Was Menschen unter einer glücklichen Familie verstehen und was diese ihnen bedeutet, wird in Studien sichtbar, die Menschen in verschiedenen Lebensphasen von der Kindheit bis zum Alter befragten. Abschließend werde ich die in dem empirischen Material zum Vorschein kommenden Tendenzen zusammenfassen und Überlegungen zu den Herausforderungen anstellen.

1 Wohn- und Haushaltsformen

Der Blick auf die *Wohn- und Haushaltsformen* zeigt, dass der größte Teil der Bevölkerung in der Schweiz heute in familiären Gemeinschaften wohnt. Mehr als die Hälfte der Bevölkerung lebt mit einem (minderjährigen oder erwachsenen) Kind im selben Haushalt.[2] In den letzten 80 Jahren sind die Haushalte kleiner geworden: Über die Hälfte der Bevölkerung lebte damals in Haushalten, die mehr als vier Personen umfassten, hingegen gab es kaum Einpersonenhaushalte. Das hat sich zwar verändert, in den letzten 30 Jahren ist die Haushaltsgröße aber in etwa gleichgeblieben: 84 % der Bevölkerung der Schweiz wohnt mit anderen Menschen, fast immer mit Familienmitgliedern, in einem Haushalt zusammen. Mehr als jede dritte Person (38 %) lebt heute in einem Haushalt mit vier und mehr Personen, jede sechste Person (16 %) lebt in einem Einpersonenhaushalt.

---

[1] Die empirischen Daten aus verschiedenen Ländern lassen sich aufgrund unterschiedlicher Erhebungsparameter nicht unmittelbar vergleichen. Hier geht es lediglich um die Wahrnehmung von Tendenzen.

[2] Vgl. *Bundesamt für Statistik*, Statistischer Bericht 11.

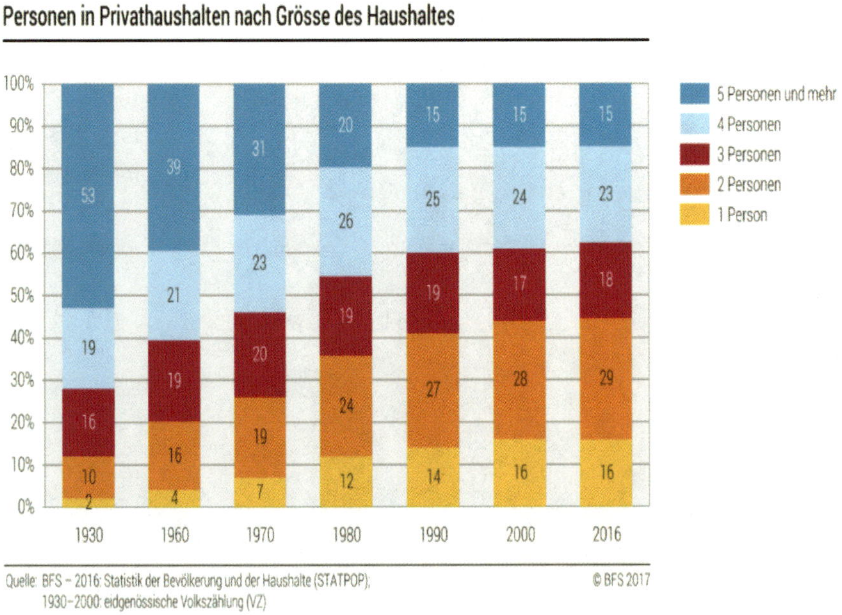

Familienrealitäten und Familienvorstellungen heute

Personen in Privathaushalten nach Grösse des Haushaltes

[Stacked bar chart showing household composition from 1930 to 2016. Legend: 5 Personen und mehr, 4 Personen, 3 Personen, 2 Personen, 1 Person.

1930: 1P=2, 2P=10, 3P=16, 4P=19, 5+=53
1960: 1P=4, 2P=16, 3P=19, 4P=21, 5+=39
1970: 1P=7, 2P=19, 3P=20, 4P=23, 5+=31
1980: 1P=12, 2P=24, 3P=19, 4P=26, 5+=20
1990: 1P=14, 2P=27, 3P=19, 4P=25, 5+=15
2000: 1P=16, 2P=28, 3P=17, 4P=24, 5+=15
2016: 1P=16, 2P=29, 3P=18, 4P=23, 5+=15]

Quelle: BFS – 2016: Statistik der Bevölkerung und der Haushalte (STATPOP); 1930–2000: eidgenössische Volkszählung (VZ) © BFS 2017

Abb. 1: Personen in Privathaushalten nach Größe des Haushalts

Mit wem leben die Menschen zusammen? Gut die Hälfte der Bevölkerung der Schweiz (51 %) lebte im Jahr 2014 in einem Haushalt mit mindestens einem Kind unter 25 Jahren. 25 % lebte als Paar ohne Kinder in einem Haushalt. knapp 5 % lebte in Haushalten mit erwachsenen Kindern über 25 Jahren.[3] Etwa 2 % der Bevölkerung lebte in Kollektivhaushalten wie Heimen, Spitälern, Internaten oder Gefängnissen.

Betrachten wir die *Familienhaushalte mit Kindern unter 25 Jahren*. Dreiviertel von ihnen sind Erstfamilien von verheirateten Eltern mit ihren Kindern, nur 5,5 % sind Fortsetzungsfamilien, von ihnen sind 2,4 % unverheiratet. Insgesamt sind 7,5 % von ihnen Konsensualpaare mit Kindern. Der Anteil der *Alleinerziehenden* mit Kindern unter 25 Jahren ist mit 14,4 % recht hoch. Betroffen sind vorwiegend Frauen. In den letzten Jahren ist der Anteil an Alleinerziehenden (Einelternfamilien) leicht gestiegen, «aber dieser Anstieg ist deutlich geringer, als angesichts steigender Scheidungsraten erwartet wurde».[4]

---

[3] Vgl. *Bundesamt für Statistik*, Statistischer Bericht 11f.
[4] *Schweizerische Eidgenossenschaft – Der Bundesrat*, Familienbericht 22.

Familienhaushalte mit Kindern unter 25 Jahren

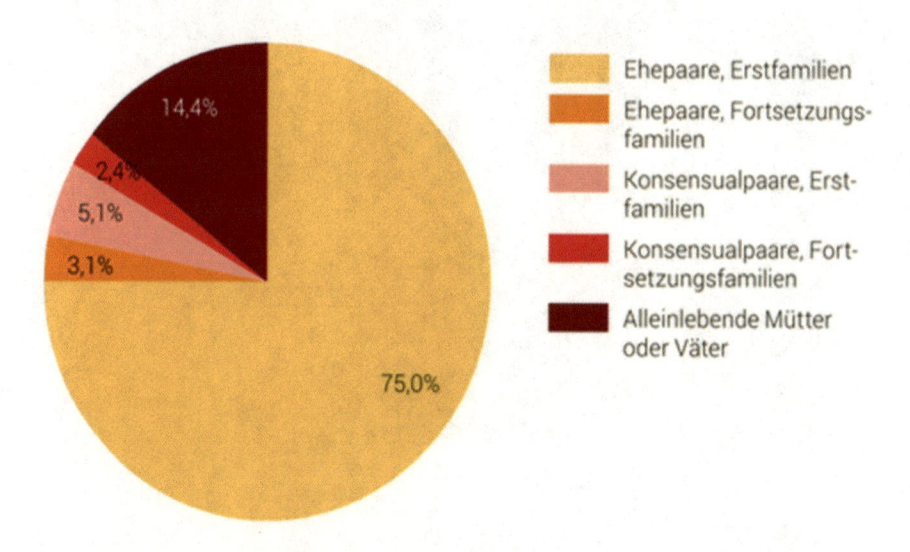

- 75,0 % Ehepaare, Erstfamilien
- 3,1 % Ehepaare, Fortsetzungsfamilien
- 5,1 % Konsensualpaare, Erstfamilien
- 2,4 % Konsensualpaare, Fortsetzungsfamilien
- 14,4 % Alleinlebende Mütter oder Väter

Mehrfamilienhaushalte (Haushalte mit mehr als einem Familienkern), die in der Schweiz sehr selten sind, sind hier nicht enthalten. Gleichgeschlechtliche Paare machen unter 0,1 % der Familienhaushalte mit mindestens einem Kind unter 25 Jahren aus. Sie werden deshalb in der Grafik nicht dargestellt.

Quelle: BFS – SE, kumulierte Daten 2013–2015 © BFS 2017

Abb. 2: Familienhaushalte mit Kindern unter 25 Jahren

Gerade alleinerziehende Frauen und ihre Kinder sind besonders stark von Armut betroffen. So leben in der Schweiz Alleinerziehende viermal (in Deutschland fünfmal) häufiger in Armut als Paarfamilien, wobei sich die Situation in den letzten Jahren verschärft hat.[5]

---

[5] Vgl. www.bertelsmann-stiftung.de/de/unsere-projekte/familie-und-bildung-politik-vom-kind-aus-denken/projektnachrichten/alleinerziehende-leben-fuenfmal-haeufiger-in-armut-als-paarhaushalte (3.1.2018): «42 % [der Alleinerziehenden, S. K.] bezogen 2014 ein Einkommen, das weniger als 60 % des mittleren Einkommens entsprach. Das sind 6,6 % mehr als 2005. Bei Paarfamilien ist das Armutsrisiko im selben Zeitraum um 11,7 % gesunken.» Für die Schweiz stellt die Caritas Schweiz fest: «Viele Alleinerziehende sind trotz Erwerbsarbeit arm. Die Armutsquote unter den Erwerbstätigen liegt bei 3,5 %; bei den Alleinerziehenden liegt sie mit 12,7 % fast viermal höher.» www.caritas.ch/de/was-

Zusammenfassend lässt sich festhalten, dass der größte Teil der Bevölkerung der Schweiz in familialen Gemeinschaften wohnt und lebt. Diese Situation ist seit mehr als drei Jahrzehnten recht konstant geblieben.

2 Eheschließungen

Die Zahl der *Eheschließungen* ist rückläufig, jedenfalls, wenn man die 1950er Jahre als Maßstab nimmt, die in der Heiratshäufigkeit kaum zu überbieten sind. Zwischen 1950 und 1965 haben fast alle ledigen Personen mindestens einmal im Leben geheiratet; die Anzahl der Eheschließungen der Männer und Frauen bis zum 50. Lebensjahr lag in der Schweiz und ähnlich in Deutschland bei über 90 % und erreichte zeitenweise fast 100 %. Nach 1965 (in Deutschland nach 1972) ist der Anteil der Eheschließungen mit Schwankungen gefallen und liegt heute in der Schweiz bei etwas unter zwei Drittel.[6] In Deutschland ist der Rückgang der Anzahl der Eheschließungen stärker als in der Schweiz.[7] «Im Jahr 2014 gab es in Deutschland rund 1,6 Millionen Ehepaare weniger als noch vor zehn Jahren. Das entspricht einem Rückgang von 8 %.»[8] Umstritten ist allerdings, ob dies eine Phase oder ein langfristig sich fortsetzender Trend ist.

Zugleich heiraten die Paare im Lauf ihres Lebens auch später. Das *durchschnittliche Heiratsalter* hat sich seit Anfang der 1970er Jahre um mehr als fünf Jahre auf knapp 30 Jahre bei Frauen und knapp 32 Jahre bei Männern erhöht.

Vor der Eheschließung hat sich eine eigene biografische Lebensphase herausgebildet, in der Paare zunächst unverheiratet in einer *Konsensualpartnerschaft* zusammenleben. In der Schweiz beträgt diese Phase im Durchschnitt etwa 2,2 Jahre.[9] Fast alle Paare in einer festen Partnerschaft heiraten im Laufe ihres Lebens. Etwa drei Viertel (73 %) der Paare ist nach sechs bis neun Jahren Zusammenlebens verheiratet, nach zehn Jahren sind es 93 %. Paare mit gemeinsamen Kindern heiraten zu 95 %. Eine längere frühere Partnerschaft oder Ehe

---

wir-sagen/unsere-aktionen/alleinerziehende-vor-armut-schuetzen/zur-situation-alleinerziehender.html (3.1.2018).
[6] Vgl. www.bfs.admin.ch/bfs/de/home/statistiken/bevoelkerung/heiraten-eingetragene-partnerschaften-scheidungen/heiratshaeufigkeit.html (8.1.2018).
[7] Vgl. Statistisches Bundesamt: Datenreport, 37. www.destatis.de/DE/Publikationen/Datenreport/Downloads/Datenreport2016Kap2.pdf?__blob=publicationFile
[8] Statistisches Bundesamt: Datenreport 44.
[9] Vgl. *Bundesamt für Statistik*, Statistischer Bericht 19f.

scheint der häufigste Grund dafür zu sein, in einer Partnerschaft unverheiratet zu bleiben.

Die meisten Paare und fast alle Paare mit Kindern, so lässt sich zusammenfassen, entscheiden sich für eine Eheschließung. Allerdings heiraten die Menschen, anders als in früheren Generationen, erst zu einem relativ späten Zeitpunkt im Laufe ihres Lebens. Vor die Eheschließung ist eine Phase der Konsensualpartnerschaft(en) getreten. Wenn Ehen oder Konsensualpartnerschaften mit Kindern scheitern, wohnen die alleinerziehenden Elternteile meist mit ihren Kindern ohne Partner im selben Haushalt zusammen. Oftmals bleiben sie unverheiratet.

3 Ehescheidungen und ihre Gründe

Auf die *Ehescheidungen*, ihre Gründe und Folgen möchte ich im Folgenden ausführlicher eingehen. Sie sind eine der Ursachen für die größere Vielfalt und Komplexität der Familienverhältnisse. Im Folgenden zunächst einige Daten.

3.1 Scheidungshäufigkeit

Aufgeschlüsselt nach der zusammengefassten Scheidungsziffer ist die Anzahl der Scheidungen in der Schweiz seit den 1970er Jahren stark angestiegen. In den 1950er und 1960er Jahren lag die Scheidungsrate recht konstant bei etwa zwölf Prozent. Ab Ende der 1960 Jahre ist sie während dreißig Jahren gestiegen und erreichte zwischen den Jahren 2000 und 2010 Werte von über 50 %.

Familienrealitäten und Familienvorstellungen heute

Zusammengefasste Scheidungsziffer

Quelle: BFS – BEVNAT © BFS 2017

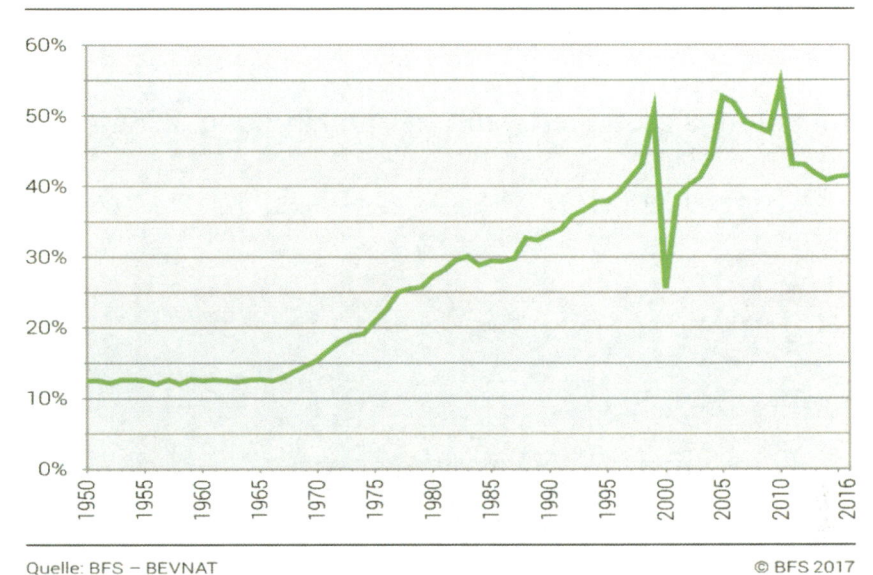

Abb. 3: Zusammengefasste Scheidungsziffer[10]

In den letzten Jahren ist die Scheidungsrate etwas gesunken und liegt heute bei etwas über 40 %. Bezogen auf die letzten Jahre würden in der Zukunft bei gleichbleibendem Scheidungsverhalten etwa zwei von fünf Ehen geschieden, in Großstädten etwa jede zweite Ehe.

Die *Längsschnittanalyse*[11] schlüsselt die Scheidungshäufigkeit nach Ehejahren auf. Hier ist zu erkennen, dass sich die Zahl der Ehescheidungen in den *ersten fünf Ehejahren* bis in die 1970er Jahre relativ stabil auf einem Niveau von etwa zwei

---

[10] «Die zusammengefasste Scheidungsziffer weist den durchschnittlichen Prozentanteil der Ehen aus, die im Laufe der Zeit geschieden werden, wenn sich das ehedauerspezifische Scheidungsverhalten eines bestimmten Kalenderjahres zukünftig nicht ändern würde.» www.bfs.admin.ch/bfs/de/home/statistiken/bevoelkerung/heiraten-eingetragene-partnerschaften-scheidungen/scheidungshaeufigkeit.html (8.1.2018).

[11] Die Längsschnittanalyse gibt Auskunft über den Anteil der geschiedenen Ehen nach Heiratsjahrgang und Ehedauer. Sie untersucht die Scheidungshäufigkeit innerhalb eines bestimmten Heiratsjahrgangs (d. h. aller in einem bestimmten Kalenderjahr geschlossenen Ehen) über einen bestimmten Zeitraum (i. d. R. bis zum Erreichen einer bestimmten Ehedauer) nach Heiratsjahrgängen. Vgl. www.bfs.admin.ch/bfs/de/home/statistiken/bevoelkerung/heiraten-eingetragene-partnerschaften-scheidungen/scheidungshaeufigkeit.assetdetail.3522397.html (8.1.2018).

bis drei Prozent bewegt hat, dann langsam bis Anfang der 1990er Jahre auf etwas über zehn Prozent gestiegen und seitdem auf etwa acht Prozent gefallen ist.

Scheidungshäufigkeit nach Heiratsjahrgang, 2016

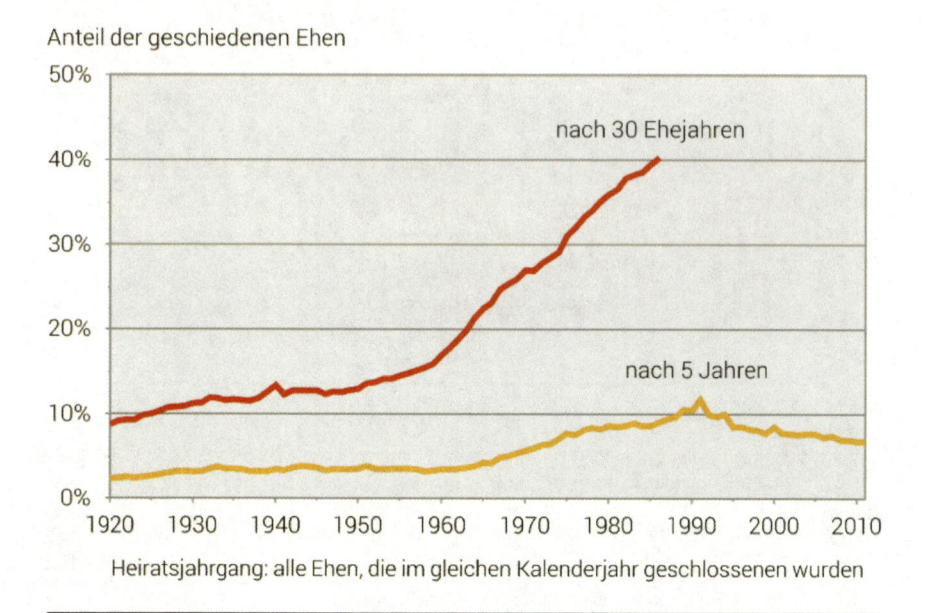

Anteil der geschiedenen Ehen

[Diagramm: Kurve "nach 30 Ehejahren" steigt von ca. 9 % (1920) auf ca. 40 % (Mitte 1980er); Kurve "nach 5 Jahren" steigt von ca. 2 % (1920) auf Spitze ca. 12 % (um 1990) und fällt danach auf ca. 7 %.]

Heiratsjahrgang: alle Ehen, die im gleichen Kalenderjahr geschlossenen wurden

Quelle: BFS – BEVNAT © BFS 2017

Abb. 4: Scheidungshäufigkeit nach Jahrgang

Die Zahl der Ehen, die *nach 30 Jahren* geschieden waren, ist von etwa neun Prozent der geschlossenen Ehen im Jahr 1920 auf knapp 40 % Mitte der 1980er Jahre gestiegen.

3.2 *Gründe für Ehescheidungen*

Welche Gründe gibt es für diesen signifikanten Anstieg der Ehescheidungen? Der Schweizer Familienbericht fasst die Gründe aus Sicht der Geschiedenen so zusammen:

«Befragt man Geschiedene nach Gründen für die Auflösung der Ehe, stehen Unzufriedenheit mit dem Partner bzw. der Partnerin, gegenseitige Kommunikationsschwierigkeiten, enttäuschte Erwartungen, erloschene Liebe und Gleichgültigkeit des Partners sowie täglicher Stress im Vordergrund. In nicht wenigen Fällen ist Gewalt in der Ehe oder ein Suchtproblem ein zentraler Scheidungsgrund. Längsschnittstudien bei Ehepaaren belegen, dass vor allem Defizite in der ehelichen Kommunikation und in der familialen Problemlösung das Scheidungsrisiko erhöhen.»[12]

Von der Vielzahl von miteinander zusammenhängenden Gründen für Trennungen von Partnerschaften möchte ich hier nur auf einige eingehen.

(1) Die *Lebenszeit* der Menschen hat sich stark verlängert. Die Menschen werden heute nicht nur von den Lebensjahren her sehr viel älter als früher,[13] sondern sie bleiben auch physisch und psychisch länger gesund und relativ unbeeinträchtigt. Dies hat zentrale Auswirkungen auf das Verständnis von Ehe und Familie. Wenn zwei Menschen in der Schweiz heute mit 30 Jahren heiraten, können sie damit rechnen, dass sie etwa die nächsten 50 Jahre ihres Lebens miteinander verbringen. Dies ist menschheitsgeschichtlich ein Novum. War die durchschnittliche Lebenserwartung bei Geburt im Jahr 1880 für einen Mann 40,6 Jahre, für eine Frau 43,2 Jahre, sodass sie über die Phase der Erziehung der Kinder kaum hinaus geplant haben, so betrug sie vor etwa hundert Jahren (1921) schon 54,5 bzw. 57,5 Jahre. 1983 betrug die durchschnittliche Lebenserwartung 72,3 bzw. 79,0 Jahre.[14] Heute (2017) liegt sie bei 81,5 für Männer und 85,3 Jahre für Frauen, mit weiter steigender Tendenz.[15]

(2) Mit der gestiegenen aktiven Lebenszeit ist auch die *Zeit der Ehe ohne Erziehungsaufgaben* gestiegen. Die Zeit einer Familie mit eigenen Kindern bildet heute nur noch einen verhältnismäßig kurzen Abschnitt im gesamten Leben der Ehepartner. «Die längste Phase im Lebenslauf des Einzelnen bildet heute das Zusammenleben mit dem Ehepartner ohne Kinder»[16], schreibt die Familiensoziologin Rosemarie Nave-Herz. Auf den Auszug der Kinder aus dem ge-

---

12 *Schweizerische Eidgenossenschaft – Der Bundesrat*, Familienbericht 22.
13 Im Verlauf des letzten Jahrhunderts ist die durchschnittliche Lebensdauer alle drei Jahre um etwa ein Jahr gestiegen. Vgl. www.bfs.admin.ch/bfs/de/home/statistiken/bevoelkerung/geburten-todesfaelle/lebenserwartung.html (8.1.2018).
14 Sterbetafeln für die Schweiz 2008/2013, 9, vgl. www.bfs.admin.ch/bfs/de/home/statistiken/bevoelkerung/geburten-todesfaelle/lebenserwartung.assetdetail.2103067.html (8.1.2018).
15 www.bfs.admin.ch/bfs/de/home/statistiken/bevoelkerung/geburten-todesfaelle/lebenserwartung.html (8.1.2018).
16 *Nave-Herz*, Ehe- und Familiensoziologie 70.

meinsamen Haushalt folgt noch einmal eine ganz eigene, lange und teilweise auch recht unbeschwerte Lebensphase, in der die Ehepartner neue Schwerpunkte setzen müssen. Das Leben als Familie mit eigenen Kindern ist zeitlich und auch inhaltlich nur ein Teil des gesamten Lebens. Die älteren Generationen haben für die Lebensspanne nach der Familienphase mit Erziehungsaufgaben noch kaum Vorbilder, das Verhältnis der Generationen verändert sich, und die jüngeren Generationen erleben diese ganz eigenen späten Lebensphasen nun erstmals bei den älteren Generationen mit. Damit werden sich auch die biografischen Familienentwürfe langfristig wandeln. Das verändert auch die *Sinnstiftung* der Ehe. Das Gebären und Erziehen von Kindern kann eine wichtige Aufgabe des ersten Abschnitts der Ehe sein. Es müssen aber neue und andere Sinnbestimmungen hinzukommen, sonst wäre die darauffolgende gemeinsame Zeit, oft sind es noch mehr als dreißig Ehejahre, recht bedeutungslos.

(3) Ein weiterer Grund für den Anstieg der Scheidungszahlen sind die *Individualisierung und die Ökonomisierung* der Biografien. Dazu tragen die gesellschaftlichen und beruflichen Anforderungen an zeitliche Flexibilität, räumliche Mobilität und lebenslanges Lernen bei. Die wirtschaftlichen Anforderungen zwingen die Menschen, sich ständig anzupassen und zu verändern. Das erzeugt nicht nur Stress – dieser gilt heute als eine der zentralen Ursachen für das Scheitern von Partnerschaften[17] –, sondern trägt auch dazu bei, dass sich die Ehepartner häufiger auseinanderentwickeln.

(4) Es sind auch die *sehr hohen Erwartungen* an die Partnerschaft und Ehe, die zu einer Trennung führen können. Die Ehe wird als eine Partnerschaft und als ein Beziehungsgeschehen begriffen. Sie steht unter dem *Anspruch einer reziproken und paritätischen, verlässlichen, gewaltfreien und sich gegenseitig fördernden Beziehung*. Wo diese hohen Ideale auf Dauer nicht einlösbar erscheinen und keine Lösungen von Dauerkonflikten in Sicht sind, wird den belastenden Verhältnissen oft die Trennung vom Partner vorgezogen. In früheren Zeiten wurden die Ehen durch soziale Normen und wirtschaftliche Faktoren zusammengehalten. Heute sind vor allem die Frauen und Kinder nicht mehr so stark auf die männlichen Versorgungsleistungen angewiesen, was eine Trennung erleichtert. Nicht wegen einem Mangel an hohen Idealen oder einem Werteverlust zerbrechen viele Ehen, sondern gerade deshalb, weil Werte der Liebe und Verlässlichkeit als wichtiger angesehen werden als der Wert der lebenslangen Untrennbarkeit.

(5) Einen nicht zu unterschätzenden Grund für viele Trennungen stellt die *Gewalt in der Familie* dar, die zwar nach außen hin von den Familien oft ver-

---

[17] Vgl. *Bodenmann*, Stress.

heimlicht, aber in der Öffentlichkeit inzwischen umfassend diskutiert wird. Gründe für häusliche Gewalt können in beschädigten Biografien, Persönlichkeitsstörungen, einem Mangel an Fähigkeiten zur Konfliktlösung, in Krankheiten, Alkohol und Drogen liegen. Seit dem Aufkommen der Frauenhäuser in den 1970er Jahren haben Frauen und ihre Kinder heute eine größere Chance als früher, häuslichen Gewalt- und Zwangsverhältnissen zu entkommen. Im Jahr 2014 fanden in der Schweiz 56 % aller registrierten Tötungsdelikte und 39 % der polizeilich registrierten Gewalttaten im häuslichen Bereich statt.[18] In Bezug auf minderschwere Gewalt ist die Dunkelziffer jedoch hoch. Die Hälfte (50 %) der polizeilich registrierten häuslichen Gewaltstraftaten ereignete sich in einer bestehenden partnerschaftlichen Beziehung, gut ein Viertel (29 %) in einer aufgelösten Beziehung; zwölf Prozent der Fälle ereigneten sich zwischen Eltern und Kindern und neun Prozent in der restlichen Familie. Die Opfer waren zu drei Vierteln Frauen und Mädchen.

(6) Weiter sind vielfältige *psychologische Bedingungen* als Ursachen von Ehescheidungen zu nennen. Guy Bodenmann führt als Hauptursachen der Trennung eine emotionale Labilität und eine mangelnde Kompetenz der Kommunikation, der Konfliktbewältigung und der Stressbewältigung an.[19]

Im Blick auf die Vielfalt der Ursachen von Ehescheidungen kann insgesamt für das Eheleben heute auch positiv festgehalten werden: Etwa 60 % der geschlossenen Ehen hält ein Leben lang, und damit über viele Jahrzehnte der äußeren und inneren Veränderungen, verlässlich und dauerhaft zusammen.

3.3 Was bedeutet die Trennung der Eltern für die Familie?

Bei der Trennung oder Scheidung der Ehepartner wird nicht die Familie als Eltern-Kind-System aufgelöst, sondern es wird eine Trennung zwischen den Ehepartnern vollzogen, für die ein Zusammenleben nicht mehr möglich erscheint. Das Eltern-Kind-System besteht in veränderter Form fort. Meistens sorgen sich beide Eltern und oft auch deren Eltern weiter um die Kinder und sind um das Wohl der Kinder bemüht.

Die Trennung der Eltern bedeutet sowohl für das Paar als auch für die Kinder meistens eine schwere Belastung. Es brechen Beziehungen auseinander, die Lebensentwürfe und Ideale werden enttäuscht, das Leben muss eine neue Richtung einschlagen. Alleinerziehende und ihre Kinder geraten oft unter öko-

---

[18] Vgl. *Bundesamt für Statistik*, Statistischer Bericht 77–79.
[19] Vgl. Bodenmann, Risikofaktoren; Bodenmann, Stress.

nomischen Druck. Für die Entwicklung der Kinder ist aber nicht das Eheverhältnis der Eltern ausschlaggebend, wie Martina Zemp und Guy Bodenmann in ihrer Untersuchung über Partnerschaftsqualitäten und kindliche Entwicklung darlegen.[20] Die Trennung der Eltern ist gerade für kleinere Kinder oft schwer belastend, aber es kann noch belastender sein, wenn die physische und psychische Trennung nicht vollzogen wird. Wo zum Beispiel Sucht und Gewalt im Spiel sind, kann eine Trennung der einzig sinnvolle Weg für das Wohl der Kinder und der Ehepartner sein. Grundlegend für die Entwicklung der Kinder sind die psychischen, sozialen und materiellen Ressourcen der (evtl. auch neuen) Familie. Der Aufbau neuer stabiler Beziehungen der getrennten Eltern kann sich förderlich für die Entwicklung der Kinder auswirken.

4 Gleichgeschlechtliche Partnerschaften

Der normative Wandel der Vorstellungen über Familien wird besonders in der öffentlichen und rechtlichen Akzeptanz gleichgeschlechtlicher Partnerschaften sichtbar. Innerhalb von etwa 50 Jahren vollzog sich in vielen westeuropäischen Ländern ein tiefgreifender Wandel von der Strafverfolgung über die rechtliche Anerkennung bis hin zur Gleichstellung gleichgeschlechtlicher Partnerschaften mit der Ehe.

Bis etwa Mitte des 20. Jahrhunderts war die homosexuelle Beziehung weltweit strafbar. Die Schweiz schaffte die rechtliche Verurteilung homosexueller Beziehungen unter Männern zwischen 1942 und 1990 stufenweise ab, die Bundesrepublik Deutschland zwischen 1969 und 1994 und Österreich zwischen 1971 und 2002. Seit der Jahrtausendwende vollzieht sich zugleich eine positive Anerkennung gleichgeschlechtlicher Partnerschaften. 2001 ermöglichten die Niederlande als erstes Land die Eheschließung von gleichgeschlechtlichen Paaren, mehr als 20 Länder, darunter auch die Bundesrepublik Deutschland, folgten bis 2017. Viele weitere Länder führten die rechtliche Anerkennung von gleichgeschlechtlichen Paaren ein: In der Schweiz sind diese staatlicherseits seit 2007 durch das Partnerschaftsgesetz explizit anerkannt, und in Österreich wurde 2010 die Institution der gleichgeschlechtlichen Partnerschaft eingeführt. Das Beispiel zeigt einen sehr raschen und zumindest regional von einer breiten

---

[20] Vgl. *Zemp/Bodenmann*, Partnerschaftsqualität.

Öffentlichkeit getragenen Wandel der Vorstellung von Ehe, Partnerschaft und Familie. Die breite politische Diskussion um die Anerkennung gleichgeschlechtlicher Partnerschaften und ihre mediale Präsenz täuschen aber darüber hinweg, dass ihr Anteil an Paarhaushalten recht gering ist. Etwas weniger als zwei Prozent der Haushalte in der Schweiz werden von gleichgeschlechtlichen Paaren gebildet, von denen knapp drei Prozent Kinder unter 25 Jahren haben.[21] In Deutschland waren 2014 von etwa 20,4 Millionen Paaren 87 000 gleichgeschlechtliche Paare. Von diesen lebten 41 000 (47 %) in eingetragenen Lebenspartnerschaften.[22]

5 Kinderwunsch und Wunschkinder

Der Kinderwunsch junger Menschen ist in der Schweiz groß. 93 % aller Frauen und Männer zwischen 20 und 29 Jahren, die noch kein Kind haben, wünschen sich mindestens ein Kind, mehr als ein Viertel sogar drei und mehr Kinder. Doch gehen diese Wünsche nicht immer in Erfüllung. Faktisch haben etwa 20 % der Frauen und Männer im Alter zwischen 50 und 80 Jahren keine Kinder. Dabei spielt die Religionszugehörigkeit eine Rolle: 50- bis 80-Jährige, die einer Religionsgemeinschaft angehören, sind seltener kinderlos (ca. 18,5 %) als jene, die keiner Religionsgemeinschaft angehören (ca. 27,5 %).

---

[21] Vgl. *Bundesamt für Statistik*, Statistischer Bericht 12f.
[22] Vgl. *Statistisches Bundesamt*, Datenreport 44–46. Die Zahl der gleichgeschlechtlichen Partnerschaften hat sich jedoch rasch erhöht. «Seit 2006 wird dieser Familienstand im Mikrozensus erhoben. Damals hatte es knapp 12 000 eingetragene Lebenspartnerschaften in Deutschland gegeben. Seitdem hat sich die Zahl bis 2014 mehr als verdreifacht, die bestehenden eingetragenen Lebenspartnerschaften wurden überwiegend (24 000 Paare) von Männern geführt, rund 17 000 Paare waren Frauen.» (A. a. O. 46)

Stephanie Klein

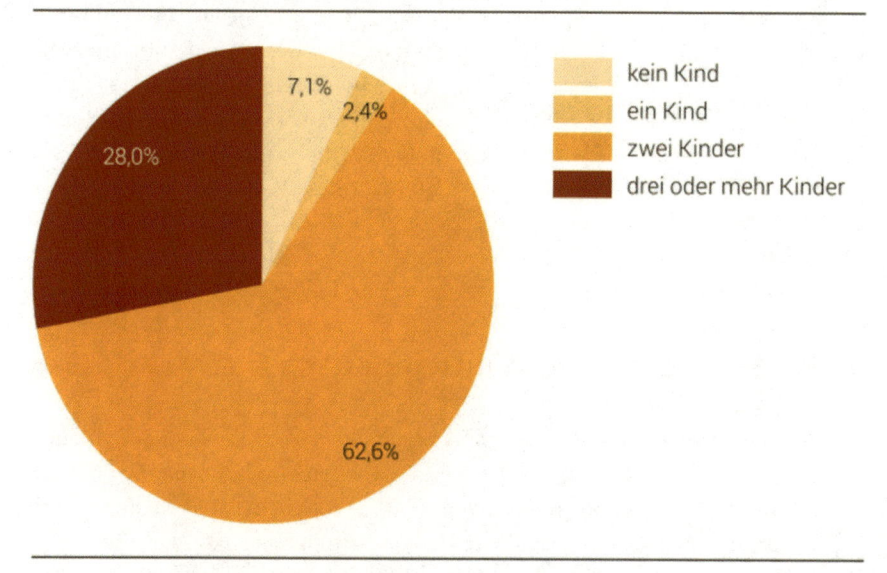

Kinderwunsch
Männer und Frauen im Alter von 20–29 Jahren, ohne Kinder

- 7,1 % kein Kind
- 2,4 % ein Kind
- 62,6 % zwei Kinder
- 28,0 % drei oder mehr Kinder

Quelle: BFS – Erhebung zu Familien und Generationen (EFG) 2013 © BFS 2018

Abb. 5: Kinderwunsch Männer und Frauen im Alter von 20–29 Jahren ohne Kinder

Etwa 15 % aller Paare bleibt ungewollt kinderlos.[23] Zwar suchen Paare vermehrt die Unterstützung der Reproduktionsmedizin, aber diese ist nicht immer erfolgreich.[24]

Die *Reproduktionsmedizin* kann vielen Menschen helfen, ihren Wunsch nach eigenen Kindern zu erfüllen. Sie öffnet zugleich ein großes Feld ungeklärter ethischer, rechtlicher, psychosozialer und gesellschaftlicher Fragen, die die Familie ganz zentral betreffen. Heute ist es möglich, dass bis zu fünf Elternteile

---

[23] Vgl. www.netdoktor.ch/krankheit/unfruchtbarkeit-8166 (5.6.2018). Ein Sechstel der Bevölkerung in Deutschland zwischen 25 und 59 Jahren ist ungewollt kinderlos, vgl. *Blickle/Klöckner*, Unfruchtbarkeit.

[24] Die Zahl der Frauen, die sich in der Schweiz einer In-vitro-Fertilisations-Behandlung (IVF) unterzogen haben, verdoppelte sich fast zwischen 2002 (3500) und 2010 (6500) und ging seitdem leicht zurück (2014: 6269). In den letzten Jahren wurden ca. 2000 Kinder jährlich infolge einer in der Schweiz durchgeführten IVF-Behandlung geboren; in 400 Fällen davon ist die Mutter nicht in der Schweiz wohnhaft, vgl. *Bundesamt für Statistik*, Statistischer Bericht 31.

an dem Entstehen eines Kindes beteiligt sind: der biologische Vater und die biologische Mutter (evtl. in Form von Ei- und Samenzellenspenden), der soziale Vater und die soziale Mutter, die das Kind großziehen, sowie eine Leihmutter, die das Kind austrägt. Hinzu kommen unabdingbar das beteiligte medizinisches Personal sowie Pharmazeuten, Ökonomen und Vermittlungsinstanzen. Es ist heute zudem möglich, Eingriffe in das Erbgut vorzunehmen, um ungewollte Merkmale zu verhindern und gewollte Merkmale zu fördern. Es wird deshalb diskutiert, inwieweit Kinder nach dem Wunsch von Eltern, von Wissenschaftlern oder von Politikern oder nach den Anforderungen der Wirtschaft kreiert werden dürfen. Welche rechtlichen und sozialen Ansprüche hat das Kind an die biologischen und die sozialen Eltern, an die Leihmutter und an das medizinische Personal – etwa auf Unterhalt, auf Kenntnis der biologischen Herkunft, auf Unversehrtheit und Fürsorge? Welche Fehler kann es einklagen? Welche Ansprüche haben die beteiligten Elternteile aneinander und an das medizinische Personal? Welche Ansprüche, Verpflichtungen und Erwartungen haben die beteiligten Elternteile gegenüber dem Kind? Die Reproduktionstechnik könnte das Selbstverständnis und das Leben vieler Familien in Zukunft in bislang noch unbekannter Weise verändern.

6 Zukunftsvorstellungen von Familie

Manchmal scheint es so, als ob Ehe und Familie aufgrund der Vielfalt von Familienverhältnissen und ihrer gesellschaftlichen Akzeptanz an Bedeutung verlieren würden. Sind sie bedeutungslos geworden? Stellen sie heute keinen Wert und keine Orientierung mehr dar? Wie steht es um die Zukunft von Ehe und Familie? Wenn wir darüber etwas wissen wollen, müssen wir die jungen Menschen befragen, was sie von der Familie denken. Darüber geben die aktuellen Jugendstudien Auskunft.[25]

Die *Shell Jugendstudie 2015* konstatiert, dass im Leben der Jugendlichen die Familie einen hohen Stellenwert hat. Die Familie gibt ihnen vor allem Geborgenheit. «Eltern sind für alle befragten Jugendlichen enorm wichtig: Eltern bedeuten Geborgenheit, sie sind Garant für Sicherheit und Stabilität.»[26] Die Begriffe Geborgenheit, Sicherheit und Stabilität sind allerdings der Herkunftsfamilie vorbehalten und kommen dann im Blick auf die Vorstellungen über die

---

[25] Vgl. *Shell Deutschland Holding*, Jugend; *Calmbach/Borgstedt/Borchard/Flaig*, Jugendliche.
[26] *Shell Deutschland Holding*, Jugend 281.

zukünftige Partnerschaft bzw. die Gründungsfamilie kaum mehr vor: Hier haben die Begriffe Vertrauen, Treue und gegenseitiges Verständnis ein hohes Gewicht.[27] Treue und Heiraten haben für weibliche Jugendliche allerdings eine signifikant größere Bedeutung als für männliche.[28]

Diesen Befund bestätigt auch die Studie *Wie ticken Jugendliche 2016?*, die nach Milieugruppen unterscheidet: «Über alle Lebenswelten hinweg ist den Jugendlichen Vertrauen, Ehrlichkeit und Verlässlichkeit in der Partnerschaft am wichtigsten. Abgesehen davon möchten sie eine Person an ihrer Seite haben, die sich für ähnliche Themen interessiert und Verständnis (auch für eigene Unzulänglichkeiten) zeigt.»[29] Jugendliche wünschen sich über alle Befragungsgruppen hinweg für ihre Zukunft stabile und verlässliche Beziehungs- und Familienverhältnisse, und meistens wünschen sie sich auch Kinder.[30]

Wo es sich die Jugendlichen von ihrem sozialen Umfeld her leisten können, planen sie die Familiengründung nicht allzu früh. Die Partnerwahl will reiflich überlegt sein, die Familie benötigt materielle Grundlagen, und Frauen fürchten die Behinderung der beruflichen Entwicklung. Jugendliche aus prekären Lebensverhältnissen allerdings suchen deutlich früher als andere Jugendliche partnerschaftliche Beziehungen und erhoffen sich von dort die Stabilität, die sie in ihrem familiären Umfeld nicht haben. «Der Wunsch nach Stabilität, der weder in der Familie noch völlig zuverlässig im Freundeskreis eingelöst wird, soll in der romantisch idealisierten Zweierbeziehung erfüllt werden. Der Mangel an Halt führt dazu, dass sich Jugendliche der Prekären Lebenswelt vergleichsweise früh binden (möchten). Familiengründung kann für sie darüber hinaus eine Aussicht auf Gelingen beinhalten, die in vielen anderen Bereichen unwahrscheinlicher erscheint. Die Mädchen erwarten von einer (zukünftigen) ‹festen› Beziehung zudem Schutz und Kompensation für frühere Verletzungen, Jungen wünschen sich eine gewisse ‹Offizialität› der Beziehung und in vielen Fällen die ‹Bestimmerrolle›.»[31]

Vorbilder für die ideale Partnerschaft sind fast ausschließlich die eigenen Eltern. «Die Kinder schätzen an der Beziehung ihrer Eltern vor allem die Beständigkeit der Partnerschaft [...], die Fähigkeit, mit Meinungsverschiedenheiten

---

27 Vgl. *Shell Deutschland Holding*, Jugend 293–296.
28 Treue ist bei 83 % der weiblichen und 71 % der männlichen Jugendlichen von hoher Bedeutung für das Lebensglück, Heiraten bei 51 % der weiblichen und 42 % der männlichen Jugendlichen; vgl. *Shell Deutschland Holding*, Jugend 62.
29 *Calmbach/Borgstedt/Borchard/Flaig*, Jugendliche 310.
30 Vgl. *Calmbach/Borgstedt/Borchard/Flaig*, Jugendliche 321.
31 *Calmbach/Borgstedt/Borchard/Flaig*, Jugendliche 325.

und Unzulänglichkeiten umzugehen und die erlebte gegenseitige Wertschätzung.»[32] Bei schlechten Erfahrungen mit den Eltern oder bei deren Trennung erleben Jugendliche den Verlust der Vorbilder als besonders schmerzlich. Die Vorbild-Funktion bleibt in Form eines Idealbildes bestehen, und die negativen realen Erfahrungen geben den Antrieb für den Wunsch nach einer alternativen Praxis: So wie die Eltern möchten sie keinesfalls werden, und bei den eigenen Kindern möchten sie alles anders machen. Wird die Beziehung der Eltern negativ erfahren, kann dies aber auch zu einer Beziehungsskepsis führen. Diese Orientierung an den erlebten und erwünschten Eltern scheint sehr fundamental zu sein. Wo die Eltern ausfallen, wird auch kein anderes Beziehungspaar als Vorbild für das Eltern-Sein genannt,[33] und auch als Vorbild überhaupt kommen neben den Eltern kaum andere Persönlichkeiten oder Freunde infrage.[34]

Die Familie gehört für die meisten Jugendlichen, so die aktuellen Jugendstudien, zu einem glücklichen Leben dazu. Etwa zwei Drittel der Jugendlichen geben an, dass eine Familie notwendig ist, um glücklich zu sein. Allerdings ist diese Einschätzung rückläufig.[35]

7 Vorstellungen von Familienglück

Eine glückliche Familie ist die Sehnsucht vieler Menschen. Aber was ist Familienglück? Welche Vorstellungen verbinden Menschen mit einer glücklichen Familie? Dieser Frage ging ein Schweizer Forscherteam nach. Es sammelte mehr als 2000 Antworten im Kontext der Ausstellung «Familien – alles bleibt, wie es nie war» in Zürich im Jahr 2008 und erhob weitere Daten durch Forschungsarbeiten. Die Daten wertete es im Diskurs mit vorliegenden Studien aus.[36] Diese Studien sind nicht repräsentativ im Sinne einer quantitativen Verteilung, aber sie repräsentieren zentrale Bedeutungen und Vorstellungen von Menschen heute bezüglich der Familie.

Die Bedeutung der Familie verändert sich im Laufe des Lebens. Ebenso verändern sich die Vorstellungen über Familienglück. Im Folgenden sollen

---

[32] *Calmbach/Borgstedt/Borchard/Flaig*, Jugendliche 331.
[33] Vgl. *Calmbach/Borgstedt/Borchard/Flaig*, Jugendliche 332.
[34] Vgl. *Calmbach/Borgstedt/Borchard/Flaig*, Jugendliche 331.
[35] So ist der Anteil von 76 % im Jahr 2010 auf 63 % gesunken, bei Männern sogar von 71 % auf 57 %. Männer meinen zu 27 % (Frauen nur zu 16 %), dass man alleine genauso glücklich sein kann wie in einer Familie. Vgl. *Shell Deutschland Holding*, Jugend 56.
[36] Vgl. *Perrig-Chiello u. a.*, Familienglück.

einige Ergebnisse aus den Studien des Forschungsteams in Bezug auf Vorstellungen vom Familienglück von Kindern, von Erwachsenen und von alten Menschen vorgestellt werden.

In einer Studie mit 3164 Personen jeglichen Alters war Bindung und Fürsorge (35,6 %) die meistgenannte Dimension des familialen Glücks. An zweiter Stelle standen Liebe, Nähe und Familienklima (20,7 %), gefolgt von Gemeinsamkeit (10,3 %), Gegenseitigkeit (8,3 %), Glück, Freude, Genuss (7,3 %) und Dauerhaftigkeit (4,8 %). «Die Resultate zeigen auf, dass zwei wesentliche Elemente die Vorstellung von familialem Glück prägen. Für alle befragten Teilnehmer sind sowohl Bindung und Fürsorge als auch Nähe und Familienklima zentrale Elemente des familialen Glücks.»[37]

Eine der Studien mit etwa 100 Kindern in der Schweiz kam zu dem Ergebnis, dass die erste Priorität der Kinder die gemeinsamen Aktivitäten in der Familie sind, gefolgt von funktionalen Wünschen («dass mein Vater für mich alles kauft und meine Mutter für mich alles kocht, was ich gern habe»[38], Hilfe bei den Hausaufgaben u. a.) und von Nähe und Familienklima, von Glück, Freude und Lachen, von Bindung, Fürsorge und Gegenseitigkeit.[39]

François Höpflinger fragt nach dem Familienglück im Alter. Dieses wird erhöht, so sein Ergebnis, wenn gemeinsame Aktivitäten, auch zusammen mit Freunden, mit individuellen Interessen beider Partner in Übereinstimmung gebracht werden können. In der schmerzhaften Situation der Pflege oder des Verlustes eines Partners ist die Erinnerung an die gute erlebte Beziehung hilfreich, denn «im hohen Alter ist das aktuelle Wohlbefinden eng mit dem Wohlbefinden gegenüber der eigenen Lebensgeschichte verbunden»[40]. Schließlich ist das Glück im Alter eingebettet in das gute Verhältnis zu den eigenen Kindern, die Zufriedenheit, dass es ihnen gut geht, und die Beziehung zu den Enkelkindern.[41]

---

[37] *Perrig-Chiello/Hutchison*, Geborgen 102.
[38] *Perrig-Chiello*, Zusammen spielen 111.
[39] Vgl. *Perrig-Chiello*, Zusammen spielen 111–113.
[40] *Höpflinger*, Spätes Glück 144.
[41] Vgl. *Höpflinger*, Spätes Glück.

8 Resümee und weiterführende Überlegungen

8.1 Rückblick

Wie steht es um die Familie in der gegenwärtigen Gesellschaft? Insgesamt zeigt sich, so lässt sich zusammenfassen, eine Vielfalt von Beziehungs- und Familienkonstellationen. Neben der heterosexuellen Ehe, die zwischen 1950 und 1970 die «normale» Beziehungsform darstellte, werden heute viele andere Lebensformen sichtbar. Konsensualpartnerschaften sind eine eigene Lebensphase vor der Ehe geworden und werden vor allem von Paaren ohne Kinder vermehrt gelebt. Gleichgeschlechtliche Partnerschaften und Ehen sind in der Gesellschaft weitgehend anerkannt, sie machen mit etwa zwei Prozent aber nur einen geringen Anteil der Haushalte in der Schweiz aus. Ein Drittel der Bevölkerung in der Schweiz ist heute unverheiratet, aber das bedeutet nicht, dass diese Menschen allein leben. Die meisten Menschen in der Schweiz, nämlich 84 % der Bevölkerung, lebt mit anderen Personen, in fast allen Fällen mit Familienangehörigen, zusammen in einem Haushalt, und dieses Phänomen ist seit einigen Jahrzehnten stabil.

Die Kinder wachsen in der großen Mehrheit in Erstfamilien auf. 80 % der Familienhaushalte mit Kindern unter 25 Jahren sind Erstfamilien, nur 5,5 % sind Fortsetzungsfamilien. Geschiedene Alleinerziehende scheinen vorwiegend keinen neuen Partnerschaftshaushalt zu gründen, und so ist der Anteil der Alleinerziehenden an den Familienhaushalten mit 14,4 % recht hoch.

Die Situationen der Familien sind bunt und plural und durch den gesellschaftlichen Wandel bestimmt: Eine stark verlängerte Lebenszeit mit nur wenigen Vorbildern zu ihrer Gestaltung, die Individualisierung der Biografien, hohe Anforderungen durch eine wachsende Ökonomisierung der Lebenswelt, die Komplexität der Gesellschaft und der dadurch erzeugte Stress bestimmen die Situationen der Familien. Es gibt eine Vielfalt von Partnerschafts- und Familienverhältnissen, die gesellschaftlich eine hohe Akzeptanz erfahren. Die Politik ist bemüht, diese rechtlich in Bezug auf Eheschließungs- und Scheidungsrechte, auf Fürsorgerechte und -pflichten für Kinder, Partner und Eltern, auf Rentenansprüche, auf Eigentumsrechte sowie auf medizinische und genetische Auskunftsrechte abzusichern.

Die meisten Ehepaare bleiben ein Leben lang zusammen. Viele Menschen wünschen sich Kinder und verwirklichen den Kinderwunsch, wo er unerfüllbar ist, vermehrt mithilfe der Reproduktionsmedizin. Viele Ehen werden heute auch wieder geschieden. Die Anzahl der Ehescheidungen ist zwischen dem

Ende der 1960er Jahre bis Ende der 1990er Jahre kontinuierlich gestiegen und verblieb danach auf hohem Niveau. Heute ist damit zu rechnen, dass etwa jede zweite bis dritte geschlossene Ehe wieder geschieden wird. Aber auch wenn die Ehepartner sich trennen, bleiben doch die Familienbindungen und -beziehungen in veränderter Form weiter bestehen und werden durch neue Beziehungskonstellationen erweitert. Durch neue Partnerschaften und Wiederheirat und nicht zuletzt auch durch die Reproduktionsmedizin entstehen komplexe Familienverhältnisse.

Trotz dieser Vielfalt der Familiensituationen und ihrer gesellschaftlichen Akzeptanz hat das Ideal der Familie von Eltern mit (nach Möglichkeit eigenen) Kindern in der Gesellschaft weiterhin eine hohe normative Orientierungskraft. Der Schweizer Familienbericht fasst dies so zusammen: «Die sogenannte ‹normale Kernfamilie› (Kinder, die bei ihren biologischen Eltern aufwachsen) verbleibt die vorherrschende Familienform, namentlich für Kinder im Vorschulalter. [...] Was sich verändert hat, ist eine erhöhte Toleranz und Akzeptanz in der Bevölkerung gegenüber unterschiedlichen Lebens- und Familienformen.»[42] Ähnlich drückt das der Religionssoziologe Franz Xaver Kaufmann aus, wenn er schreibt, dass die Partnerschaft immer noch an dem Ideal der monogamen Ehe orientiert ist. Diese werde aber nicht mehr als verbindliche Norm, sondern als ein *Ideal* aufgefasst.[43]

Es gibt ein Sehnsuchtspotential nach einer verlässlichen, dauerhaften und glücklichen Partnerbeziehung und nach einer glücklichen Familie. Familie verleiht dem Leben Sinn und Glück. Dabei gestaltet sich die Verbindung von Lebenssinn und Familie in den verschiedenen Lebensphasen unterschiedlich, was bisher noch wenig untersucht worden ist. So haben die Beziehung zu den Kindern (und Enkeln) und die Vermittlung von Lebenssinn durch sie im Alter eine ganz andere Dimension und Qualität als in der Phase der Familiengründung.

Diese Ideale einer glücklichen Partnerschaft und Familie stellen auch für die heranwachsende Generation eine zentrale Orientierung für ihr Leben dar. Mit Partnerschaft und Familie werden Lebenssinn und Lebensglück verbunden.

Das Ideal der verlässlichen, paritätischen, gewaltfreien und auf Dauer gestellten Partnerschaft und einer Familie mit eigenen Kindern stellt ein sehr bedeutsames Orientierungsmuster dar, gerade auch dort, wo es nicht erreicht oder nicht eingelöst werden kann. Die hohe Anzahl von Ehescheidungen ist

---

[42] *Schweizerische Eidgenossenschaft – Der Bundesrat*, Familienbericht 22.
[43] Vgl. *Kaufmann*, Zukunft 121.

kein Hinweis auf einen Wertverlust von Ehe und Familie an sich, sondern lässt sich gerade darauf hin lesen, dass an hohen Idealen festgehalten wird unddort, wo sie nicht lebbar erscheinen, die Trennung vom Partner erwogen wird.

Die Vorstellung einer Familie von Eltern mit eigenen Kindern ist heute in der westlichen Gesellschaft weithin das zentrale Deutungs- und Orientierungsmuster. Sie hat aber weitere Lebensformen integriert: Partnerschaften und Eltern können auch gleichgeschlechtlich sein, Ehen und Partnerschaften können scheitern, und es können neue Partnerschaften und Familienkonstellationen gebildet werden, und wo es Paaren nicht möglich ist, eigene Kinder zu bekommen, erfüllt oftmals die Reproduktionsmedizin den Traum einer Familie mit Kindern.

8.2 Die Begegnung unterschiedlicher kultureller und religiöser Familienvorstellungen als Herausforderung

Moderne westliche Gesellschaften verstehen sich heute bezüglich der Partnerschafts- und Familienpraxen als plural und tolerant. Durch die Begegnung mit anderen Kulturen wird aber die Frage nach den Formen und Grenzen der Toleranz differenziert und die Reflexion auf die Werte und Traditionen der eigenen Kultur- und Rechtsgeschichte herausfodert. Das zeigen die Diskussionen um das Heiratsalter von Kindern, um das Recht auf eigene Partnerwahl, um die Beschneidung von Jungen und Mädchen, um geschlechtsspezifische Kleiderordnungen oder um die Familienehre. So wirft die Begegnung mit anderen Kulturen, in denen andere Familienmodelle und -ideale vorherrschen, gerade in der Praxis neue Fragen auf. Sie findet heute nicht mehr (allein) in fernen Ländern statt, sondern inmitten der eigenen Gesellschaft und schreibt sich auch direkt in die Familien ein: Die Familien selbst werden multikulturell. In der Schweiz wird heute nicht einmal die Hälfte der Ehen zwischen Personen mit Schweizer Nationalität (zu denen auch Schweizer mit Migrationshintergrund zählen) geschlossen.[44] In anderen Kulturen gibt es andere Vorstellungen und Muster von Familie, Verwandtschaft, Ehe, Freundschaft und Beziehungen, die handlungsorientierend sind. Es gibt andere Eheanbahnungs-, Heirats- und Scheidungsregelungen und -rituale. Es gibt andere Auffassungen und Sanktionsweisen in Bezug auf die Geschlechterrollen, die Aufgabenverteilungen in der Familie, die Erziehung der Kinder und die Sorge um die Verwandten im

---

[44] Vgl. *Schweizerische Eidgenossenschaft – Der Bundesrat*, Familienbericht 12.

Alter. Es gibt andere Körper- und Kleiderkulturen und ein anderes Verständnis von Sexualität, von Gesundheit, von Scham und von Ehre.[45]

Die Frage nach dem Umgang mit unterschiedlichen Familienvorstellungen stellt sich aber nicht allein in Bezug auf andere Kulturen und Religionen, sondern auch auf religiöse Traditionen und Normen in der eigenen Kultur und verweist damit auf die Notwendigkeit einer vertieften Reflexion auf die christlichen und jüdischen Wurzeln der Familienvorstellungen in der westlichen Kultur. Dazu wollen die unterschiedlichen Zugänge zu Familie in diesem Band einen Beitrag leisten.

Literaturverzeichnis

Blickle, Paul/Klöckner, Lydia: Fakten zur Unfruchtbarkeit. Wenn das Wunschkind ausbleibt, in: Zeit Online vom 8. April 2013, aktualisiert am 4. April 2017. www.zeit.de/wissen/gesundheit/2013-03/ungewollt-kinderlos-infografiken (14.1.2018).

Bodenmann, Guy: Bevor der Stress uns scheidet. Resilienz in der Partnerschaft. Bern: Huber 22016.

Bodenmann, Guy: Psychologische Risikofaktoren für Scheidung: ein Überblick, in: Psychologische Rundschau 52 (2001) 85 –95.

Bundesamt für Statistik (Hg.): Familien in der Schweiz. Statistischer Bericht 2017. Neuchâtel 2017.

Calmbach, Marc/Borgstedt, Silke/Borchard, Inge/Flaig, Berthold Bodo: Wie ticken Jugendliche 2016? Lebenswelten von Jugendlichen im Alter von 14 bis 17 Jahren in Deutschland. Heidelberg: Springer 2016.

Eicker, Andreas/Klein, Stephanie: Ehre in Familie, Recht und Religion. Ehre, Scham und Schuld in juristischer, theologischer und anthropologischer Perspektive. Bern: Stämpfli/Stuttgart: Kohlhammer, erscheint 2018.

Höpflinger, François: Spätes Glück – Ehe, Familie und Generationenbeziehungen im Alter, in: *Perrig-Chiello, Pasqualina/Höpflinger, François/Kübler, Christof/Spillmann, Andreas:* Familienglück – was ist das? Zürich: Verlag Neue Zürcher Zeitung 2012, 141–149.

Kaufmann, Franz-Xaver: Zukunft der Familie. Stabilität, Stabilitätsrisiken und Wandel der familialen Lebensformen sowie ihre gesellschaftlichen und politischen Bedingungen. München: Beck 1995.

Klein, Stephanie: Amoris laetita und der Wandel der kirchlichen Familienvorstellungen. In: *Klein, Stephanie (Hg.):* Familienvorstellungen im Wandel. Biblische Vielfalt, geschichtliche Entwicklungen, gegenwärtige Herausforderungen. Zürich: TVZ 2018.

---

[45] Zu Ehre und Scham im Kontext von Familie und Religionen vgl. *Eicker/Klein*, Ehre.

Nave-Herz, Rosemarie: Ehe- und Familiensoziologie. Eine Einführung in Geschichte, theoretische Ansätze und empirische Befunde. Weinheim/München: Juventa 2004.

Perrig-Chiello, Pasqualina/Höpflinger, François/Kübler, Christof/Spillmann, Andreas: Familienglück – was ist das? Zürich: Verlag Neue Zürcher Zeitung 2012.

Perrig-Chiello, Pasqualina/Hutchison, Sara: «Wenn man sich geborgen und sicher fühlen kann.» 2029 Antworten auf die Frage: Was bedeutet für Sie Familienglück, in: *Perrig-Chiello, Pasqualina/Höpflinger, François/Kübler, Christof/Spillmann, Andreas:* Familienglück – was ist das? Zürich: Verlag Neue Zürcher Zeitung 2012, 77–104.

Perrig-Chiello, Pasqualina: «Zusammen spielen, zusammen lachen.» Das Familienglück aus der Sicht von Kindern, in: *Perrig-Chiello, Pasqualina/Höpflinger, François/Kübler, Christof/Spillmann, Andreas:* Familienglück – was ist das? Zürich: Verlag Neue Zürcher Zeitung 2012, 105–115.

Schweizerische Eidgenossenschaft – Der Bundesrat: Familienbericht 2017. Bericht des Bundesrates in Erfüllung der Postulate 12.3144 Meier-Schatz vom 14. März 2012 und 01.3733 Fehr vom 12. Dezember 2001. Bern 2017.

Shell Deutschland Holding (Hg.): Jungend 2015. Eine pragmatische Generation im Aufbruch. Frankfurt a. M.: Fischer 2015.

Statistisches Bundesamt: Datenreport 2016. Ein Sozialbericht für die Bundesrepublik Deutschland. Bonn: Bundeszentrale für politische Bildung (Zeitbilder) 2016.

Zemp, Martina/Bodenmann, Guy: Partnerschaftsqualität und kindliche Entwicklung – Ein Überblick für Therapeuten, Pädagogen und Pädiater. Berlin: Springer 2015.

Abbildungsverzeichnis

Abb. 1: Personen in Privathaushalten nach Größe des Haushalts. Online: www.bfs.admin.ch/bfs/de/home/statistiken/kataloge-datenbanken/grafiken.assetdetail.3342086.html?dyn_pageIndex=0 (8.1.2018).

Abb. 2: Familienhaushalte mit Kindern unter 25 Jahren. BFS – SE, kumulierte Daten 2013–2015. Online: www.bfs.admin.ch/bfs/de/home/statistiken/bevoelkerung/familien.assetdetail.2300516.html (8.1.2018).

Abb. 3: Zusammengefasste Scheidungsziffer. Ibkube. Online: www.bfs.admin.ch/bfs/de/home/statistiken/bevoelkerung.assetdetail.3522396.html (8.1.2018).

Abb. 4: Scheidungshäufigkeit nach Jahrgang. BFS – BEVNAT 2017. Online: www.bfs.admin.ch/bfs/de/home/statistiken/bevoelkerung/heiraten-eingetragene-partnerschaften-scheidungen/scheidungshaeufigkeit.html (8.1.2018).

Abb. 5: Kinderwunsch Männer und Frauen im Alter von 20–29 Jahren ohne Kinder. BFS – Erhebung zu Familien und Generationen (FG). Online: https://www.bfs.admin.ch/bfs/de/home/statistiken/bevoelkerung/familien/kinderwunsch-elternschaft.html (8.1.2018).

Ehe als Charisma versus «Verlassen» als Lebensstil der Nachfolge
Versuch einer neutestamentlichen Problemanzeige

Walter Kirchschläger

Hinführung

Das Zweite Vatikanische Konzil hat erheblich dazu beigetragen, das Eheverständnis in der katholischen Kirche zu überdenken und aus einem traditionellen Schema herauszuführen. In der Pastoralkonstitution über die Kirche in der Welt von heute geht das Konzil hier neue Wege. Es spricht dem Lebensstand der Ehe neben seiner Ausrichtung auf Nachkommenschaft eine eigenständige, auf die Pflege der Partnerschaft und das Wohl der Eheleute bezogene Sinngebung zu und könnte so den Menschen in der Kirche den konstruktiven, offenen Diskurs mit den Partnerschaftsideen der heutigen Gesellschaft ermöglichen.[1] Inwieweit sie dies in den letzten 50 Jahren tatsächlich tat, sei dahingestellt. Es ist nicht das Thema dieses Beitrags. Es brauchte allerdings tatsächlich bis zu Bischof Franziskus, bis zu den Bischofssynoden 2014 und 2015 und zum Nachsynodalen Apostolischen Schreiben *Amoris laetitia* («Die Freude [an] der Liebe»), um etwas Bewegung in ein partnerschaftlich-kommunikatives Eheverständnis und in eine auf die betroffenen Menschen ausgerichtete pastorale Praxis zu bringen.

Den die Kirche seit dem Konzil leitenden Bischöfen von Rom vor Franziskus wird frau oder man sicher nicht nachsagen können, sie hätten für dieses Thema zu viel getan – außer wohlbekannte Formulierungen erneut in Worte zu fassen und dabei um die zwei alles bestimmenden Themen des katholischen Eheverständnisses zu kreisen, nämlich um die ausschließlich sogenannt «natürliche» Ausrichtung der Ehe auf Nachkommenschaft und um ihre Unauflöslichkeit. Deren Charakter wurde und wird als so absolut verstanden, dass lediglich die allerhöchste petrinische Binde- und *Löse*gewalt hier in wenigen Ausnahme-

---

[1] Vgl. *Gaudium et spes* Art. 47–52, hier bes. Art. 49, in: *Hünermann*, Dokumente 664–678, bes. 669–671.

fällen einschreiten kann.[2] Die Bischof Franziskus im Herbst 2016 von vier Kardinälen vorgelegten *Dubia* («Zweifel»)[3] zur von ihm vorgelegten Richtung der Ehepastoral sowie die im Juli 2017 an ihn gerichtete *Correctio filialis de haeresibus propagatis* («Kindliche Zurechtweisung wegen der Verbreitung von Häresien»)[4] lassen erkennen, wie intensiv und problematisch die zur Zeit in der katholischen Kirche diesbezüglich geführte Diskussion ist.

Natürlich kann frau oder man wichtige Aspekte eines Eheverständnisses nicht in so wenigen Sätzen pauschal abhandeln oder auch nur klassifizieren. Ich tue es nur deshalb, um damit bewusst zu machen, dass es im Blick auf die Ehe als Lebensstand neben den angesprochenen Themenfeldern andere gegeben hat und gibt, die im Laufe der Theologie- und Kirchengeschichte sträflich vernachlässigt wurden. Das Konzil hat hier lediglich einen, wenngleich einen sehr wichtigen, weil initialen Schritt getan. Bei einer erneuten Beschäftigung mit dem biblischen Befund zu diesem Thema kann frau oder man noch weiter fündig werden. Dort möchte ich auch ansetzen und zunächst bei Paulus etwas genauer nach dem Verständnis von Ehe nachfragen (1). Das Ergebnis kann in Beziehung zum entsprechenden Befund der Evangelien gesetzt werden (2). Daraus ergeben sich verschiedene Anhaltspunkte, die im Sinne des Gesamtthemas dieses Bandes («im Wandel») zu weiteren Überlegungen anregen können (3).

1 «Über das nun, was ihr geschrieben habt ...» Paulus und der Lebensstand

1.1 *Textzusammenhang*

In seinem ersten Brief an die Kirche von Korinth wendet sich Paulus ab Kapitel 7 den ihm von dieser Ortskirche zugetragenen Fragen und Unklarheiten zu. Die in der Überschrift zu diesem Abschnitt zitierte Überleitung in 1Kor 7,1 gibt einen Hinweis auf diese Schwerpunktsetzung. In der Folge werden mehre-

---

[2] Zum Privilegium petrinum vgl. *Weber*, Privilegium Paulinum 603.
[3] Das Papier ist datiert am 19. September 2016 und unterzeichnet von den Kardinälen *Carlo Caffarra, Raymond Burke, Walter Brandmüller* und *Joachim Meisner*. Die Kardinäle *Caffarra* und *Meissner* sind in der Zwischenzeit verstorben. Es richtet sich an Bischof Franziskus und erwähnt ausdrücklich eine Kopie zuhanden von Kardinal *Gerhard L. Müller*.
[4] Das Papier ist datiert mit 16. Juli 2017 und wurde am 11. August 2017 zugestellt.

re maßgebliche Themenkreise angesprochen, über die in der korinthischen Kirche Verstehensbedarf herrschte:[5]

- 1 Kor 8 Über Freiheit und Erkenntnis im Umfeld von Götzendiensten
- 1 Kor 9 Über den Dienst als Apostel
- 1 Kor 10 Über Unklarheiten bezüglich der Teilnahme am Götzenopfermahl
- 1 Kor 11 Über Ungereimtheiten bei der Feier des Herrenmahls
- 1 Kor 12–14 Über die Gnadengaben
- 1 Kor 15 Über die Auferstehung von den Toten[6]

Für 1 Kor 7 verweist die in der Überleitung zitierte Lebensregel auf das Thema. «Es ist gut für den Menschen, eine Frau nicht zu berühren» – so zitiert Paulus aus den an ihn gerichteten Anfragen (1 Kor 7,1b). Solche absolut sexualfeindlichen Tendenzen entsprechen einer radikalen «Abwertung alles Leiblichen», sie sind gnostischen Strömungen jener Zeit zuzuordnen.[7] In der nachpaulinischen Epoche des frühen Christentums ist die Auffassung belegt, aus aszetischen Gründen eine Eheschließung abzulehnen (vgl. 1 Tim 4,2–3, um 100 n. Chr.: «[...] getäuscht von heuchlerischen Lügnern, deren Gewissen gebrandmarkt ist. Sie verbieten die Heirat und fordern den Verzicht auf bestimmte Speisen...» [EÜ][8]. Wie die Anweisung zu einer ordentlich geführten Ehe in 1 Thess 4,3–4 (um 52 n. Chr.) zeigt, ist eine generelle Ablehnung der Ehe nicht die Auffassung des Paulus: «Das ist es, was Gott will: eure Heiligung – dass ihr die Unzucht meidet, dass jeder von euch lernt, mit seiner Frau in heiliger und achtungsvoller Weise zu verkehren...» (EÜ). Aus der Perspektive jenes (älteren) Textes aus 1 Thess muss also 1 Kor 7 gelesen werden.

Die in 1 Kor 7,1 gebrauchte Wendung «eine Frau nicht zu berühren» (*gynaikos me [h]aptesthai*) ist allerdings nicht so eindeutig wie es zunächst scheint. Eine neuere lexikografische Untersuchung legt nahe, die Wendung im Hinblick auf die Zielsetzung sexueller Aktivität zu interpretieren. Demnach umschreibt diese Ausdrucksweise eine von gemeinsamer Lust geprägte sexuelle Aktivität (im

---

[5] Vgl. dazu (mit unterschiedlicher Detailgliederung) *Conzelmann*, Korither 146; *Kremer*, Korinther 127; *Klauck*, Korinther 9f.; *Merklein*, Korinther I 48–50. Zurückhaltend zu diesem Gliederungsweg *Schrage*, Korinther II 50.
[6] So *Kirchschläger*, Einführung 120.
[7] Zitat bei *Schrage*, Korinther II 55, ausführlich dazu 54–58, sowie *Klauck*, Korinther 50f; einen Überblick über die stark gegensätzlichen Standpunkte zum Wert der Ehe bietet *Merklein*, Korinther II 105f.
[8] Bibelstellen werden in einer eigenen Arbeitsübersetzung übertragen oder nach der Einheitsübersetzung 2016 zitiert. Im letzteren Fall sind sie mit «EÜ» gekennzeichnet.

Gegensatz zu jener, welche die Zeugung von Nachkommenschaft im Blick hat).[9] Der Blick auf die folgenden Verse lässt erkennen, dass Paulus unter Umständen einem solchen Eheverständnis gegenüber nicht abgeneigt ist.

Der Fortgang dieses Kapitels zeigt, dass Paulus Menschen in je ihrem Lebensstand und darunter Eheleute in den verschiedenen Situationen ihrer Ehe anspricht, wobei er jeweils genau die Autoritätslage zu unterscheiden weiß. Dementsprechend setzt Paulus jeweils neu an:

– 1Kor 7,8: «Den Unverheirateten und den Witwen sage ich: …»
– 1Kor 7,10: «Den Verheirateten gebiete nicht ich, sondern der Herr: …»
– 1Kor 7,12: «Den übrigen sage ich, nicht der Herr: …» (Hervorhebung W. K.)

Der aus dem Lebensumfeld von Korinth eingangs des Kapitels zitierten Ächtung der Ehe setzt Paulus in der Folge *seine* Lebensregel entgegen:

«Im Übrigen soll jede und jeder so leben,
      wie der Herr es ihr und ihm zugemessen,
jede und jeder so,
      wie Gott sie oder ihn gerufen hat.
Und so habe ich alle Kirchen angewiesen.» (1Kor 7,17)

Die mehrmalige Wiederholung dieses Leitsatzes (1Kor 7,17.20.24) lässt erkennen, wie wichtig und grundsätzlich er für Paulus ist. Auch die in den Diskurs eingeflossene Anwendung auf einen ganz anderen Lebensbereich, nämlich jenen der Sklaverei (1Kor 7,21–23), belegt dies. Bevor Paulus erstmals diesen seinen Standpunkt formuliert, setzt er sich konkreter mit Einzelheiten zum Thema Ehe auseinander (1Kor 7,2–7). In 1Kor 7,8 wendet er sich Menschen in anderen Lebensformen zu, nämlich den Unverheirateten und den Witwen.

1.2 *Kursorische Auslegung*

Wir beschränken uns in diesem Rahmen auf eine kursorische Durchsicht der ersten Aussagen zur Ehe.[10] Zunächst der biblische Text:

«¹Über das nun, was ihr geschrieben habt:
‹Es ist gut für den Mann, eine Frau nicht zu berühren›:
²Wegen der Unzucht soll aber jeder seine Frau haben,

---

[9]   Vgl. ausführlicher dazu *Ciampa,* Revisiting 325–338.
[10] Vgl. dazu *Baumert,* Ehelosigkeit und Ehe 21–63; *Caragounis,* What did Paul Mean 189–199; *Kirchschläger,* Marriage 159f.

und jede soll ihren Mann haben.
³Der Mann soll der Frau das ihr Schuldige geben,
in gleicher Weise auch die Frau dem Mann.
⁴Die Frau verfügt nicht über ihren Leib, sondern der Mann.
In gleicher Weise verfügt der Mann nicht über seinen Leib, sondern die Frau.
⁵Entzieht euch einander nicht,
außer im gegenseitigen Einverständnis für eine Zeitlang,
um für das Gebet frei zu sein.
Dann kommt wieder zusammen,
damit euch der Satan nicht in Versuchung führt wegen eurer Unbeherrschtheit.
⁶Das sage ich als Zugeständnis, nicht als Gebot.
⁷Ich wünschte, alle Menschen wären wie ich selbst.
Aber jede und jeder hat die eigene Gnadengabe aus Gott,
die eine so, der andere so.»

Auf den ersten Blick begegnet uns eine durchaus traditionelle Eheauffassung, die sich auch in der katholischen Kirche festgesetzt und sich durch die Jahrhunderte einer nachhaltigen Wirkgeschichte erfreut hat: Die Ehe als Therapie gegen die Unzucht (1Kor 7,2) und zur kontrollierten Triebsteuerung (siehe 1Kor 7,5: «… wegen eurer Unbeherrschtheit»).[11] Gerade aus 1Thess 4,3–4 ist erkennbar, dass für Paulus die Ehe der Ort der geordneten Sexualität ist. Damit bewegt er sich im Rahmen seines jüdisch-rabbinischen Hintergrunds. Er liegt also sozusagen in seinem Trend, ohne dass dieser Zugang zur Ehe als besonders innovativ bezeichnet werden könnte.

Das gilt auch für die Möglichkeit eines zeitlich limitierten Rückzugs aus der ehelichen Gemeinschaft im Blick auf persönliche religiöse Vertiefung. Dieser Hinweis leistet der Auffassung Vorschub, dass religiöses Handeln und sexuelle Aktivität einander ausschließen – auch das ist ein sozioreligiöses Tabu, das z. B. im rabbinischen Judentum dem Ehemann unter Hinweis auf das Gesetzesstudium einen solchen zeitweisen Rückzug gestattet. So heißt es im Testament Naphthali: «Es gibt eine Zeit für das Zusammenkommen mit der Frau und eine Zeit der Enthaltsamkeit für sein Gebet» (Test Naph VIII,8).[12] Zur Ehrenrettung des Paulus muss der nächste Satz (1Kor 7,6) dazu gelesen werden: Kein

---

[11] Vgl. *Ellis,* Controlled Burn 89–98; *Wanamaker,* Connubial Sex 839–849; *Caragounis,* Fornication 543–559.
[12] Siehe *Becker,* Testamente 105. Diese jüdische Schrift ist vermutlich in das 2. Jh. n. Chr. zu datieren (a. a. O. 23f). Vgl. dazu *Klauck,* Korinther 51.

Gebot, sondern ein Zugeständnis. Es kann also so sein, muss aber nicht notwendigerweise.

Frau oder man sollte aber nach diesem ersten Blick auf den Text nicht zu schnell urteilen und Paulus klischeehaft unter die Ehe- und Frauengegner einordnen, wie dies gerne geschieht. Der genauere Blick auf den Text zeigt nämlich auch noch anderes:

In allen Aussagen des Textabschnitts fällt auf, dass Ehe nicht aus dem Blickwinkel des Mannes gedacht wird, sondern aus der Perspektive von *Frau und* Mann. Die – unerwartete – Tendenz zur Gegenseitigkeit ist unübersehbar. Sie erfolgt kontinuierlich und daher wohl auch bewusst, und sie steht in allen angesprochenen Punkten gegen den Trend der damaligen Zeit.

Aufmerksamkeit verdient in diesem Zusammenhang lediglich der stoische Philosoph C. Musonius Rufus (vor 30 bis um 100 n. Chr.). Er vertrat in seinen Vorlesungen die Auffassung, dass Frauen und Männer die gleiche Natur haben. Neben der Ausrichtung auf Nachkommenschaft sei das gute Zusammenleben zwischen Mann und Frau für die Ehe sinnstiftend. Dabei fallen die Begriffe *symbiosis* [«*Mit*einander-Leben»] und *koinonia* [«Gemeinschaft»].[13]

Das aus 1Kor 7,1–7 erkennbare paulinische Eheverständnis verdient auch in anderen Punkten Beachtung. Im Einzelnen:

– Das Argument bezüglich der Vermeidung von Unzucht (7,2) wird auf Mann *und Frau* angewendet und sogar in gleicher, genau paralleler Weise formuliert, womit der Verfasser eine inhaltliche Entsprechung im Blick auf beide beteiligten Personen ausdrückt.
– Die Pflichten in der Ehe (7,3) werden ebenfalls *Frau und* Mann in Erinnerung gerufen.[14] Dabei ist zu beachten, dass das Recht der Frau *an erster Stelle* genannt wird. Die sehr offene Formulierung lässt darauf schliessen, dass Paulus über den sexuellen Bereich hinaus an eine *generelle Gegenseitigkeit* denkt, die allenfalls unterschiedlich ausgestaltet sein kann.
– Die Verfügbarkeit des Leibes durch Partnerin und Partner (7,4) ist erneut *reziprok* gedacht und *explizit* so beschrieben.[15]

---

[13] So *Inwood,* Musonius [I] 553. Vgl. dazu *Merklein,* Korinhter II, 105.
[14] Vgl. *Klauck,* Korinther 50f.: «[…] streng reziprok: völlig gleiche Rechte und gleiche Pflichten für Mann und Frau», ähnlich schon *Conzelmann,* Korinther 146 Anm. 10: «Paulus erwidert auf der Basis der Gleichberechtigung».
[15] Siehe dazu *C. Musonius Rufus,* Reliquiae XIII^A: Mann und Frau müssen «alle Dinge als gemeinsamen Besitz ansehen und nichts als Eigenes, selbst nicht den [eigenen] Leib»

1.3 Paulus und die Ehe

Aus diesen markanten Signalen im Text ergibt sich: Paulus legt seinen Ausführungen ein Eheverständnis zugrunde, das über die traditionellen Auffassungen hinaus auf Gegenseitigkeit angelegt ist und eine Gleichwertigkeit von Frau und Mann in diesem Lebensstand vorgibt.[16] Dass Paulus dabei nicht nur die Nachkommenschaft und die geregelte Triebbefriedung im Blick hat, sondern auch an die gegenseitige identitätsvertiefende und beglückende Bedeutung sexueller Aktivität denkt, ist zumindest nicht auszuschließen.

Als (theologische) Grundlage dafür muss das Taufverständnis angenommen werden, das Paulus nur wenig später den Kirchen von Galatien vorbuchstabiert (vgl. Gal 3,26–28).[17] Christinnen und Christen sind als Töchter und Söhne Gottes befähigt, in Christus Jesus eine Einheit in Verschiedenheit, eben «männlich und weiblich» (Gal 3,28 = Gen 1,27) zu leben. Diese Formulierung besagt eben nicht eine vereinheitlichende Gleichschaltung, sondern die Taufwirklichkeit nimmt das differenzierende Persönlichkeitsprofil der Christinnen und Christen ernst – wie dies Paulus offensichtlich auch im Blick auf Frau und Mann in der Ehe tut.[18] «Wenn eine/r in Christus [ist] – eine neue Schöpfung», schreibt Paulus der Kirche von Korinth einige Zeit später (2Kor 5,17). Die *gegenseitige* Verpflichtung in der Ehe (1Kor 7,3–4) könnte also auch im Sinne einer partnerschaftlichen Entfaltung/Neuschöpfung im Anschluss an Gen 1,26–27 verstanden werden.[19]

Damit dies gelingen kann, wirken nach paulinischer Vorstellung in den Getauften die Gnadengaben, die ihnen der Geist Gottes nach freiem Ermessen zuteilt. Paulus wird der Kirche von Korinth nur wenig später im gleichen Brief diesen Aspekt der Taufwirklichkeit darlegen (siehe 1Kor 12,3–11) und sodann die Bedeutung der Gnadengaben ausführlich im Blick auf das Leben der Kirche entfalten (vgl. 1Kor 12,12–14,40).

(Ausgabe *Hense*) 67f, vgl. so auch *Merklein*, Korinther II, 105. (Griechischer) Text auch bei *Conzelmann*, Korinther 148, Anm. 17 und 21.

16 Vgl. *Kirchschläger*, Ehe 32–37, bes. 35f. Zurückhaltend in diesem Punkt *Merklein*, Korinther II 107, obwohl er festhält: «Die Reziprozität der Aussagen in V. 2a und 2b ist bemerkenswert (s. VV. 3f)».

17 Auf den Zusammenhang beider Textabschnitte verweist *von Arx*, Interpretation 193–221.

18 Vgl. dazu *Kirchschläger*, Ehe als Ebenbild 54.

19 *Merklein*, Korinther II 108, spricht von der Ehe «als Möglichkeit zur Verwirklichung menschlicher Identität im Sinne von Gen 2,24». Vgl. dazu auch *Gundry-Volf*, Male and Female 95–121; *Kirchschläger*, Anfänge 159–162; ders., Marriage as Covenant 157–159.

Aber schon im angesprochenen Text aus 1Kor 7 zieht Paulus diesen höchst bedeutsamen theologischen Fachbegriff *charisma* heran. Es geschieht unvermutet, nachdem Paulus das bisher zur Ehe Gesagte beinahe etwas relativiert: «Ich wünsche, alle Menschen wären wie ich selbst» (1Kor 7,7) – also ehelos. Das darf nicht verwundern. Nur wer den zitierten Satz aus dem Zusammenhang reißt und das Textumfeld vernachlässigt, kann Paulus Ehefeindlichkeit vorwerfen. Zugleich ist zu ergänzen: Wer will es Paulus verargen, dass er seine eigene Lebensform, für ihn offensichtlich bewährt, bevorzugt und, weil für ihn selbst als gut empfunden, anderen anpreisen möchte? Wer 1Kor 7 weiter liest, erkennt sein Ringen um das, was er selbst für sich vorzieht (eben seine Ehelosigkeit) und wofür er den Geist des Herrn beansprucht (vgl. 1Kor 7,40) und das, was er auch zu sagen hat, weil er es als Auffassung des Herrn versteht. Ein Vergleich zwischen 1Kor 7,8, 7,10 und 7,12 lässt erkennen, dass er sehr wohl und genau zu unterscheiden weiß. Ihm ist bewusst, dass Gott etwas differenzierter denkt und handelt: Nicht einfach alle so wie Paulus, sondern:

> «... Aber jede und jeder hat die eigene Gnadengabe [*charisma*] aus Gott, die eine so, der andere so» (1Kor 7,7).

Das ist doch sehr deutlich, vielleicht auch überraschend. Aber erinnern wir uns an den Leitsatz von 1Kor 7: «Im Übrigen soll jede und jeder so leben, wie der Herr es ihr und ihm zugemessen, jede und jeder so, wie Gott sie oder ihn gerufen hat» (1Kor 7,17). Das Gesetz des Handelns liegt also beim Herrn. Da wird eine Vielfalt von Berufungen, von Lebensstand und Lebensweg sichtbar. In diesem Zusammenhang ist (auch) die Rede von Ehe, und es fällt der Begriff *charisma*, also Gnadengabe.[20]

1.4 Die Ehe als Gnadengabe (charisma)

Darüber dürfen wir nicht einfach hinweggehen. Denn das bedeutet, dass Ehe nicht eine lediglich pragmatische Lebensform zweier Menschen darstellt, sondern dass für Christinnen und Christen darin eine Gnadengabe wirksam ist, die einzelnen Menschen von Gott zukommt. Gott selbst ist in der Kraft seines Geistes intensiv in der Verwirklichung dieser Zweisamkeit engagiert. Der Blick in den ursprachlichen Text deckt die außergewöhnliche Intensität der Formulierung auf: Diese Gnadengabe wird nicht einfach *von* Gott gegeben, sondern

---

[20] *Conzelmann,* Korinther 150 bestreitet, dass sich *charisma* hier auf die Ehe bezieht, bietet aber keine Alternative.

sie ist «*aus* Gott» hergeleitet. So wird angedeutet, dass die geistgeprägte Befähigung zu diesem Lebensstand aus dem Inneren Gottes kommt. Dieser theozentrischen Verankerung entspricht die den gesamten Abschnitt prägende Überzeugung, dass hinter dem Entscheid zum Lebensstand der Ruf Gottes steht: Leben «so, wie Gott sie oder ihn gerufen hat» sagt Paulus (1Kor 7,17). Das beinhaltet die freie Entscheidung zum Lebensstand, der eben nicht auferlegt, sondern in Verantwortung gegenüber den erkannten eigenen Gnadengaben zu wählen ist.[21] So wie die charismatische, also geistgewirkte Prägung nicht unbedingt zum Grundvokabular kirchlicher Verkündigung über Ehe gehört, so ist der Begriff «Berufung» in Verbindung mit diesem Lebensstand nicht kirchliche Standardsprache.[22]

1.5 Ein Versäumnis

Gerade dies ist ein erhebliches, ein nicht als nebensächlich einzustufendes Versäumnis. Denn in dieser biblischen Grundlegung liegt zusammen mit dem Bundesverständnis der Jüdischen Bibel der Kern bibeltheologischer Aussagen zu diesem Lebensstand. Die Kirche hat sich mit der Ehe schwergetan. Erst nach einem Jahrtausend konnte sich die Einstufung der Ehe als Sakrament allgemein durchsetzen.[23] Denn dieser Lebensstand sah sich stets im Schatten des anderen, des ehelosen Lebens. Für diese Lebensform waren Begriffe wie «Berufung», «Nachfolge» und «Geistbegabung» gleichsam reserviert, und selbst heute hat es oftmals den Anschein, dass in den Augen vieler Kirchenpersonen radikale Nachfolge als Konsequenz einer persönlichen Berufung und Ehestand nicht miteinander vereinbar sind. Als Begründung wird dafür gerne auf die Jesusüberlieferung der Evangelien verwiesen – davon wird noch die Rede sein. Selbst die Kirchenkonstitution des letzten Konzils greift den Begriff «Berufung» nur insofern auf, als Eheleute durch ein Leben, das sich an Jesus Christus orientiert, ihre Kinder für die Berufung zum geistlichen Stand sensibilisieren können.[24]

Es könnte sein, dass hier im Zeugnis der Bibel über das Christusgeschehen etwas nicht aufmerksam genug gelesen wurde. Oder kann tatsächlich ausgeschlossen werden, dass aufgrund einer historisierenden oder einfach wortwört-

---

[21] Vgl. dazu *Merklein,* Korinther II 107.
[22] Vgl. *Kirchschläger,* Berufung 462–466; *ders.,* Ehe als Sakrament 234–235.
[23] Vgl. *Rouche,* Aventures 53–55, sowie *Koch,* Ehesakrament 100–102.
[24] Vgl. so *Lumen gentium* Art. 35, in: *Hünermann,* Dokumente 136–138; ähnlich *Apostolicam actuositatem* Art 11, in: *Hünermann,* Dokumente 406–408.

lichen Lektüre der Evangelien ohne ausreichende Berücksichtigung eines entsprechenden hermeneutischen Instrumentariums das jesuanische Wirken selbst und in Verbindung damit auch seine Botschaft in diesem Punkt missverstanden wurde, weil es bis zum letzten Konzil katholischerseits nicht üblich, geschweige denn geboten war, biblische Texte über ihren Buchstaben hinaus nach ihrer Bedeutung zu befragen und diese sodann zu verheutigen, also einem Aggiornamento zu unterziehen?[25] Seit dem Konzil ist dies zwar verpflichtend vorgeschrieben.[26] Es wäre aber übertrieben zu behaupten, dass in den Jahrzehnten seither eine besondere Treue des Lehramtes gegenüber diesen eigenen Vorgaben vorläge oder die Menschen in der Kirche ausreichend in dieser Form des Bibelverstehens geschult worden wären.[27]

Natürlich sind Versäumnisse der Jahrhunderte nicht mit wenigen Seiten zurechtzurücken. Aber es kann der Versuch unternommen werden, die dahinterstehenden Zusammenhänge in ein besseres Licht zu rücken. Dann kann zumindest einsichtig werden, warum es so schwierig ist, Ehe, Berufung und Nachfolge zusammenzubringen und sich von der Vorstellung eines «besseren Teils» zu verabschieden.

Zur Rechtfertigung dieser Anspielung auf die Erzählung von Maria und Marta (vgl. Lk 10,38–42) sei darauf hingewiesen, dass die Übersetzungen bis in unsere Tage *gegen* den anderslautenden griechischen Urtext, allerdings in Anlehnung an die Vulgata und Neo-Vulgata (*optimam partem elegit* [«sie hat den besten Teil gewählt»]) so übertragen haben und erst der soeben abgeschlossenen Revision der Einheitsübersetzung nach Jahrhunderten die Korrektur dieser fehlerhaften Wendung gelungen ist. Denn Maria hat nicht «den besseren», sondern den «guten» Teil gewählt (Lk 10,42), der ihr nicht genommen wird. Angesichts der Wirkgeschichte gerade dieser Texteinheit, die für das vorliegende Thema zumindest indirekt nicht ohne Bedeutung ist, muss die vorgenommene Korrektur als erheblich eingestuft werden.

---

[25] Vgl. dazu *Annen*, Aufbruch 14–42; ausführlich *Kirchschläger*, Bibelverständnis 41–49; ders., Ob die Bibel 21–32.
[26] Siehe *Dei verbum* Art. 12, in: *Hünermann*, Dokumente 373–375.
[27] Dazu *Kirchschläger*, Bibelverständnis 55–59.

2 «Verlassen» als Lebensstil der Nachfolge

Um der Klarheit willen möchte ich die Problemstellung nochmals auf einen Punkt bringen: Angesichts der hohen Wertschätzung für die Ehe, die bei Paulus trotz seines eigenen anderen Lebensweges erkennbar ist, muss gefragt werden, warum dieser Lebensstand im klassischen Vokabular von Nachfolge und Christuskonformität fehlt.

Ebenfalls der Klarheit wegen nehme ich die Antwort darauf thesenartig vorweg: Es handelt sich hier um einen gravierenden Fall einer buchstäblichen und historisierenden Bibellektüre, die aufgrund der besonderen Thematik eine kaum mehr zu beeinflussende Wirkgeschichte ausgelöst hat. Dieser ist mit Vehemenz entgegen zu treten; ob sie in Zukunft modifiziert werden kann, muss offenbleiben.

Um das Gesagte zu begründen, müssen wir uns zunächst ein Bild von der Jesusbewegung und von den ersten nachösterlichen Jahrzehnten der frühen Kirche machen.

2.1 Ehe und Nachfolge in der Jesusbewegung

Jesus von Nazaret lebte mit größter Wahrscheinlichkeit ehelos. Jene biblischen Texte, die auf die familiäre Situation Jesu Bezug nehmen, vermitteln keinen anderen Hinweis. Gerade wegen der generellen Selbstverständlichkeit einer Eheschließung in der damaligen jüdischen Gesellschaft hätte sich eine Erwähnung der Ehefrau Jesu wohl *en passant* ergeben. Eine explizite Bezugnahme auf den Lebensstand Jesu findet sich in keinem der Evangelien. Allenfalls kann in den Nachfolgesprüchen eine Verbindung dazu angenommen werden.[28] Es fällt jedenfalls auf, dass die Lebensform Jesu erst in nachneutestamentlicher Zeit als Paradigma für eine Lebensorientierung an Jesus Christus entfaltet wird. Dies ist deshalb bemerkenswert, weil der neutestamentliche Befund im Blick auf andere Facetten der Persönlichkeit Jesu anders lautet. So gilt hinsichtlich der Grundhaltung von Demut und Sanftmut das Jesuswort «Lernt von mir» (Mt 11,29), und die Ermutigung zum Dienst aneinander und zur uneingeschränkten Liebe ist im Johannesevangelium sehr wohl auf die Referenzperson Jesus zurückbezogen (vgl. Joh 13,15 und Joh 13,34: «... wie ich ...»).

---

[28] Anders verhält es sich bei Paulus. Der Apostel argumentiert in 1Kor 7,7a sehr wohl mit seinem eigenen Lebensentwurf: «Ich wünschte, alle Menschen wären [unverheiratet] *wie ich selbst.*» (Hervorhebung W. K.).

Das Thema Ehelosigkeit wird im vierten Evangelium nicht angesprochen – anders in den drei ersten Evangelien. In diesen Schriften ist die Zugehörigkeit zur Nachfolgegemeinschaft Jesu sowohl mit der Metapher vom Kreuztragen als auch mit der Forderung, alles zu verlassen, verbunden.[29] Zur korrekten Einordnung dieser Nachfolgesprüche ist ein Blick in den Alltag der Jesusgemeinschaft in der vorösterlichen Zeit unerlässlich.

Die exemplarische Beschreibung eines Tages des Wirkens Jesu in Kafarnaum in Mk 1,21–39 kann als Ausgangspunkt dienen. Unmittelbar davor erzählt der Evangelist die Berufung der ersten vier Jünger (vgl. Mk 1,16–20). Die zweiteilige Darstellung ist stark formalisiert und folgt dem Schema: sehen – rufen – nachfolgen.[30] Die Radikalität dieses Vorgangs wird durch eine zweimal vermerkte Vollzugsnotiz unterstrichen, die auch das Moment der Steigerung enthält: Simon und Andreas «verlassen *die Netze* und folgen ihm [Jesus] nach» (Mk 1,18). Jakobus und Johannes «verlassen *ihren Vater Zebedäus* im Boot mit den Taglöhnern und gehen weg hinter ihn» (Mk 1,20, Hervorhebungen W. K.).

Dieser bekannte Textabschnitt steht am Beginn eines Berufungs- und Nachfolgeverständnisses, das bis heute prägend ist. Dass der Verfasser des JohEv in Joh 1,35–51 einen ganz anderen Anfang der Jesusgemeinschaft schildert, ist dabei in Vergessenheit geraten. Die Textsequenz aus Joh 1 verblüfft durch ihre variantenreiche Vielfalt, in der sich jede und jeder wiederfinden kann, eben: Wie das Leben so spielt.[31]

Dass die Mk-Fassung kritisch hinterfragt werden muss, zeigt die angesprochene Darstellung des Auftretens Jesu in Kafarnaum: Nach der Verkündigungs- und Heilungstätigkeit Jesu in der Synagoge (Mk 1,21–28) geht er mit den vier Jüngern in das Haus der Schwiegermutter des Petrus, die er dort von ihrer Krankheit heilt (Mk 1,29–31 par). Er bleibt mit den Jüngern in diesem Haus, obgleich diese doch zuvor alles verlassen hatten, und heilt vor dessen Tür am Abend viele Kranke und Besessene (Mk 1,32–34). Am nächsten Tag zieht er in Erfüllung seiner Sendung weiter (vgl. Mk 1,38f). Aber bereits anfangs von Mk 2 ist Jesus erneut in Kafarnaum.

Das Gebiet am See Genesaret bleibt bis Mk 8 Ort des Wirkens Jesu.[32] Bekanntlich sind die Distanzen dort klein. Am Sabbat wird gepredigt, und unter

---

[29] Mit Bezug zum Kreuztragen siehe Mk 8,34 par; mit Bezug zum Verlassen siehe Mk 10,28 par. Eine Verknüpfung beider Begründungen findet sich Mt 10,37–39 par Lk 14,25–27.
[30] Vgl. Weiser/Heinen, Jüngernachfolge 49–51.53–56; Busse, Nachfolge 75–78.
[31] Vgl. dazu *Dschulnigg*, Berufung 239f; *Kirchschläger*, Gott spricht 78–93.
[32] Zum inhaltlichen Hintergrund dieser Tätigkeit vgl. *Nützel*, Faszination 260–272.

der Woche wird gearbeitet. Es ist unrealistisch anzunehmen, dass die Jünger und Jüngerinnen in dieser Zeit auf Distanz zu ihren Häusern, Äckern und Familien gelebt haben. So wie Jesus selbst (als Bauhandwerker[33]), gingen auch sie dem Broterwerb nach und nahmen ihre Verantwortung in Haus, Hof und Familie wahr, bevor sie am Tag vor dem Sabbat mit Jesus zum nächsten Verkündigungsort aufbrachen. Nach dem Sabbat kehrten sie erneut in ihren Lebensraum zurück.[34]

Erst mit dem Aufbruch nach Jerusalem zur Feier des Pascha im Jahre 30 ändert sich die Situation. Deshalb betonen die Synoptiker auch eigens, dass bestimmte Frauen (und Männer) Jesus aus Galiläa nach Jerusalem nachgefolgt waren (vgl. Mk 15,41 par Mt 27,55; Lk 23,49, sowie Lk 23,55). Dort beginnt für die Jesusgeschichte ein neues Kapitel, und es bahnt sich eine epochale Wende an.

Das Fazit dieser Skizze lautet: Von aus religiösen Motiven bewusst gepflegter Ehelosigkeit kann in der Nachfolgegemeinschaft Jesu zur Zeit seines Wirkens (noch) keine Rede sein. Mag ja sein, dass die eine oder der andere in dieser Gemeinschaft unverheiratet war, aber das war ohne Bedeutung – anderes hätte in das jüdische Ambiente auch nicht gepasst, und eine entsprechende prophetische Zeichenhandlung ist wohl (noch) nicht zu erkennen. Dass Petrus verheiratet war, ist bekannt. Dass er nicht er einzige war, ist anzunehmen. Es wird auch durch die rhetorische Frage des Paulus belegt, der gegenüber der Kirche von Korinth sein Recht anspricht, «wie die übrigen Apostel und die Brüder des Herrn und wie Kephas» auf seinen Reisen «eine Schwester im Glauben als Frau mitzunehmen» (1Kor 9,5 EÜ) – worauf er persönlich allerdings verzichtet hat.

2.2 Ehelosigkeit und Nachfolge in der frühen Kirche

Angesichts dieses Befundes mag sich die Frage stellen, wie dann die Nachfolgesprüche zu verstehen sind, welche die synoptischen Evangelien überliefern? Diese haben natürlich ihre große Bedeutung und auch ihren festen Platz, aber zu einem *anderen Zeitpunkt* der frühkirchlichen Entwicklung. Auch das ist kurz darzulegen. Die Erwähnung von Paulus gibt dazu einen guten Einstieg.

Die ehelose Lebensform von Paulus ist unbestritten. Nach 1Kor 7 hat Paulus dafür zwei Argumente: Er spricht von der Kürze der Zeit, also von seiner Naherwartung. In dieser Situation mache Ehe keinen Sinn (1Kor 7,26). Unter

---

[33] Vgl. *Ebner*, Jesus 99f.
[34] Vgl. dazu *Kirchschläger*, Anfänge 28f; *ders.*, Entwicklung 1284–1288. Anders *Theissen*, Soziologie 14–21; ausgewogener *Schmeller*, Brechungen 66–70.

Berücksichtigung des jüdischen Eheverständnisses, das auf die Zeugung von Nachkommenschaft ausgerichtet war, ist diese Begründung verständlich. Denn angesichts der nahen Endzeit, also der Vollendung des irdischen Äons, braucht es keine Nachkommenschaft mehr. Des Weiteren weist Paulus auf die Ungeteiltheit für den Kyrios hin (1Kor 7,32–34), also auf ein uneingeschränktes Engagement für seine Sendung. Das entspricht der Erfahrung des Paulus als des radikalen Wandercharismatikers. Dahinter steckt weniger ein asketisches Ideal als vielmehr eine Herausforderung aufgrund der Berufungsauffassung und deren Umsetzung durch Paulus. Für ihn lautet das Kriterium: Dem Herrn dienen mit «Beharrlichkeit für den Herrn, ungestört» (1Kor 7,35).

Auch diese Begründung macht Sinn. Sie betraf nicht nur Paulus, sondern alle anderen Wandermissionare bereits dieser frühen Zeit, in deren Lebensführung und Berufsausübung für Ehe und in der Folge für Familie einfach kein Raum gegeben war, weil sie mit der radikalen Art ihrer Tätigkeit einen «Ausstieg aus dem sozialen Netz» vollzogen, der angesichts der damaligen sozialen und soziologischen Gegebenheiten «unwiderruflich» war.[35] Im ersten Teil der sogenannten «Narrenrede» (2Kor 11,16–33) stellt Paulus gegenüber der korinthischen Kirche eine Liste der erduldeten Verfolgungen und Verletzungen zusammen. Diese Aufstellung macht den Wirklichkeitsbezug der paulinischen Haltung nachvollziehbar. Es ist m. E. unbestritten, dass es zu jeder Zeit bis und mit heute entsprechend begründete Optionen für einen eigenen ehelosen Lebensentwurf gibt.

Halten wir also fest: Ehelosigkeit im Kontext christlicher Verkündigungsdienste kommt in den ersten nachösterlichen Jahrzehnten vermutlich durch die radikale Tätigkeit und den Einsatz der Wandermissionare in den Blick. Es ist dies nicht nur die Zeit des paulinischen Wirkens (ca. 35 bis 60 n. Chr.). Es sind dies auch jene Jahrzehnte, in denen die synoptische Überlieferung über das Christusgeschehen wächst, sich teilweise im Blick auf die jeweils neue Kirchensituation weiterentwickelt und bis zur Schriftlichkeit in den verschiedenen Fassungen formuliert wird (ca. 35/40 bis 80 n. Chr.). Dieser hier in einem Satz zusammengefasste komplexe Entwicklungsprozess des Materials für die synoptischen Evangelien darf unter keinen Umständen ausgeblendet werden, damit diese spannende Entwicklungsphase von Jesus zur Kirche nicht eingeebnet wird und so Gefahr läuft, grundlegend missverstanden zu werden. Das möchte ich anhand von Beispielen zeigen.

---

[35] Diese zutreffende Charakterisierung der Situation sowie ihre Einordnung als definitiv stammen von *Ebner*, Jesus 117 und 119, der sie allerdings auf die vorösterliche Zeit anwenden möchte.

2.3 Die synoptischen Nachfolgesprüche

Methodisch wäre es korrekt, hier nun eine Analyse aller Nachfolgesprüche nach ihrer Aussageabsicht und den verwendeten Sprachmustern vorzunehmen und damit eine entsprechende Einordnung zu ermöglichen. Im Rahmen dieser Ausführungen beschränke ich mich auf drei Beispiele:

2.3.1 Die Kürze der Zeit und die Königsherrschaft Gottes

Der sogenannte «Eunuchenspruch» (Mt 19,9–12) ist Sondergut des Matthäusevangeliums. Er wird provoziert durch die skeptische Reaktion der Jünger auf den von Jesus vorgetragenen Standpunkt, dass eine Ehe nicht gelöst werden könne und daher Scheidung verboten sei. «Wenn die Sache zwischen Mann und Frau so ist, dann ist es nicht vorteilhaft zu heiraten» (Mt 19,10b). In der Folge wird im Munde Jesu eine grundsätzliche Aussage über den Hintergrund dieser Form von Ehelosigkeit[36] formuliert: Die Wendung «sich zum Eunuchen machen» drückt metaphorisch den Verzicht auf Ausübung der Sexualität, bzw. auf die Möglichkeit dazu aus, wobei die Dimension der Unwiderrufbarkeit mitschwingt.[37] Unter den drei Varianten wird als letzte die Verursachung um der Königsherrschaft Gottes willen angeführt (Mt 19,12). Die semantische Klammer «[nicht] fassen können», die den Spruch rahmt, macht seine provokative Spitze deutlich. So wird unterstrichen, dass selbst ein so drastisches Verhalten im Blick auf die Verwirklichung der Königsherrschaft Gottes möglich sein kann.

Darin trifft sich dieses Jesuswort, das wohl angesichts der nachösterlichen Kirchenentwicklung so zugespitzt formuliert wurde,[38] mit der Auffassung des Paulus. Die Ausrichtung auf die nahe Endzeit, also auf das Erscheinen Jesu Christi erlaubt wegen der Knappheit der Zeit keine Eheschließung. Beim Versuch, diese beiden Aussagen zu verstehen, darf weder ihr Entstehungshintergrund noch ihr Bezugspunkt vernachlässigt werden, also: das dringende Engagement für die Königsherrschaft Gottes und die erwartete Vollendung derselben im Kommen des Kyrios. Können diese Aussagen aber dann angesichts des Ausbleibens der Vollendung der Königsherrschaft einfach 1:1 in

---

[36] *Fiedler*, Matthäus II, 75, interpretiert den Jesusspruch auf die Situation nach einer Ehescheidung, die «Trennung bedeutet, aber eben nicht das Recht zur Wiederverheiratung gibt» (312).
[37] Vgl. *Frankemölle*, Matthäus 275.
[38] Zum methodischen Hintergrund dieser Aussage vgl. *Kirchschläger*, Einführung 200–206.

jedwede Lebenswirklichkeit der Kirche und überdies mit verpflichtendem Charakter übertragen werden?

2.3.2 Bildhafte Übertreibung als Mittel der Betonung

Auch das zweite Textbeispiel provoziert in seiner Formulierung. Es ist einer der markantesten Nachfolgesprüche der Überlieferung aus der Spruchquelle Q:

Mt 10,37–38	Lk 14,25–27
	«²⁵ Es gingen mit ihm viele Volksscharen, und sich umwendend, sprach er zu ihnen:
«³⁷ Wer Vater oder Mutter liebt über mich, ist meiner nicht würdig, und wer Sohn oder Tochter liebt über mich,	²⁶ Wenn jemand zu mir kommt und nicht hasst seinen Vater und die Mutter und die Frau und die Kinder und die Brüder und die Schwestern und sein eigenes Leben,
ist meiner nicht würdig.	kann er/sie nicht sein mein Jünger/meine Jüngerin.
³⁸ Und wer nicht nimmt sein Kreuz und nachfolgt hinter mir, ist meiner nicht würdig.»	²⁷ Wer nicht trägt sein Kreuz und geht hinter mir, kann nicht sein mein Jünger/meine Jüngerin.»

Beide Textfassungen sind zweiteilig. Sie sind nach den Gesetzen der Mnemotechnik abgefasst, d. h.: Ihre Formelhaftigkeit und der Einsatz wörtlich übereinstimmender Wendungen machen sie einprägsam. Beide Fassungen formulieren eine Prioritätensetzung als Kriterium für die Jüngerinnen- und Jüngerschaft.

Der Verfasser des Matthäusevangeliums überliefert den Spruch im Rahmen einer Redekomposition, in der Sprüche an die Jüngerinnen und Jünger zusammengestellt sind (Mt 10,5–11,1). Die Rede ist von einem Vorrang in der Beziehung («über mich [also: mehr] lieben»). Der Evangelist nennt die Eltern und die Kinder als Bezugspunkte/-personen und spricht als Folge eines nicht vorhandenen Beziehungsvorrangs davon, dass die jeweilige Person dem sprechenden Jesus nicht entspricht («ist meiner nicht würdig»). Damit ist nicht eine ethische Abgrenzung getroffen, sondern es wird zum Ausdruck gebracht, dass keine Entsprechung, keine innere Übereinstimmung besteht.

Ohne Zweifel bietet Lukas eine schärfere Textfassung. Er setzt mit dem Hinweis auf die «vielen Volksscharen» eine größere Gruppe angesprochener

Menschen voraus. Inhaltlich thematisiert er einen notwendigen Beziehungsabbruch («hassen») und benennt die Folge: Es geht um die Möglichkeit der Jüngerinnen- und Jüngerschaft. Neben Eltern und Kindern sind zusätzlich die Ehefrau [der Ehemann] und die angesprochene Person selbst als Handlungsgegenüber aufgeführt. Gerade das verwendete Verbum «hassen» (*misein*) verweist darauf, dass hier das Stilmittel der metaphorischen Übertreibung eingesetzt ist. Denn das vierte Dekaloggebot, in welchem das Verhältnis zu den Eltern umschrieben ist, verbietet ein wörtliches Verständnis (vgl. Ex 20,12; Dtn 5,16). Mit der Erwähnung der Frau ist indirekt das Thema «Ehe» angesprochen, bzw. ist die Absage an eine Ehe ausgesprochen. Dazu nochmals später.

Zunächst soll der Vergleich lediglich eines zeigen: Ein- und dieselbe Aussage können in Ton, Schärfe und hinsichtlich des Adressatinnen- und Adressatenkreises sehr verschieden formuliert sein. In der Bibelwissenschaft herrscht weitgehend Konsens darüber, dass die lukanische Fassung hier die radikale Überlieferung aus der Q-Tradition wiedergibt.[39] Diese war dem Verfasser des Matthäusevangeliums zu hart, sodass er sie besser «lesbar» gemacht hat.

Der zweite Textabschnitt ist im vorliegenden Zusammenhang deshalb wichtig, weil er den Hinweis auf die notwendige Beachtung von Textumfeld und Textentwicklung zu stützen vermag. Die Wendung «sein Kreuz tragen» ist in der damaligen Vorstellungswelt untrennbar mit der entsprechenden Todesart verbunden. Die Schrecklichkeit der Kreuzigungsstrafe war allgemein bekannt. Die römische Besatzungsmacht verhängte sie ja nicht nur zur Peinigung der Verurteilten, sondern auch zur Abschreckung potenzieller Straftäter. Absolut nichts an diesem Hinrichtungsverfahren kann irgendwie positiv gedeutet oder in eine positive Richtung umfunktioniert werden. Eine Aufforderung Jesu zu einer bestimmten Lebenshaltung unter Anwendung des Bildes vom Kreuzaufnehmen oder Kreuztragen ist also widersinnig und daher sinnlos.

Das ändert sich erst grundlegend, wenn mit dieser metaphorischen Redeweise das Beispiel Jesu selbst verbunden werden kann. Denn im Kreuzestod Jesu kommt nicht nur die Perversion menschlicher Grausamkeit zu einem Höhepunkt, sondern es offenbart sich gemäß der gesamten neutestamentlichen Verkündigung auch die uneingeschränkte Handlungsvollmacht Gottes als Herr über den Tod und das Leben.

Mit anderen Worten: Diese metaphorische Redeweise macht nur Sinn, wenn als Interpretationsrahmen dahinter das Todes- und das (neue) Lebensschicksal Jesu steht. Sie kann also erst nach dem Passions- und Ostergeschehen

---

[39] *Hoffmann/Heil,* Spruchquelle 96f (zu Q 14,26).

sinnstiftend eingesetzt werden. Da sich bereits die frühen christlichen Kirchen vor Ort Anfeindungen ausgesetzt sahen, ist es gut nachvollziehbar, dass in solchen Leidenssituationen auf das Schicksal Jesu verwiesen wurde und die Orientierung an seinem Weg zur Hilfe und Stärkung herangezogen wurde. Oder im bibelwissenschaftlichen Fachvokabular ausgedrückt: Der Sitz im Leben jener Nachfolgesprüche, welche die Metapher vom Kreuztragen enthalten, ist nachösterlich zu verorten. Es liegt nahe, auch den ersten Abschnitt des hier behandelten zweiteiligen Jesuswortes aus der Spruchüberlieferung dort anzusetzen. Die Radikalität der Lukasfassung verweist auf eine kritische Lebens-, bzw. Kirchensituation, die am ehesten in nachösterlichen Konflikten zu suchen ist und u. U. auch erneut auf die Mühen und Belastungen verweist, denen Wandermissionarinnen und -missionare ausgesetzt sind.

2.3.3 Das Verlassen der Ehefrau

In einem dritten Beispiel kann eine Besonderheit des gerade angesprochenen Textes aus der Spruchquelle in einen weiteren Zusammenhang gestellt werden. Die matthäische und die lukanische Fassung des Spruches unterscheiden sich ja gerade auch darin, dass Lukas, vermutlich in Übereinstimmung mit der ursprünglichen Q-Überlieferung, unter den zu «hassenden» Personen auch die Ehefrau aufzählt. Der Verfasser des Matthäusevangeliums kann das entweder nicht nachvollziehen, oder er sieht in seinem Kirchenkontext dafür keinen Anlass und modifiziert daher seine Wiedergabe des Spruches.

Dieser Text ist kein Einzelfall. Nach dem Gespräch eines Menschen mit Jesus über die Voraussetzungen für das ewige Leben, das letztendlich an der Aufforderung zum Besitzverzicht und zur Nachfolge scheitert (Mk 10,17–27 par), wird die Fragestellung von Petrus konkretisiert:

Mt 19,27–29	Mk 10,28–30	Lk 18,28–30
«[27] Da antwortete Petrus und sprach zu ihm: Siehe, wir haben alles verlassen und sind dir nachgefolgt. Was also wird für uns sein? [28] Jesus aber sprach zu ihnen: Amen, ich sage euch: Ihr, die ihr mir nachgefolgt	«[28] Petrus begann zu ihm zu sprechen: Siehe, wir haben alles verlassen und sind dir nachgefolgt. [29] Es sagte Jesus: Amen, ich sage euch:	«[28] Es sprach aber Petrus: Siehe, wir haben das Eigene verlassen und sind dir nachgefolgt. [29] Er aber sprach zu ihnen: Amen ich sage euch,

seid, werdet in der Wiedergeburt, wenn der Menschensohn auf dem Thron seiner Herrlichkeit sitzt, auch sitzen auf zwölf Thronen und die zwölf Stämme Israels richten. ²⁹ Und jeder, der verließ Häuser oder Brüder oder Schwestern oder Vater oder Mutter oder Kinder oder Äcker wegen meines Namens, wird Hundertfaches erhalten und das ewige Leben erben.»	Keiner ist, der verließ Haus oder Brüder oder Schwestern oder Mutter oder Vater oder Kinder oder Äcker um meinetwillen und wegen des Evangeliums, ³⁰ ohne dass er erhält Hundertfaches: Jetzt in dieser Zeit Häuser und Brüder und Schwestern und Mütter und Kinder und Äcker, wenn auch unter Verfolgungen, und im kommenden Äon das ewige Leben.»	Keiner ist, der verließ Haus *oder Frau* oder Brüder oder Eltern oder Kinder wegen der Königsherrschaft Gottes, ³⁰ der nicht zurückerhält ein Vielfaches in dieser Zeit und im kommenden Äon ewiges Leben.»

Der synoptische Vergleich zeigt, dass der Dialog generell dreifach überliefert ist. Lediglich im Matthäusevangelium ist zusätzlich das Motiv der Herrschaft der Zwölf eingetragen, das sich bei Lukas an anderer Stelle findet (vgl. Lk 22,28–30) und im Markusevangelium im Rahmen des Rangstreites der Zwölf angesprochen wird (vgl. Mk 10,35–40). Bedeutsam ist im vorliegenden Zusammenhang die Formulierung der Antwort Jesu, die implizit eine Deutung der Wendung «alles verlassen» enthält. Dabei sticht erneut die lukanische Fassung heraus, in der neben allen anderen, weitgehend gemeinsam genannten Personen oder Personengruppen an prominenter Stelle die Ehefrau erwähnt wird.

Erneut ist es also Lukas, der im Zusammenhang mit Nachfolge Jesu vom Verlassen der Ehefrau spricht. Die sonst im Lukasevangelium erkennbare Hervorhebung der Frauen in der Jesusgemeinschaft verbietet es, diese Textgestaltung mit einer frauen- oder ehefeindlichen Tendenz des dritten Evangelisten in Verbindung zu bringen. Vielmehr entspricht dieser Befund wohl eher der Kirchenerfahrung des Lukas. Es ist daher anzunehmen, dass es um das Jahr 80 n. Chr. im Umfeld des Lukas (auch) eine entsprechende radikale Nachfolgepraxis gab. Darin wurde Bestand oder Weiterführung einer Ehe als unvereinbar mit einer umfassenden Orientierung an Jesus Christus verstanden. Die angesprochenen zwei Texte verweisen darauf, dass eine solche Haltung in der damaligen Vielfalt der Kirchenpraxis in den Ortskirchen möglich war. Die Textgestalt in den beiden anderen synoptischen Evangelien und das Schweigen des Johannesevangeliums zu diesem Thema zeigen zugleich, dass dies keinesfalls flächendeckend der Fall gewesen ist.

Es bleibt also zu fragen, was dieser biblische Befund bedeutet und wie die an neutestamentlichen Texten gemachten Beobachtungen zu einem Gesamtbild im Blick auf das Verständnis der Ehe zusammenzufügen sind.

3 Katholisch-kirchliches Eheverständnis – eine Problemanzeige

3.1 Zwischenbilanz

Die angesprochenen Texte aus der paulinischen Briefliteratur und aus den Evangelien ergeben – im Sinne einer Zwischenbilanz – ein vielgestaltiges Bild.

- Paulus lebt selbst ehelos, stellt aber das Prinzip der Vielfalt christlicher Berufungen ins Zentrum. Ehe als Lebenstand ist für ihn eine Gnadengabe, die sich vom geistgeprägten Wirken Gottes herleitet. In diesem Sinn kann frau oder man von einer Konkretisierung der Taufwirklichkeit sprechen, in der eine persönliche, von Gott kommende Berufung verwirklicht wird.
- Der Befund der Nachfolgesprüche in den synoptischen Evangelien ist vielfältig. Die mehrfache Verwendung der Metapher «Kreuztragen» drängt dazu, diese Jesusworte in der nachösterlichen Zeit zu verankern, sie also als Herrenworte einzustufen. Dies erklärt ihre Radikalität, die je nach Evangelium unterschiedlich deutlich und mit verschiedener Reichweite formuliert ist.
- Das Schweigen des Vierten Evangeliums ist als Hinweis dafür zu beachten, dass im Neuen Testament im Blick auf das Verhältnis von Nachfolge und Lebenstand keine allgemeingültigen Regelungen vorliegen.

- Die Abhängigkeit der konkreten Aussagen von der jeweiligen Entwicklungsstufe der Jesusbewegung bzw. der frühen Kirche ist evident. Die Sprüche können daher auch nicht einfach linear nebeneinander gelesen werden. Die Partikularität der verschiedenen Auffassungen verweist auf eine kontextuell-praktische, nicht eine doktrinäre Verstehensebene.
- Unterschiedliche Sichtweisen deuten auf Entwicklungen, daher auf Vielfalt hin. Diese Vielfalt entspricht der Mehrgestalt der Kirchenwirklichkeit und der Menschen in den frühen Ortskirchen.
- Die theologische Einstufung von Ehe als Fortführung der Taufwirklichkeit und Ausdruck gelebter Berufung bezeugt die hohe Wertschätzung dieses Lebensstandes schon in der frühen Kirche. Diese paulinische Einordnung ist die einzige theologisch neue Aussage zur Ehe im Neuen Testament, die Betonung ihrer Unlösbarkeit ausgenommen. In der Paulusschule wird sie in der Typologie zu Christus und der Kirche weitergeführt. Diese Alleinstellung macht die paulinische Position besonders bedeutsam. Eine generelle Relativierung dieser Umschreibung ist nicht erkennbar.
- Die Nachfolgesprüche lassen fallweise eine Praxis erkennen, in welcher der Anspruch persönlicher Nachfolge über die Bedeutung der Ehe gestellt ist und deren Zurückstufung erkennbar wird. Aber dies stellt keine allgemeine und keine ortskirchenübergreifende Norm dar.

3.2 Folgerungen

Aus all diesen Überlegungen, die teilweise kontinuierliche Linien erkennen lassen, teilweise aber auch Spannungen und Brüche offenlegen, sind abschließend Folgerungen[40] zu ziehen:

- Die erste Folgerung ist themenübergeordnet, und sie ist methodisch-hermeneutischer Natur. Bischof Franziskus hat in seinem Interview für «Die Zeit» mit Nachdruck auf die Wichtigkeit der historisch-kritischen Bibelauslegung hingewiesen und dabei zwei von deren Kernfragen gestellt: «Was hat dies in jener Zeit bedeutet?» und «Was heißt es heute?» Der Transferschritt von der ersten zur zweiten Frage ist unerlässlich,[41] und wer

---

[40] Vgl. dazu auch *Kirchschläger*, Zum Sprechen 539–541.
[41] *Franziskus,* Interview mit «Die Zeit» online 11/2017 vom 6. April 2017: «Das ist die Aufgabe der Theologie: Sie muss forschen, um den Dingen auf den Grund zu gehen, immer. Das gilt auch für das Studium der Heiligen Schrift. Die historisch-kritische Methode: Was hat dies in jener Zeit bedeutet? Was heißt es heute? Wahrheit ist, keine

die zweite Frage zur Gänze unterschlägt, verfälscht die Aussage der Schrift. Trotz der diesbezüglich klaren Weisung des Konzils[42] ist dies in den letzten Jahrzehnten vom Lehramt auf allen Ebenen nicht mit genügender Konsequenz vermittelt worden. Dass davor seit dem Konzil von Trient ein entsprechender Fortschritt im Verständnis der Heiligen Schrift nicht zugelassen, sondern für 500 Jahre Interpretationsstillstand durchgesetzt wurde, ist eine überaus schwere Hypothek. In mehreren zentralen Bereichen der Verkündigung stehen wir vor den negativen Konsequenzen dieser Gegebenheit. Das Eheverständnis gehört dazu.

- Die Fixierung auf die Frage der Unlösbarkeit der Ehe und auf eine vorwiegend kirchenrechtliche Sicht dieses Lebensstandes hat die Entwicklung einer tiefgreifenden Ehetheologie verhindert. Erst seit dem Konzil werden diesbezügliche Versuche unternommen. In der Analyse des Neuen Testaments dominierte daher die Auseinandersetzung über die Bedeutung der sogenannten Unzuchtsklausel und der Worte Jesu zur Ehescheidung. Dass gerade Paulus in 1Kor 7 anderes und sehr Wichtiges über die Ehe zu sagen hat und dabei bemüht ist, einen patriarchalen Zugang zu durchbrechen, wurde überlesen. Selbst die der Paulusschule verdankte Haustafel in Eph 5 mit der wichtigen Bezugsetzung der Eheleute zu Christus und der Kirche wurde zum Standardtext für die Trauungsliturgie, ohne dabei über eine oberflächliche Lektüre hinauszukommen: Es ist dabei nicht aufgefallen, dass diese Lesung mitten im Satz beginnt und damit die beabsichtigte Auslegeordnung des Textabschnitts völlig vernachlässigt. Sachgerechte Bibelauslegung sieht anders aus.[43]

- Deswegen ist es m. E. höchste Zeit, über die Bedeutung von Ehe als *einem* möglichen Lebensstand nachzudenken, in dem ich meine Taufe verwirklichen und meine Berufung in partnerschaftlicher Beziehung leben kann. Rahmen dafür könnte jene gegenseitige Immanenz sein, die im sogenannten hohenpriesterlichen Gebet des JohEv, also Joh 17,20–23, für das Verhältnis zwischen Vater und Sohn entwickelt wird und welche Eheleute zumindest im Fragment in ihrer gegenseitigen Liebesbeziehung erleben können.[44] Die Reflexion über dieses trinitarische Prinzip von Beziehung könnte sich als höchst zuverlässige Grundlage einer Ehetheologie und Ehespiritualität er-

---

Angst zu haben. Das sagt uns die historische Wahrheit, die wissenschaftliche Wahrheit: Habt keine Angst! Das macht uns frei.»

[42] Vgl. besonders *Dei verbum* Art. 12, in: *Hünermann,* Dokumente 373–375.
[43] Vgl. dazu *Kirchschläger,* Ehe 54–58; *ders.,* Zum Sprechen 539f.
[44] Ausführlicher dazu *Kirchschläger,* Love 74–78.

weisen. Dass diese Erfahrung zum Zeugnis für die überströmende Liebe Gottes befähigt, weiß bereits die frühkirchliche Zeit. In dieser Kirchenepoche werden Sendungen, Dienste und Ämter nach persönlicher Befähigung vergeben, ohne Ansehen von Geschlecht und Lebensstand.[45] Mit seinem Hinweis auf den Charakter der Ehe als Charisma deutet Paulus ihre Einbindung in die Kirche als Leib Christi an, verbunden mit dem Ziel, diesen mit aufzubauen. Ihre Einordnung als Sakrament ist die konsequente Folge.

- All das setzt voraus, dass die scheinbar untrennbare Verknüpfung von Berufung und Nachfolge, alles Verlassen und Ehelosigkeit überdacht und gründlich relativiert wird. Bis zur Revision der Einheitsübersetzung 2016 wurde der griechische Fachausdruck *akolouthein* nur dann mit «nachfolgen» übersetzt, wenn der Zwölferkreis oder die Jünger Subjekt waren. Sonst behalf man sich mit anderen Ausdrucksweisen. Ein solches Vorgehen steht unter Ideologieverdacht. Was bedeutet es aber dann, wenn plötzlich die Volksscharen Jesus *nachfolgen*? Schon das Konzil hat sich bemüht, mit der Engführung des Berufungsverständnisses aufzuräumen. Nicht einige wenige sind berufen, und zwar zum geistlichen Stand in Ehelosigkeit. *Jedes* Christinsein und Christsein ist eine Lebensform aufgrund der Berufung von Gott, die jede und jeder im eigenen Lebensentwurf umsetzen muss. Dazu gehört auch die Wahl eines Lebensstandes in Freiheit und Verantwortung.
- Die angestellten Textanalysen haben gezeigt, wie die junge Kirche mit der Frage von Ehe und Ehelosigkeit umgegangen ist. Was im Einzelnen der Grund für die eine oder andere Formulierung gewesen sein mag, können wir oftmals nicht mehr im Detail eruieren. Hingegen kann schlüssig aufgezeigt werden, dass von einer einheitlichen normierenden Vorgabe und einer zwingenden Junktimierung für bestimmte Tätigkeiten in der Kirche keine Rede sein kann. Diese biblische Offenheit ist zurückzugewinnen, und zwar nicht nur, weil das allenfalls heute gut klingt und an vielen Orten danach gerufen wird, sondern weil es eine Frage der theologischen Gerechtigkeit ist, Folgerungen richtigzustellen, die aufgrund eines falschen Bibelverständnisses kodifiziert wurden,.[46]
- In diesem Zusammenhang wäre die Erinnerung an bekannte Sätze aus der Bibel aufzufrischen – Sätze, die zu Unrecht in Vergessenheit geraten sind, weil sie vielleicht nicht so sehr ins System passen wollen. Was bedeutet bei all dem Gesagten die Gottesrede aus Gen 2: «Es ist nicht gut, dass der

---

[45] Vgl. *Kirchschläger*, Ohne Ansehen 32–34.
[46] So *Kirchschläger*, Ohne Ansehen 35f.

Mensch allein ist» (Gen 2,18)? Immerhin handelt es sich um ein Wort, das Gottes Schöpfungsabsicht interpretiert. Es wird wohl nicht genügen, dann Ehelosigkeit mit dem Hinweis auf das Lebensbeispiel Jesu von Nazaret oder einen Nachfolgespruch begründen zu wollen.

– Zugleich ist an die paulinische Argumentation zu erinnern und zu bekräftigen, dass es solide legitime Gründe für einen Entscheid zu religiös motivierter Ehelosigkeit gibt. Aber sie kann nicht verordnet werden. Denn ob der Mensch in der gegenseitigen Liebe einer Partnerschaft oder in der uneingeschränkten Hinordnung eines religiös motivierten ehelosen Lebens auf Gott dessen Liebe in Übermaß begreift und bezeugt, braucht eine persönliche, gut begründete Entscheidung. Es ist daher auch immer wieder zu fragen, warum der Lebensstand der Ehelosigkeit nicht ebenfalls unter die Sakramente eingereiht wird. Meines Erachtens hat es auch hier Nachholbedarf.

Ausleitung

Im Untertitel dieser Ausführungen ist der Begriff «Problemanzeige» eingefügt: Mit der Thematisierung von Ehe eröffnet sich aus der Sicht des Bibelwissenschaftlers ein weites Feld von offenen Themen, Fragen und Ungereimtheiten. Wird der Themenkomplex von Berufung und Nachfolge hinzugenommen, vergrößert es sich erheblich. Vieles an Theologie wurde hier versäumt, viel Einseitigkeit und theologische Naivität kommt an die Oberfläche. Für die Forschung und auch für die persönliche Reflexion bleibt also genug zu tun.

Literaturverzeichnis

Annen, Franz: Der biblische Aufbruch in der katholischen Kirche und das Konzil, in: *Belok, Manfred/Kropac, Ulrich (Hg.):* Volk Gottes im Aufbruch. 40 Jahre II. Vatikanisches Konzil. Zürich: NZN Buchverlag (Forum Pastoral 2) 2005, 14–42.

Baumert, Norbert: Ehelosigkeit und Ehe im Herrn. Eine Neuinterpretation von 1Kor 7. Würzburg: Echter Verlag (FzB 47) ²1986.

Becker, Jürgen: Die Testamente der zwölf Patriarchen. Gütersloh: Gütersloher Verlagshaus (JSHRZ III,1) 1980.

Busse, Ulrich: Nachfolge auf dem Weg Jesu. Ursprung und Verhältnis von Nachfolge und Berufung im Neuen Testament, in: *Frankemölle, Hubert/Kertelge, Karl (Hg.):* Vom Urchristentum zu Jesus. Fs. Joachim Gnilka. Freiburg i. Br.: Herder Verlag 1989, 68–81.

Caffarra, Carlo/ Burke, Raymond/ Brandmüller, Walter/ Meisner, Joachim: Dubia vom 19. September 2016, online: katholisch-bleiben.de/dubia-der-kardinaele (25.09.2017).

Caragounis Chrys C.: «Fornication» and «Concession»? Interpreting 1 Cor 7,1–7, in: *Bieringer, Reimund (Hg.):* The Corinthian Correspondence. Leuven: Edition Peeters (BETL 125) 1996, 543–559.

Caragounis Chrys C.: What did Paul Mean? The Debate on 1 Cor 7,1–7, in: ETL 82 (2006) 189–199.

Ciampa, Roy E.: Revisiting the Euphemism in 1 Corinthians 7,1, in: JSNT 31 (2009) 325–338.

Conzelmann, Hans: Der erste Brief an die Korinther. Göttingen: Vandenhoeck & Ruprecht (KEK 5) ²1981.

Correctio filialis de haeresibus propagatis vom 16. Juli 2017, online: katholisch-bleiben.de (25.09.2017).

Dschulnigg, Peter: Die Berufung der Jünger Joh 1,35–51 im Rahmen des vierten Evangeliums, in: *Dschulnigg, Peter:* Studien zu Einleitungsfragen und zur Theologie und Exegese des Neuen Testaments. Hg. v. *Kowalski, Beate/ Höffner, Richard/ Verheyden, Josef.* Leuven: Edition Peeters (BToSt 9) 2010, 231–250.

Ebner, Martin: Jesus von Nazaret. Was wir von ihm wissen können. Stuttgart: Katholisches Bibelwerk 2007.

Ellis, J. Edward: Controlled Burn. The Romantic Note in I Corinthians 7, in: PRSt 29 (2002) 89–98.

Fiedler, Peter: Das Matthäusevangelium. Stuttgart: Kohlhammer (Theologischer Kommentar zum Neuen Testament 1) 2006.

Frankemölle, Hubert: Matthäus. Kommentar II. Düsseldorf: Patmos 1997.

Franziskus: Nachsynodales Schreiben *Amoris Laetitia* vom 19. März 2016, online: w2.vatican.va/content/francesco/de/apost_exhortations/documents/papa-francesco_esortazione-ap_20160319_amoris-laetitia.html (25.9.2017).

Franziskus: Interview, in: Die Zeit online 11/2017 vom 6. April 2017, online: www.zeit.de/2017/11/papst-franziskus-vatikan-katholische-kirche-interview (25.9.2017).

Gundry-Volf, Judith: Male and Female in Creation and New Creation: Interpretations of Gal 3,28c in 1 Cor 7, in: *Schmidt, Thomas E., u. a. (Hg.):* To Tell the Mystery. Sheffield: Sheffield Academic Press (JSNTS 100) 1994, 95–121.

Hense, Otto (Hg.): C. Munsonii Rufi Reliquiae. Leipzig: Verlag B. G. Teubner 1905.

Hoffmann, Paul/ Heil, Christoph (Hg.): Die Spruchquelle Q. Studienausgabe. Darmstadt: Wissenschaftliche Buchgesellschaft 2002.

Hünermann, Peter: Die Dokumente des Zweiten Vatikanischen Konzils. Zweisprachige Studienausgabe. Freiburg i. Br.: Herder Verlag ³2012.

Inwood, Brad: Art. Musonius [1] C. M. Rufus, in: DNP Bd. 8. Stuttgart: Verlag J. Metzler 2000, 553.

Kirchschläger, Walter: Ehe und Ehescheidung im Neuen Testament. Wien: Herold Verlag 1987.

Kirchschläger, Walter: Die Ehe als Ebenbild der Geschichte Gottes mit den Menschen, in: *Erharter, Helmut (Hg.):* Beziehung leben in Ehe und Familie. Wien: Herder Verlag 1989, 46–63.

Kirchschläger, Walter: Die Anfänge der Kirche. Graz: Styria Verlag 1990.

Kirchschläger, Walter: Gott spricht verbindlich. Einüben in das Hören. Freiburg i. Ue.: Paulusverlag 1992.

Kirchschläger, Walter: Die Entwicklung von Kirche und Kirchenstruktur zur neutestamentlichen Zeit, in: *Temporini, Hildegard/Haase, Wolfgang (Hg.):* Aufstieg und Niedergang der römischen Welt II, Bd. 26.2. Berlin: Verlag de Gruyter 1995, 1277–1356.

Kirchschläger, Walter: Bibelverständnis im Umbruch, in: *Ries, Markus/Kirchschläger, Walter (Hg.):* Glauben und Denken nach Vatikanum II. Kurt Koch zur Bischofswahl. Zürich: NZN Buchverlag 1996, 41–64.

Kirchschläger, Walter: Einführung in das Neue Testament, in: *Struppe, Ursula/Kirchschläger, Walter:* Einführung in das Alte und Neue Testament. Stuttgart: Katholisches Bibelwerk ²1998, 1–152.

Kirchschläger, Walter: Marriage as Convenant: A Biblical Approach to a Familiar Notion, in: INTAMS Review 8 (2002) 153–164.

Kirchschläger, Walter: Marriage as Christian Vocation: A Pauline Approach, in: INTAMS Review 9 (2003) 153–163.

Kirchschläger, Walter: Love – Biblical Evidence for a Marital Component, in: INTAMS Review 10 (2004) 74–84.

Kirchschläger, Walter: Berufung als Merkmal christlicher Existenz, in: SKZ 173 (2005) 462–466.

Kirchschläger, Walter: Die Ehe als Sakrament. Eine biblische Spurensuche, in: BiLi 79 (2006) 228–237.

Kirchschläger, Walter: Ohne Einschränkung von Geschlecht und Lebensstand. Zur biblischen Grundlegung kirchlicher Dienste, in: Orient. 71 (2007) 31–36.

Kirchschläger, Walter: Kleine Einführung in das Neue Testament. Stuttgart: Katholisches Bibelwerk 2012.

Kirchschläger, Walter: Ob die Bibel irren kann? Das Gottesprojekt Bibel. Wien: Styria Verlag (Kardinal König Bibliothek 5) 2014.

Kirchschläger, Walter: Zum Sprechen über Ehe und Familie bei der Bischofssynode 2015, in: SKZ 183 (2015) 539–541.

Klauck, Hans-Josef: 1. Korintherbrief. Würzburg: Echter Verlag (NEB 7) 1984.

Koch, Günter: Art. Ehesakrament, in: *Beinert, Wolfgang (Hg.):* Lexikon der katholischen Dogmatik. Freiburg i. Br.: Herder Verlag 1987, 100–104.

Kremer, Jacob: Der Erste Brief an die Korinther. Regensburg: Pustet Verlag (RNT) 1997.

Merklein, Helmut: Der erste Brief an die Korinther Kapitel 1–4. Gütersloh/Würzburg: Gütersloher Verlagshaus/Echter Verlag (ÖTK 7/1) 1992.

Merklein, Helmut: Der erste Brief an die Korinther Kapitel 5,1–11,1. Gütersloh/Würzburg: Gütersloher Verlagshaus/Echter Verlag (ÖTK 7/2) 2000.

Nützel, Johannes: Die Faszination des Wanderpredigers, in: *Schenke, Ludger u. a.:* Jesus von Nazaret – Spuren und Konturen. Stuttgart: Kohlhammer 2004, 255–274.

Rouche, Michel: Les multiples aventures du marriage chrétien et de la famille au cours de l'histoire, in: INTAMS Revue 1 (1995) 53–61.

Schmeller, Thomas: Brechungen. Urchristliche Wandercharismatiker im Prisma soziologisch orientierter Exegese. Stuttgart: Katholisches Bibelwerk (SBS 136) 1989.

Schrage, Wolfgang: Der erste Brief an die Korinther II. Solothurn/Neukirchen: Benziger/ Neukirchner Verlag (EKK VII/2) 1995.

Theissen, Gerd: Soziologie der Jesusbewegung. Ein Beitrag zur Entstehungsgeschichte des Urchristentums, Gütersloh: Gütersloher Verlagshaus [6]1991.

von Arx, Urs: Gibt Paulus in 1Kor 7 eine Interpretation von Gal 3,28?, in: *Belezos, Constantine J. u. a. (Hg.):* Saint Paul and Corinth, Bd. I. Athen: Psychogios 2009, 193–221.

Wanamaker, Charles A.: Connubial Sex and the Avoidance of Porneia: Paul's rhetorical Argument in 1 Corinthians 7:1–5, in: Scr. 90 (2005) 839–849.

Weber, Margit: Art. Privilegium Paulinum, P. Petrinum, in: LThK[3] 8, 602–603.

Weiser Alfons/Heinen Karl: Jüngernachfolge im Alten und Neuen Testament, in: *Weiser, Alfons:* Studien zu Christsein und Kirche. Stuttgart: Katholisches Bibelwerk (SBAB 9) 1990, 49–66.

Familia Dei und Familie Jesu
Skizze einer neutestamentlichen Familiengeschichte

Robert Vorholt

Der vorösterliche Jesus ist im Spiegel der neutestamentlichen Evangelien[1] kein großer Freund familiärer Bindung, jedenfalls nicht im engeren Sinn.[2] Wichtiger als natürliche Familienbande ist ihm die Sammlung einer Gemeinschaft von glaubenden Menschen, die nach dem Willen Gottes fragen und danach zu leben bestrebt sind. Diese umfassendere, die biologische Genealogie von Menschen sprengende *Familia Dei*[3] scheint Jesu eigentliche Zielgruppe gewesen zu sein. Als einschlägiger Beleg darf Mk 3,31–35. gelten. Die Familie Jesu, seine Mutter und seine Brüder, stehen vor der Tür und wollen ihn sprechen. Doch anstatt sie freudig, oder doch wenigstens zugewandt zu empfangen, fällt dieser zunächst despektierlich wirkende Satz: «Wer ist meine Mutter und wer sind meine Brüder?» (Mk 3,33). Jesus, heißt es dann, blickte auf die Menschen, die im Kreis um ihn herumsaßen, und sagte: «Das hier sind meine Mutter und meine Brüder. Wer den Willen Gottes tut, der ist für mich Bruder und Schwester und Mutter!» (Mk 3,34f). Der Gottessohn aus Nazareth lebt offenkundig in Distanz zur eigenen Familie.[4] Auch von denen, die ihm als seine Jüngerinnen und Jünger nachfolgen wollen, verlangt er eine bewusste Abkehr von Ehe und Familie (Lk 14,26, vgl. auch Lk 9,57–62). Im Licht von Sir 3,1–18 lässt sich ermessen, wie anstößig dieses Ideal vor dem Hintergrund frühjüdischer Familienstrukturen gewirkt haben muss.

Die Relativierung sozialer Normen im Zuge der jesuanischen Proklamation der anbrechenden Herrschaft Gottes ist aber nur die eine Seite der Medaille. Die andere Seite kommt zum Vorschein, wenn man sieht, wie deutlich die Verbindungslinien in der Erinnerung der neutestamentlichen Evangelien sind, die Jesus im Rahmen seiner Verkündigung aus familiären Strukturen zieht, und

---

[1] Zur theologisch produktiven Kohärenz von historischer Erinnerung der Jesus-Geschichte und ihrer christologischen Reflexion aus der Warte der Evangelisten vgl. *Dunn,* Jesus Remembered.
[2] Vgl. *Osiek,* Das Neue Testament 287–293; *Sauer,* Die Familie 168f.
[3] Vgl. *Becker,* Jesus 388–398.
[4] Vgl. *Grundmann,* Evangelium nach Markus 115; *Dormeyer,* Familie 122, der in Mk 5,35 vor allem eine «metaphorische Erweiterung» der Familie Jesu angezeigt sieht.

welche Rolle familiäre Bindungen in den Begegnungsgeschichten des Gottessohnes Jesus mit Menschen auf seinem Weg spielen. Familiäre Bindungen und Beziehungen müssen nicht zwangsläufig in Konkurrenz zur Botschaft Jesu und dem Konzept der Nachfolge stehen.

a) Von besonderem Gewicht ist hier die fast durchgängige Bezeichnung Gottes als des Vaters Jesu. Im Zentrum seiner Botschaft steht die Ansage der anbrechenden Königsherrschaft Gottes (vgl. Mk 1,15). Umso bemerkenswerter erscheint vor diesem Hintergrund der Befund, dass Jesus Gott – jedenfalls nach Auskunft des Neuen Testaments – so gut wie nie als «König» bezeichnet. Ausnahmen sind Mt 5,35 (Jerusalem, Stadt des großen Königs) und natürlich vereinzelte Gleichnisse, in denen von Königen, tatsächlich aber von Gott die Rede ist. Der Befund ist auch deshalb markant, weil der Königstitel Gottes vom Alten Testament her eigentlich gut vorbereitet ist und insbesondere in Kontexten messianischer Theologie quasi zum Greifen nahe lag. Doch auch die anderen Namen Gottes, die aus alttestamentlicher Tradition heraus bekannt sind, spielen im Neuen Testament entweder keine oder nur eine geringe Rolle. Stattdessen spricht Jesus Gott mit wenigen Ausnahmen als «Vater» an. Diese Anrede wird im Licht neutestamentlicher Verkündigung zum Ausdruck eines einzigartigen und unüberbietbaren Gottesverhältnisses, einer spirituellen Intimität, die man im Anschluss an Martin Hengel «Sohnesgeheimnis»[5] nennen kann, weil es nicht in sich verschlossen bleibt, sondern auf Nachfolgegemeinschaft hin offen ist. Die Bindung Jesu an den himmlischen Vater relativiert alle anderen Beziehungen. Wie aber hätte Jesus je so profiliert von Gott als dem guten Vater reden und zu ihm beten können, wenn er selbst nie das Wesen und die Wirklichkeit eines guten Vaters erfahren und lieben gelernt hätte!?

b) Familiäre Strukturen begegnen im Spiegel des durch die Evangelien erinnerten Unterwegsseins Jesu auch auf unmittelbar zwischenmenschlicher Ebene. Das vollmächtige Wirken und Verkündigen des Gottessohnes Jesus blendet verwandtschaftliche Beziehungen nicht aus, sondern integriert sie. Darum wird die geschwisterliche Verbundenheit der Brüder Simon und Andreas im Kontext ihrer Berufung eigens herausgestellt (Mk 1,16). Wenig später notiert das Markusevangelium, dass Jesus, als er im Haus der beiden zu Gast ist, die Schwiegermutter des Petrus von einem Fieber heilt, woraufhin sie ihm und den Brüdern dient (Mk 1,29–39), was Jesus offenbar nicht zurückweist. Selbst im Zusammenhang der Konstitution des Zwölferkreises verzichtet das Markusevangelium nicht darauf, familiäre Verbindungen unter den Aposteln zu er-

---

[5] Hengel/ Schwemer, Jesus 458.

wähnen (vgl. Mk 3,13–19). Insbesondere die Zebedaiden Jakobus und Johannes werden hier und andernorts in einem Atemzug erwähnt. Natürlich spiegelt sich in solchen Erwähnungen die Bedeutung, die die Brüder zu späterer Zeit für die frühe Kirche hatten. Doch wären diese und andere verwandtschaftlichen Hinweise des Markus-Evangelisten überhaupt denkbar, wenn Jesus familiäre Bindungen grundsätzlich negiert und in Bausch und Bogen verurteilt hätte? Vielmehr will es als bezeichnend erscheinen, dass die synoptische Tradition ausdrücklich festhält, dass Jesus sich hat anrühren lassen vom Leid eines Vaters (Mk 5,21–43 parr) und einer Mutter (Mk 7,24–30 par), die sich um ihre kranken Kinder sorgen.

c) Familiäre Strukturen bilden schließlich auch den Hintergrund nicht weniger Gleichnisse und Parabeln, die Jesus erzählt. Es sind (auch) die alltäglichen Familiengeschichten von Hochzeiten (Lk 14,7–14; Mt 22,1–14) und spielenden Kindern (Mt 11,16f), von werdenden Müttern (Joh 16,21) und sorgenden Vätern (Lk 15,11–32; Mt 22,2–10), von ihren Söhnen (Lk 15,11–32; 21,28–32) und Töchtern (Mt 25,1–13), die Jesus zur Durchdringung seiner Botschaft wählt. Wäre ihm diese Welt suspekt und zuwider gewesen, hätte er sie ausgerechnet zur Veranschaulichung der Basileia genutzt?

Natürlich finden sich im neutestamentlichen Zeugnis der Geschichte Jesu äußerst familienkritische Passagen, die einen historischen Hintergrund haben dürften (Mk 3, 31–35; 10,29f; Lk 9,60). Dazu passen Hinweise, dass sich die Familie Jesu recht bald verständnislos von ihm abwendet, ihn sogar mit Gewalt nach Hause holen will, weil seine Angehörigen ihn für verrückt halten (Mk 3,21).[6] Auch dieser Umstand wird einen Sitz im Leben haben. Beide Distanzierungen erklären sich am ehesten als ein wechselseitiges Bedingungsgefüge. Daneben gibt es aber die skizzierte familienfreundliche Linie Jesu. Sie findet einen Widerhall darin, dass auch von Seiten der Verwandten Jesu – seiner Mutter zumal – das Tischtuch offenkundig nicht ein für alle Mal zerschnitten blieb.[7] Man muss in diesen beiden Tendenzen keinen unauflösbaren Widerspruch sehen. Vielmehr erschließt sich im Blick auf das Leben Jesu und sein Wirken eine komplementäre theologische Spannung, die eine Dynamisierung und Universalisierung des jesuanischen Familienverständnisses erkennen lässt.

---

[6] *Lane*, The Gospel 137, verweist auf die Parallele zwischen der Anklage der Gegner Jesu (Mk 3,22.30) und der seiner Angehörigen (Mk 3,21).
[7] Das zeigt *Reiprich*, Mariageheimnis.

1 Jesus als Kind einer Familie

Die Jesus-Geschichte ist kein Mythos. Zwar verbindet sich mit ihr ein theologisches Programm, i. e. die Proklamation der unermesslichen Liebe Gottes zu allem, was lebt. Aber dieses Programm ist sehr konkret. Es ist in Raum und Zeit der Menschen verortet und verbindet sich mit dem Galiläer Jesus von Nazareth, der (um das Jahr Null herum)[8] von einer jüdischen Frau in Israel geboren wurde und als Kind seiner Zeit in einer Familie aufwuchs.

Das Neue Testament bekundet die Essentials.[9] Sie finden sich im Wesentlichen in den sogenannten Kindheitsevangelien. Matthäus erzählt die Geburt Jesu nur indirekt (Mt 1,25). Das Kind kommt im Haus seines Stiefvaters zur Welt. Von einem Engel ist die Rede, der Josef dreimal im Traum begegnet – zuerst, um einen schlimmen Verdacht aus der Welt zu schaffen (Mt 1,20–24), und dann, um ihm den Weg aus Unheil und Gefahr nach Ägypten zu weisen (Mt 2,13–18) und schlussendlich zurück in die israelitische Heimat, aber jetzt ins galiläische Nazareth (Mt 2,19–23).

Lukas ist zunächst daran interessiert, das Geschehen der Geburt Jesu geschichtlich zu verorten: Es geschah zur Zeit des Kaisers Augustus, als Quirinius Statthalter von Syrien war (Lk 2,1f). Das ist nicht unwichtig. Denn auf diese Weise unterstreicht der Evangelist, dass das, was er anschließend berichten wird, keine Legende ist, die mythologisch erzählt, «was niemals war und immer ist» (Sallust). Im Gegenteil: Die Geburt des Kindes ereignet sich in der Geschichte (vgl. auch Lk 3,1f). Der geschichtliche Rekurs ermöglicht es Lukas, auf der Ebene seiner Erzählung zu begründen, weshalb der Ort des Geschehens nun Bethlehem ist. Die Rede ist von einem Befehl des römischen Kaisers zur steuerlichen Erfassung aller Bewohner des Reiches (Lk 2,1). Jeder, heißt es, musste sich in seiner Heimatstadt in eine Steuerliste eintragen (vgl. Lk 2,1.3). Der Zensus führt Josef zusammen mit Maria, seiner Verlobten, hinauf nach Bethlehem, in die Stadt Davids. Was auf der Ebene der Erzählung als Fluidum des Erzählflusses dient, bereitet der historisch-kritischen Rückfrage allerdings Kopfzerbrechen. Sie sieht sich mit mindestens vier Problemanzeigen konfrontiert.[10] Der Sachverhalt bleibt insgesamt schwierig.[11] Umgekehrt wird man

---

[8] Zu Möglichkeiten und Schwierigkeiten einer exakten Datierung vgl. *Theissen/Merz*, Der historische Jesus 149–151.
[9] An den Details sind vor allem die Apokryphen interessiert, freilich ohne historisch belastbare Gewähr.
[10] Der erste Einwand resultiert aus dem Umstand heraus, dass sich für die Regierungszeit des Kaisers Augustus historiografisch bis dato keine reichsweite Steuerschätzung ausma-

das lukanische Zeugnis nicht voreilig als unhistorisch abstempeln dürfen.[12] Wie auch immer das Urteil im Blick auf die Details am Ende ausfällt,[13] für die historische Rückfrage nach der Familie Jesu ergibt sich aus den beiden Kindheitsberichten eine Reihe stichhaltiger Anhaltspunkte:

a) Zur Zeit Jesu bestand eine Familie in Israel in der Regel aus Großeltern, Eltern und Kindern. Bisweilen gehörten auch unverheiratete Familienangehörige dazu. Der Vater der Familie hatte, vergleichbar dem griechisch-römischen *pater familias* als Vorstand des oikos, eine patriarchale Stellung inne: Er war Priester seines Hauses und besaß das Recht, Familienangehörige zu bestrafen (vgl. z. B. Philo von Alexandrien, spec. leg. 2, 232; Flavius Josephus, ant. 4, 260). Auch die religiöse Erziehung der Kinder war – jedenfalls offiziell – Sache des Vaters. Die Rolle seiner Ehefrau war nach Auskunft frühjüdischer Schriften die der Hausfrau (mKet 5,5; bKet 59b) und Mutter (bQid 31b). Das bedeutet nicht, dass sie im familiären Rahmen keine einflussreiche Stellung gehabt hätte.

---

chen lässt. Der zweite berücksichtigt, dass Lukas die Ereignisfolge seines Kindheitsevangeliums zur Zeit des Königs Herodes veranschlagt (Lk 1,5), und gibt zu bedenken, dass dieser schon 4 v. Chr. gestorben sei. Der dritte versucht im Prinzip, zu retten, was zu retten ist, und rechnet mit einem lokal begrenzten Zensus unter der Ägide des Statthalters Quirinius. Der römische Geschichtsschreiber Flavius Josephus liefert eine entsprechende Notiz (vgl. Bell II, 117; Ant XVII, 355). Dann aber haut die Chronologie nicht mehr hin, denn die Erhebung Judäas zur römischen Provinz erfolgte erst im Jahr 6 n. Chr. Der vierte stellt – *last but not least* – den ganzen Vorgang infrage mit dem einfachen Hinweis, dass das Imperium Romanum von seinen Bürgern normalerweise nicht verlangte, zwecks steuerlicher Erfassung eine Reise in die jeweilige Heimatstadt anzutreten.

11 So auch *Ratzinger*, Jesus 73; vgl. *Schmid*, Evangelium nach Lukas 70: «Ein nicht restlos lösbares Problem».

12 Denn möglicherweise erstreckte sich solch ein gesamtrömischer Zensus etappenweise und über Jahre hinweg. Es gibt zudem Quellen, nach denen Grundbesitzer im Kontext von Erhebungen am Ort ihres Besitztums zu erscheinen hatten. Die Datierung des Todesjahres des Königs Herodes ist außerdem fraglich.

13 Natürlich findet sich in Mt 1–2 und Lk 1–2 legendarisches Material. Das muss aber nicht bedeuten, dass die Erzählungen der Kindheitsevangelien über keinen Geschichtswert verfügen. Ihn freizulegen, ist sicher schwierig. Doch sollte man die historische Referenzialität frühester Traditionsbildungsströme des jungen Christentums nicht leichthin unterschätzen. Den Anfang machen wahrscheinlich schlichte Glaubens- und Bekenntnisformeln, die unter dem Anspruch stehen, auf das zu rekurrieren, was sich zugetragen und ereignet hat. Welche Wahrscheinlichkeit sollte die Annahme für sich beanspruchen können, der Herrenbruder Jakobus habe vor der Jerusalemer Urgemeinde über alles Erdenkliche gesprochen – nur nicht über das, was man vielleicht das kollektive Gedächtnis seiner Familie nennen könnte. Er muss doch etwas erzählt haben! Vgl. *Riesner*, Jesus als Lehrer 201f.

Im Gegenteil: Die rabbinische Literatur hebt ihre zentrale innerfamiliäre Position neben der des Vater hervor, indem sie betont: «Das Haus ist die Frau» (mYom 1,1).[14]

Das familiäre Leben spielte sich im Sippenverband ab. Dies darf auch für die Familie Jesu angenommen werden.

b) Selbstverständliche Voraussetzung zur Gründung einer Familie war die rechtlich geschlossene Ehe. Die alttestamentlich vorgeprägte Vorstellung (vgl. Gen 2,23f), nach der die geschlechtliche, wirtschaftliche, soziale und religiöse Verbindung von Mann und Frau eine anthropologische Grundkomponente darstellt, gilt auch für das zeitgenössische Judentum Jesu. Die Eheschließung ist nach rabbinischer Auffassung eine religiös-sittliche Pflicht, die bis zum Alter von 20 Jahren vollzogen sein sollte.[15] Darum wird die Verlobung früh vollzogen, zwischen einem Mädchen (im Schnitt 13 bis 17 Jahre alt) und einem jungen Mann. Bedingung zur Ehe ist dessen Volljährigkeit, die mit 14 Jahren gegeben ist. Die Verlobung galt als rechtsverbindliches Eheversprechen. Dennoch wohnen beide an getrennten Orten. Nach einem Jahr führt der Bräutigam seine Braut am Tag der Hochzeit in einem festlichen Zug heim in sein Haus (vgl. Jer 2,32; Ez 23,40). Ab diesem Tag untersteht die Braut der Verfügungsgewalt ihres Mannes. Sie ist eingegliedert in den Clan.

Maria und Josef sind nach Ausweis von Mt 1,18; Lk 1,27 verlobt. Rechtlich gesehen sind sie damit bereits fest aneinandergebunden. Nur durch einen Scheidebrief könnte diese Verbindung noch gelöst werden. Dass Maria allerdings schwanger ist, stellt zu diesem Zeitpunkt – unabhängig von der Frage, wer Vater des Kindes ist – ein großes gesellschaftliches, rechtliches und religiöses Problem dar. Die Zeugung von Nachkommenschaft bleibt – auch frühjüdisch als Vollzug der Ehe gedacht – der Zeit nach der Hochzeit vorbehalten. Hätte Josef das Kind nicht gezeugt, wäre zudem von einem Ehebruch bei Verlobten auszugehen, der im Licht von Dtn 22,23–27 rechtlich und religiös als schweres Vergehen eingestuft wurde. Josef weiß in dieser Angelegenheit nicht alles, aber er weiß, dass er nicht Vater des Kindes Mariens ist. Darum scheint er nach Mt 1,19 zunächst darüber nachzudenken, einen Ehebruchsprozess anzustrengen. Seine «Gerechtigkeit» besteht darin, dies dann doch nicht tun zu wollen. Erst die Eingebung eines Himmelsboten eröffnet ihm Klarheit über die Herkunft des Kindes (Mt 1,20). Von da an fungiert Josef in der Darstellung des Matthäusevangeliums als Wegbereiter des Heilsratschlusses Gottes.

---

[14] *Urban*, Rollen 17.
[15] *Urban*, Hochzeit 25.

c) Jesus wird in Bethlehem geboren, aber er wächst in der Darstellung beider Kindheitsevangelien im galiläischen Nazareth auf (Mt 2,22f; Lk 2,51f). Wenngleich im Lukasevangelium gesagt wird, es handle sich um eine «Stadt» (Lk 1,26), war dieser Ort de facto mehr Siedlung als Dorf. Archäologische Ausgrabungen zeugen von alter, aber überschaubarer Bebauung in einer Hanglage von gut 350m am Fuße des Nebi-Sa'in. Dabei handelt es sich um Reste kleinerer, aus dem kalkfelsigen Untergrund herausgehauener und später überbauter Wohnhöhlen, die im Sommer vor Hitze, im Winter vor Kälte schützen.[16] Insgesamt dürfte es sich zur Zeitenwende um eine sehr überschaubare, landwirtschaftlich geprägte Ortschaft gehandelt haben,[17] die vielleicht 150 Einwohner hatte und etwa fünf bis zehn Familien Wohnraum bot.[18]

d) Jesus wächst hier als Sohn eines Bauhandwerkers auf (Mk 6,3; Mt 13,55). Das neutestamentliche Zeugnis erwähnt in einem Wort der Nachbarn die Familie Jesu: «Ist dieser nicht [...]) der Sohn der Maria, und ein Bruder des Jakobus und Joses und Judas und Simon? Und sind seine Schwestern nicht hier bei uns?» (Mk 6,3 parr). Der Vers hat die exegetische und theologische Wissenschaft beschäftigt. Ist hier tatsächlich von leiblichen Geschwistern Jesu die Rede?[19] Oder von Vettern und Cousinen?[20] Eindeutiges gibt der Text nicht her. Immerhin wird aber deutlich, dass Jesus nicht in der Kleinfamilie, sondern im Verbund eines größeren Familienclans heranwächst. Die Namen, die fallen, zeigen zudem, dass es sich um eine fromme jüdische Familie gehandelt hat. Flavius Josephus notiert, dem Herrenbruder Jakobus seien, als der sadduzäische Hohepriester ihm nach dem Leben trachtete, pharisäische Juden schützend zur Seite gesprungen (Ant. 20,200). Wenn dem so war, liegt die Vermutung nahe, dass die Familie Jesu der pharisäischen Richtung des zeitgenössischen Frühjudentums nahestand.

Aussagekräftig erscheinen daneben die theologischen Motive, die die neutestamentlichen Autoren mit den historischen Details der Geburtserzählung Jesu verknüpfen: Matthäus und Lukas stimmen überein, dass Jesus in Judäa geboren wurde. Bethlehem ist die Stadt messianischer Verheißung (Mi 5,1–3). Jetzt wird sie zur Stadt messianischer Erfüllung. Josef und seine schwangere Verlobte brechen von Nazareth auf nach Bethlehem. Das ist eine echte Weg-

---

[16] Vgl. dazu *Bagatti*, Gli scavi; *Bagatti*, Excavations.
[17] Vgl. *Loffreda*, Nazareth 13: «Un modeste village de montagne».
[18] Vgl. *Forte*, Nazareth 141.
[19] Vgl. *Theissen/Merz*, Historischer Jesus 182.
[20] *Blinzler*, Brüder und Schwestern.

geschichte. Die Pfade sind steil und beschwerlich, die Strecke misst 140 km.[21] Die Situation ist aus sich heraus dramatisch. Beinahe lapidar notiert zudem Lukas, dass die beiden am Ziel des langen Marsches keine Unterkunft finden. Maria bringt ihren Sohn nicht in einem Geburtshaus, sondern auf der Straße zur Welt,[22] sie wickelt ihn in Windeln und legt ihn in einen Futtertrog (Lk 2,7). Es fällt auf, wie zurückhaltend und nüchtern alles erzählt wird. Kargheit unterlegt die Szenerie. Die Windeln sprechen von der Hilfsbedürftigkeit des Kindes, der Futtertrog wird zum Realsymbol der Not.[23] Aber genau das ist die Taktung der Sendung Jesu: Macht in Ohnmacht. Vom Kreuz her zieht sich ein Bogen bis zum Anfang der Lebensgeschichte Jesu.[24]

Der inhaltliche Vergleich stellt vor allem die Unterschiedlichkeit beider Kindheitsevangelien heraus. Das Mt 1–2 und Lk 1–2 verbindende Motiv der geistgewirkten Empfängnis Jesu ist aber nicht weniger markant. Es ist inhaltlich eng verbunden mit dem österlichen Glaubensbekenntnis zum Gottessohn Jesus. Die Vorstellung der geistgewirkten Geburt Jesu ist um einiges älter als die Evangelien. Schon Paulus greift in seinem Brief an die Christinnen und Christen von Rom etwa 35 Jahre zuvor auf dieses Motiv zurück, indem er die Gottessohnschaft Jesu als Geistgeschehen begreift, das sich im Ereignis seiner Auferweckung uneinholbar Ausdruck verleiht. Insofern und weil Jesus der Sohn Gottes ist, wurde er nicht nur zur Erfüllung seiner Sendung mit Gottes Geist ausgerüstet (vgl. Jes 11,1–3), sondern ist als solcher vielmehr von allem Anfang an aus dem Geist der Heiligkeit hervorgegangen (vgl. Röm 1,3f). Indem Matthäus und Lukas nun dieses theologische Paradigma in ihre Geschichte Jesu übertragen, geben sie klar zu erkennen, auf welchem hohen geistlichen und theologischen Niveau sich ihre Ausführungen bewegen.

---

[21] Vgl. *Bösen*, In Bethlehem 155.
[22] Das allein verrät der Kontext. Ob es nun ein Stall war oder eine Höhle, ist am Ende unwichtig. Absurd ist m. E. die Überlegung, es könne sich bei dem Geburtsort Jesu um eine «höher gelegene ‹Wohnterrasse› im typisch palästinensischen Ein-Raum-Haus» o.ä. gehandelt haben. Vgl. dazu *Bösen*, In Bethlehem 159.
[23] *Ratzinger*, Jesus 77f. ergänzt diese Deutung um eine (väter-)theologische Interpretation auf das Opfer am Altar hin.
[24] Nicht sonderlich inspiriert wirkt vor diesem Hintergrund der Kommentar von *Ernst*, Evangelium 83: «Für die ‹Armen im Lande›, an die sich Lk ja in besonderer Weise wendet, ist eine solche Erzählung sicher hilfreich».

2 Dynamisierung und Universalisierung der Familie

So deutlich die Evangelisten familiäre Kontexte der Geschichte Jesu herausarbeiten, so klar ist auch, dass das auf die Verkündigung Jesu gründende neutestamentliche Kerygma den klassischen Familienbegriff weitet. Der Schlüsselbegriff ist der der *Familia Dei*. Die natürliche Familie geht in der *Familia Dei* auf, weil und insofern alle Glaubenden die universale Familie der Kinder Gottes repräsentieren. Entsprechend eindeutig fällt die synoptische Erinnerung an eine Definition Jesu aus: «Wer den Willen Gottes tut, der ist für mich Bruder, Schwester, Mutter.» (Mk 3,35) Es springt förmlich ins Auge, dass der jesuanischen Aufzählung die Figur des Vaters fehlt. Von ihm ist nicht die Rede. Zur Deutung des Verses wurden über die Jahrhunderte hinweg vielerlei Erklärungsmodelle entwickelt. Jesus habe Genauigkeit walten lassen und den Stiefvater Josef mittels Auslassung von seinen biologischen Verwandten unterschieden. Jesus habe zeigen wollen, dass im Zusammenhang der Konstitution der *Familia Dei* überkommene patriarchalische Muster keine Rolle mehr spielen. Vielleicht spielt das alles eine Rolle. Unverkennbar ist jedoch, dass Jesus hier den Vaterbegriff auf Gott hin konzentriert. Mt 23,9 verdichtet den Gedanken: «Auch sollt ihr niemanden euren Vater nennen, denn nur einer ist euer Vater: der im Himmel!». Mk 10, 28–30 tradiert zudem ein Bildwort Jesu, wonach die Jüngerinnen und Jünger Jesu als Mitglieder der *Familia Dei* – ihre alten Familienbande hinter sich gelassen habend – hundertfach neue Schwestern und Brüder, Mütter und Kinder erhalten werden – nur keinen neuen Vater, denn der Himmlische bleibt derselbe: gestern, heute und morgen. Freilich lässt sich daraus ein weiterer Befund ableiten, den Annette Merz eindrücklich auf den Punkt bringt: «Die Einbeziehung weiblicher Lebenswelt in die Sprache der Verkündigung wird zurückzuführen sein auf eine erhöhte Sensibilität Jesu und der ihm Nachfolgenden für die Frauen und ihre Partizipation an der Jesus-Bewegung.»[25]

Von einer Dynamisierung des Familienbegriffes darf schließlich auch gesprochen werden, wo die neutestamentliche Erzähltradition einmal die Frage der Elternschaft zweier Protagonisten und einmal die Frage der Sohnschaft Jesu selbst aufwirft. Beide Belegtexte finden sich im Lukasevangelium:

Das lukanische Kindheitsevangelium beginnt mit einer knappen Vorstellung des Jerusalemer Priesters Zacharias und seiner Frau Elisabet (Lk 1,5–7). Beide leben so, dass ihr Lebenszeugnis Gott gefällt. Allein die Tatsache, dass

---

[25] *Theissen/Merz*, Der historische Jesus 207.

sie kinderlos geblieben sind, wirft einen dunklen Schatten auf das Glück der beiden. Die zweite Szene (Lk 1,8–10) spielt im Tempel, der Wirkstätte des Zacharias. Als er dort seinen Dienst erfüllt, fällt ihm routinemäßig per Los die ehrenvolle Aufgabe zu, dem Herrn das Rauchopfer darzubringen. Die dritte Einstellung (Lk 1,11–20) berichtet einigermaßen schnörkellos, dass sich dem Priester Zacharias nun während der Opferhandlung am Rauchopferaltar ein Engel des Herrn zeigte. Der trägt, so wird er wenig später kundtun (Lk 1,19), einen berühmten Namen: Gabriel. Dem Phänomen des Engels an sich widmet Lukas allerdings nur wenig Aufmerksamkeit. Umso mehr liegt ihm an seiner Botschaft. Er platziert sie deshalb in der Mitte seiner Erzählung (Lk 1,13–17), denn ihr Inhalt ist spektakulär: Gott wird Elisabet und Zacharias vom Kreuz ihrer Kinderlosigkeit befreien. Auch wenn beide bereits in vorgerücktem Alter sind, werden sie einen Sohn erhalten, den sie Johannes nennen sollen. Der Hinweis auf das vorangeschrittene Lebensalter der beiden unterstreicht das Unglaubliche und Wunderbare. Dass das Numinose gleichwohl nicht diffus und unbestimmt bleibt, wird durch den Fortgang der Engelrede klar: Es ist der Wille Gottes selbst, der sich hier realisiert. Deshalb wird allseits übergroße Freude herrschen. Johannes wird von Gottes Geist erfüllt sein. Er wird mit der Kraft des endzeitlichen Propheten Elija (vgl. Mal 3,23) ausgerüstet werden und dem Herrn vorangehen, um das Volk für die Begegnung mit ihm zu bereiten. Die Ansage des Engels übersteigt alles Fassbare, weshalb Zacharias verständlicherweise ein Zeichen der Beglaubigung fordert. Dies wird ihm auch gewährt, allerdings auf recht skurrile Art und Weise: «Du sollst stumm sein und nicht mehr reden können, bis zu dem Tag, an dem das alles eintrifft» (Lk 1,20). Die vierte Szene (Lk 1,21–22) zeigt, dass der Engel keinen Scherz macht. Der Menschenmenge, die draußen im Vorhof des Tempels auf ihn wartet, kann sich Zacharias nur noch per Handzeichen verständlich machen. Die fünfte Einstellung (Lk 1,23–25) beendet die Erzählung. Das Wort des Engels wird auf das Eindrücklichste bestätigt: Als Zacharias nach Beendigung seiner kultischen Dienstzeit schlussendlich heimkehrt, empfing seine Frau einen Sohn. Das Letzte, vielleicht schönste Wort hat Elisabet: «Der Herr hat mir geholfen! Er hat in diesen Tagen voll Liebe auf mich geschaut und mich befreit von Schande, mit der ich in den Augen von Menschen beladen war.» (Lk 1,25) Thema dieser ersten Erzählung ist sicher der Täufer Johannes. Die Botschaft des Engels (Lk 1,13–17) charakterisiert ihn in vollen theologischen Zügen: Sein Name ist ein Programmname, denn «Johannes» meint so viel wie «Der Herr ist gnädig». Das heißt: Gott wendet sich durch die Geburt dieses Kindes den Menschen seines Volkes neu und leidenschaftlich zu. Das wird aber nicht einfach nur behauptet, sondern erzählt – in familiären Kontexten, die am Ende die ganze *Familia Dei* in den Blick nehmen: Das, was hier erzählt werden wird, kann nur deshalb erzählt werden, weil ein in der Unermesslichkeit seiner Liebe entschiedener Gott die Geschichte der Menschen zum Leben in Fülle lenkt und vorantreibt.

Das lukanische Kindheitsevangelium endet mit der Erzählung vom zwölfjährigen Jesus im Tempel (Lk 2,41–52). Der Evangelist fügt einen Zeitsprung in seine Kindheitsgeschichte ein. Aus dem Kind wurde ein Teenager – offenbar mit allem, was das bedeutet. Natürlich ist er seinen Eltern entwischt, natürlich tut er vor allem das, wonach ihm der Sinn steht. Aber wonach ihm der Sinn steht, das unterscheidet ihn. Und wie er es macht, noch mehr. Im Licht von Lk 2,49 wird klar, worum es geht. Lukas erinnert hier keine Flegelei, sondern klärt auf hohem theologischem Niveau, wo Jesus – in Wahrheit – zu Hause ist. Maria macht ihm mit Recht Vorwürfe: «Wie konntest Du uns das antun?» (Lk 2,48) Der Tadel Marias trifft menschlich gesehen ins Schwarze: «Dein Vater und ich haben dich mit Schmerzen gesucht!» (Lk 2,48) Aus der Warte Jesu verfängt er hingegen nicht: «Wusstet Ihr nicht, dass ich in dem sein muss, was meines Vaters ist?» (Lk 2,49) Es ist das tiefe Geheimnis der Gottessohnschaft Jesu, das in dieser Antwort aufleuchtet. Ein Geheimnis, das menschlichem Denken und Empfinden nicht einfach zugänglich ist (Lk 2,50) und ganz am Ende Herzenssache bleibt (Lk 2,51).

Lk 2,51 lässt die Kindheitserzählung mit dem Hinweis ausklingen, Jesus sei schlussendlich mit seinen Eltern nach Nazareth zurückgegangen, wo er sich ihnen «unterordnete». Der lukanische Hinweis wurde häufig überdehnt und zur beispielhaften Veranschaulichung eines bestimmten pädagogischen Ideals erklärt. Das ist natürlich Unfug. Wichtiger ist zu sehen, dass Lukas hier eine produktive Spannung aufbaut, die sich aus der Gottessohnschaft Jesu auf der einen und seinem Leben in einer Familie auf der anderen Seite ergibt. Beides schließt sich im Spiegel der Geschichte Jesu nicht aus, sondern beflügelt und verlebendigt sich vice versa. Gerade so erscheint das Leben in der Familie als erster Lernort und Erfahrungsraum einer tieferen Verbundenheit von Schöpfer und Geschöpf.

3 Fazit

Die Familie ist kein genuin neutestamentliches Thema. Sie ist jedoch immens wichtig im Kontext einer Theologie des Neuen Testaments, die das Geschenk der in Jesus Geschichte gewordenen und Geschichte machenden Zuwendung Gottes zu den Menschen bedenkt. Denn familiäre Strukturen wurden stilbildend für die neue Wirklichkeit der *Familia Dei*. Und die *Familia Dei* dynamisiert und universalisiert nicht mehr, aber auch nicht weniger als das, was vom Bild einer alltäglichen Familie ablesbar bleibt: gegenseitiges Vertrauen, Fürsorge, Respekt, das Dasein für andere und die Verbindung zu Gott – und hinter allem und in allem das Geschenk einer Liebe unter Menschen, die – wo sie echt ist – ahnen lässt, wie unermesslich und entschieden Gottes Liebe ist zu allem, was lebt.

Literaturverzeichnis

Bagatti, Bellarmino: Gli scavi di Nazaret. Vol. I.: Dalle origini al secolo XII. Jerusalem: Franciscan Printing Press 1967.

Bagatti, Bellarmino: Excavations in Nazareth. Jerusalem: Franciscan Printing Press 1969.

Becker, Jürgen: Jesus von Nazaret. Berlin: De Gruyter 1996.

Blinzler, Josef: Die Brüder und Schwestern Jesu, in: SBS 21, Stuttgart: Verlag Katholisches Bibelwerk 1967.

Bösen, Willibald: In Bethlehem geboren. Freiburg i. Br.: Herder 1998.

Dunn, James/Douglas Grant: Jesus Remembered. Christianity in the Making, Vol. I. Grand Rapids, Mich: Eerdmans 2003.

Dormeyer, Detlef: Die Familie Jesu und der Sohn der Maria im Markusevangelium, in: *Frankemölle Hubert Kertelge, Karl (Hg.):* Vom Urchristentum zu Jesu. FS Joachim Gnilka. Freiburg: Herder 1989, 109–135.

Ernst, Josef von: Das Evangelium nach Lukas. Übersetzt und erklärt von Josef Ernst. Regensburg: Friedrich Pustet (RNT 3) 1994.

Flavius Josephus: Antiquitatum Judaicarum. Dt. Übersetzung: Des Flavius Josephus Jüdische Altertümer. Übersetzt und mit Einleitung und Anmerkungen versehen von Dr. Heinrich Clementz. 2 Bde. Halle a. d. S.: Hendel 1899, Nachdruck: Wiesbaden: Marix 2012.

Forte, Bruno: Jésus de Nazareth. Histoire de Dieu, Dieu de l'histoire, Paris 1984.

Grundmann, Walter: Das Evangelium nach Markus. Berlin: Evangelische Verlagsanstalt [5]1971.

Hengel, Martin/Schwemer, Anna Maria: Jesus und das Judentum. Geschichte des frühen Christentums, Bd. 1. Tübingen: Mohr Siebeck 2007.

Lane, William L.: The Gospel According to Mark. Grand Rapids: Eerdmans [2]1978.

Loffreda, Stanislao: Nazareth à l'époque évangélique, in: Le Monde de la Bible 16 (1980) 10–15.

Osiek, Carolyn: Das Neue Testament und die Familie, in: Conc (D) 31 (1995) 287–293.

Philon von Alexandria: De specialibus legibus.

Ratzinger, Josef: Jesus von Nazareth. Beiträge zur Christologie. Freiburg: Herder 2013.

Reiprich, Torsten: Das Mariageheimnis. Maria von Nazareth und die Bedeutung familiärer Beziehungen im Markusevangelium. Göttingen: Vandenhoeck & Ruprecht 2008.

Riesner, Rainer: Jesus als Lehrer. Eine Untersuchung zum Ursprung der Evangelien-Überlieferung. Tübingen: Mohr (WUNT II/7) ³1988.

Sauer, Ralph: Die Familie – eine «Kirche im Kleinen»? Zum Wandel der Familienreligiosität, in: *Laer, Hermann von/Kürschner, Wilfried (Hg.):* Die Wiederentdeckung der Familie. Probleme der Reorganisation von Gesellschaft. Münster: Lit Verlag 2004, 167–185.

Schmid, Josef: Das Evangelium nach Lukas. Regensburg: Pustet (RNT 3) ³1955.

Theissen, Gerd/Merz, Annette: Der historische Jesus. Ein Lehrbuch. Göttingen: Vandenhoeck & Ruprecht 1996.

Urban, Christina: Die Rollen der Familienmitglieder, in: *Erlemann, Kurt u. a. (Hg.):* Neues Testament und antike Kultur. Bd. 2: Familie, Gesellschaft, Wirtschaft. Neukirchen-Vluyn: Neukirchener Verlag 2005, 17–21.

Urban, Christina: Hochzeit, Ehe und Witwenschaft, in: *Erlemann, Kurt u. a. (Hg.):* Neues Testament und Antike Kultur, Bd. 2: Familie, Gesellschaft, Wirtschaft. Neukirchen-Vluyn: Neukirchener Verlag 2005, 25–30.

Familie und Familienrituale im Judentum
«Nun bist Du mir mit diesem Ring angeheiligt» (Eheritual)

Richard Breslauer

הֲרֵי אַתְּ מְקֻדֶּשֶׁת לִי בְּטַבַּעַת זוֹ

1 Einleitung

Im jüdischen Denken liegt die Wurzel der Familie in der Schöpfungsgeschichte. Zu Anbeginn, bei der Schöpfung der Welt, schuf Gott den Menschen als einen Körper. In einer zweiten Phase spaltet und unterscheidet Gott dieses Geschöpf in männlich und weiblich. Als Folge davon heißt es:

> «Darum wird ein Mann seinen Vater und seine Mutter verlassen und seiner Frau anhängen, und sie werden zu einem Fleisch werden.» (1 Mo 2,24)

«Ein Fleisch» weist auf die Nachkommenschaft hin, die aus ihnen entstehen wird; damit ist der Kern der Familie beschrieben. So geht die Vorstellung von Familie auf den Schöpfungsakt am Anfang der Welt zurück. Die Gestalt der jüdischen Familie wurde in der rabbinischen Zeit festgelegt in den Traktaten des Babylonischen Talmuds (zusammengestellt bis ca. 500 nach unserer Zeitrechnung).[1]

Die «rabbinische Zeit», in der der Talmud seine heutige Form erhielt, liegt im ersten bis fünften Jahrhundert, das heißt die Wurzeln der rabbinischen Literatur stammen aus der Zeit Jesu. – Vergessen wir nicht, auch Paulus war einer dieser Rabbiner: «Ich bin aufgewachsen zu Füßen des Rabban Gamliel» (Apg 22,3).

Es ist zu erwähnen, dass das Leitmotiv in dieser rabbinischen Literatur die höchst zentrale Funktion der Ehefrau ist, die diese für die Familie innehat, eine Ehrenposition. Dies ist auch an der hebräischen Bezeichnung für Hausfrau erkennbar: «Akeret ha'Bait» – Akeret ist abgeleitet vom Wort Ikar, das heißt Haupt-, Zentrale, das Wichtigste. Ebenfalls um die Interessen der Frau zu

---

[1] Vgl. Traktate Ktubot (Ehebriefe), Kidduschim (Ehen), Gittim (Scheidungen).

wahren, wurde in späteren Zeiten die Polygamie verboten, die bis etwa zum Jahre 1000 für Männer toleriert war.[2]

«Die richtige Frau ist mehr wert als eine Perle – sie zu finden ist genauso schwer, wie eine Perle im Meer zu finden», sagt Salomo. Dieser Vers, Sprüche 31,10, wird jeden Freitagabend zu Ehren der Frau gesungen (innerhalb der Shabbat-Anfangs-Liturgie).

Die Ehe beginnt – nach der Verlobungszeit – mit der alten jüdischen Heiratszeremonie unter der Chuppa, die als Hochzeits-Baldachin ein Dach und damit das neue gemeinsame Haus symbolisiert. Warum dieses Symbol? Es ist aus der geschichtlichen Entwicklung zur Eheverpflichtung entstanden: Zur Zeit der Rabbiner kamen junge Leute und wollten heiraten – dazu verlobten sie sich. Nun musste die Ausbildung abgeschlossen und die finanziellen Fragen mussten geklärt werden. Es konnte bis zu drei Jahren dauern, bis der Mann in der Lage war, für die Frau zu sorgen. Wir kennen auch biblische Fälle von Verlobten, die noch nicht zusammenleben, bei denen aber bereits eine klare gegenseitige Verpflichtung besteht. Erst danach kam die Frau zum Mann und die beiden wurden verheiratet. Da diese verbindliche Verlobungszeit heute nicht mehr so besteht, wird mit dem Symbol des gemeinsamen Daches die gegenseitige Verpflichtung dargestellt.

Es werden sieben Sprüche zitiert. Einer davon als Beispiel: «Erfreue die geliebten Freunde, wie du einst deine Geschöpfe im Garten Eden erfreutest. Gelobt seist du Ewiger, der Bräutigam und Braut erfreut.» Damit wird darauf hingewiesen, dass die Freude von Gott stammt.

Der Mann «er-wirbt» die Frau mit der Übergabe des Rings und mit dem Spruch, den er in Gegenwart von Zeugen spricht: «Nun bist Du mir mit diesem Ring angeheiligt.» Er unterschreibt den Ehevertrag, die *Ketubah*, in der seine Pflichten festgehalten sind, inklusive seiner finanziellen Verpflichtungen, auch für den Fall von Scheidung oder Tod.

Es wird in dieser «hohen Zeit» auch an schwierige Lebenssituationen gedacht, sodass dieser Vertrag wie eine Versicherung wirkt. So muss z. B. der Mann «sein letztes Hemd» hergeben, um der Frau die Existenz zu garantieren. Und im Falle seines Todes wird zuerst die Frau abgesichert, bevor weitere Erben berücksichtigt werden.

Die Textvorlage der *Ketubah* stammt auch aus rabbinischer Zeit und ist daher vor ca. 1800 Jahren auf Aramäisch verfasst worden.

---

[2] *Rabbi Gerschom ben Jehuda*, Mainz, 960–ca. 1040.

Historisch setzte sich die Monogamie erst etwa. im Jahre 1000 definitiv durch. Davor galt es als erlaubt, dass ein Mann mehrere Frauen hatte, während eine Frau immer nur einen Mann heiraten konnte. Dazu gibt es sowohl in der Bibel als auch in der rabbinischen Literatur viele Beispiele. Mit einem Scheidebrief konnte zudem eine Frau unter gewissen Bedingungen weggeschickt, das heißt aus der Ehe entlassen werden. Im Falle einer Scheidung gehen die Eheleute mit zwei Zeugen zum Rabbinat und es wird dort ein Scheidungsbrief erstellt, danach aber gleich zerrissen. Dieser Brauch besteht, um Missbrauch – im Sinne einer doppelten Verwendung – zu verhindern.

Eine Scheidung ist für den Ehemann möglich; hier ist die Frau offensichtlich benachteiligt. Sie kann eine Scheidung unter Umständen mit stichhaltiger Begründung verlangen, aber es ist nötig, dass der Mann einen Scheidebrief vor dem Rabbinat unterschreibt. Falls er das nicht möchte, wird es schwierig für die Frau. Es kann allerdings unter gewissen Umständen auch Druck auf den Ehemann ausgeübt werden, z. B. sogar mit Gefängnishaft, damit er unterschreibt.

Aus dieser ungleichen juristischen Situation entstanden jedoch oft Missbrauch und Ungerechtigkeit gegenüber den Frauen. Deshalb wurde schließlich von Rabbi Gershom aus Mainz die Polygamie definitiv verboten.

2 Familienleben und Familienrituale

Wichtig im Judentum ist es, dass die Familie weitergeht – dies auch in Rückbezug auf den Segen Gottes im Buch Genesis: «Vermehret euch.» (Gen 1,28) So werden die Kinder zu einer äußerst wichtigen Komponente des Familienlebens. Die Themen Familie und Familienrituale werden unter drei Aspekten behandelt:

2.1 Von Eltern zu Kindern

Die Eltern tragen eine umfassende Verantwortung gegenüber ihren Kindern. Die Kinder werden umsorgt, und dies zeit ihres Lebens – und nicht etwa nur bis zu deren Volljährigkeit, sondern auch, wenn sie erwachsen sind. Dabei geht es nicht nur um allfällige finanzielle Sorgen, sondern die Kinder kommen bei allen größeren Entscheidungen oder Fragen – in der Regel – zu den Eltern und fragen diese um Rat. Ob dieser dann befolgt wird, lassen wir hier offen, doch die Erwägungen werden zusammen mit den Eltern vorgenommen, z. B. bei einem Hauskauf oder bei einem Stellenantritt.

Die Erziehung ist die wichtigste Aufgabe der Eltern, mit dem Ziel, dass die Kinder – auch über die Schule und den Religionsunterricht – gut vorbereitet werden für ein selbstständiges Leben als Erwachsene. Zentral sind dabei die Weitergabe und der Erhalt der jüdischen Tradition, der Gesetze, der Bräuche und der Geschichten. Ab drei bis vier Jahren besuchen Kinder, früher waren es nur die Knaben, die *Cheder*, wörtlich übersetzt «Zimmer», um zu lernen, wie in einem Kindergarten. Ein religiös ausgebildeter Lehrer, wie ein Rabbi, lehrt sie lesen. Zuerst – und das ist interessant – beginnt die Lektüre mit dem 3. Buch Mose, Levitikus. Es sind hochkomplexe Texte, zum Beispiel über die Opfergebote im Tempel. Erstaunlicherweise werden den Kindern diese Texte zugemutet, nicht die schönen Geschichten der Schöpfung: Es scheint, als müssten sie zuerst durch das kalte Wasser gehen. Der jüdische Religionsunterricht wird auch nach der Einschulung weitergeführt. Ein wichtiges Grund-Konzept im Judentum ist, dass man immer lernen muss.

Wichtigste Rituale und Meilensteine auf dem Weg sind die Beschneidung der Knaben am 8. Tag und das Erreichen der religiösen Volljährigkeit *Bar/Bat Mitzwa* mit 13, respektive 12 Jahren; diese Stufen werden jeweils im Kreis der Familie sowie der ganzen Gemeinde rituell-festlich begangen und gefeiert.

Der zentrale Tag im jüdischen Leben ist der Shabbat; für diesen Ruhetag wird alles im Voraus vorbereitet und der Tag wird im Familien- und Freundeskreis verbracht. Hier gilt: Zusammensein, nicht arbeiten, ausruhen, austauschen usw. Dies ist auch an allen biblischen Feiertagen wichtig: *Rosh HaSchana*/Neujahrsfest, *Jom Kippur*/Versöhnungstag, und die drei Wallfahrtsfeste *Pessach*/Ostern, *Schawuot*/Pfingsten, *Sukkoth*/Laubhüttenfest.

2.2 *Von Kindern zu Eltern*

Die Kinder sind verpflichtet, ihre Eltern zu ehren und zu unterstützen – auch im Alter, beispielsweise finanziell. Dies entspricht dem fünften Gebot der Zehn Gebote: «Du sollst Vater und Mutter ehren.» Dies galt schon im alten Orient, in den Gesetzen von Hamurabi, 1700 vor unserer Zeitrechnung. Möglicherweise ist diese Sitte schon zuvor bei den Hetitern nachweisbar. Das hebräische Wort für «ehren» in diesem Gebot, *Kabed*, kommt von *Kibud*, die Ehre. Im alten Orient bedeutete es vor allem Unterstützung.

Wie erwähnt, waren die Frauen oft benachteiligt. Ihre Existenzgrundlage wird mit dem Ehebrief garantiert. Denn es gab absolut keine Absicherung im

Alter. Die Menschen arbeiteten, solange ihre Kräfte reichten. Doch irgendwann schwindet die Kraft. So werden ganz alltägliche Anstandsgesetze für Kinder gegenüber ihren Eltern zu wertvollen Hilfeleistungen: Gehe ihnen entgegen, wenn sie kommen; stehe auf, wenn sie aufstehen, usw. Dies soll die junge Generation daran erinnern, dass sie selber noch kräftig ist und arbeiten kann; dass dies so ist, haben die Kinder auch ihren Eltern zu verdanken, von denen sie viel erhalten haben. Deshalb besteht die Pflicht, den Eltern zu helfen.

Diese Pflicht bleibt für Mann und Frau bestehen, sowohl gegenüber den eigenen Eltern, als auch je gegenüber den Schwiegereltern. Sie fragen die Eltern um ihren Rat – auch wenn sie diesen nicht immer befolgen. Die Kinder haben die Pflicht, die Würde ihrer Eltern auch über deren Tod hinaus aufrecht zu erhalten. Die Beziehung zu den Eltern wird weitergepflegt, als Erinnerung an die Zeit, in der man zusammen war. Dazu gehört das Andenken an die Traditionen, die die Eltern weitergegeben haben, und daran, wie sie diese interpretiert haben. So wie es die eigenen Eltern ihnen gezeigt haben – vielleicht mit den Worten «Vergiss es nicht!», – so möchten sie es weitergeben an die Kinder. Dies entspricht der Tradition der Übergabe: Die Torah am Berg Sinai wurde erhalten durch Moses, und seither wird sie in jeder Generation weitergegeben.

Der Tod ist keine letzte Grenze. Er ist gegeben. Die Bibel, die nicht «jüdisch» ist, sondern universell, hat als Hauptanliegen, dass der Mensch sich während seines Lebens nicht dem Götzendienst hingeben soll. Im Götzendienst ist die Angst vor den Göttern ein wichtiges Element. Vor dem biblischen Gott jedoch muss man keine Angst haben.

Ein prominentes Beispiel ist Jakob, der nach Ägypten geht, sich aber nicht dort beerdigen lässt (Gen 50,5) – denn in Ägypten sind die Grundsätze des Götzendienstes offensichtlich. So zum Beispiel war der Totenkult in Ägypten differenziert ausgebaut und äußerst wichtig. Deshalb werden im Judentum – als klare Abgrenzung – die Toten am Tag ihres Ablebens beerdigt. Bekannt ist in diesem Zusammenhang auch die Szene, als Joseph von Arimathäa auftritt und verlangt, dass Jesus am Tag seines Todes beerdigt wird (Mk 15,43f). Im Judentum gibt es keinen Sarg, keinen Schmuck, keine Blumen oder Pflanzen auf dem Grab. Obwohl Bäume auf den hiesigen Friedhöfen wachsen, ist die Schlichtheit gegenüber Ägyptens Pyramiden und weiteren Todesritualen frappant. Der Tod besagt im Judentum nur: Jetzt ist dieses Leben abgeschlossen – nun muss weitergelebt werden. Dazu wird innerhalb der Familien eine 30-tägige Trauerzeit eingehalten. Während der ersten sieben Tage bleibt die Familie zusammen und die Gemeinde steht ihr bei. Die Trauerfamilie soll nichts vorbereiten, die

Gemeinschaft übernimmt täglich das Kochen, Waschen usw. Diese Besuche werden von den weiteren Familienmitgliedern während 30 Tagen fortgesetzt.

Als Ausnahme kann die einjährige Trauerzeit für Kinder beim Tod der Eltern gelten. Der Abschied von den Eltern ist für alle Menschen schwer; es soll dadurch auch nochmals den Eltern ihre Ehre bezeugt werden. Umgekehrt dauert die gesetzliche Trauerzeit beim Verlust eines Kindes nur 30 Tage – obwohl oder gerade weil die Trauer der Eltern sicher sehr groß ist. Das Gesetz möchte die Eltern so schnell wie möglich zurück ins Leben bringen. Sie stehen noch in der Mitte des Lebens, sie sollen nicht in Depressionen fallen. Denn in der Trauerzeit wird jegliche fröhliche Unterhaltung vermieden; keine Musik, kein Tanz.

2.3 Die Erweiterung der jüdischen Familie in die Gemeinschaft

Die Gemeinschaft wird im jüdischen Leben wie eine vergrößerte Familie interpretiert. Ehrung und Würdigung gebührt neben Eltern und Großeltern auch anderen älteren Menschen. Die großen Familienfeste und Geburt und Tod werden im Kreise der ganzen Gemeinde gefeiert und mitgetragen. Das regelmäßige Zusammenkommen in der Synagoge, einige kommen öfter, andere weniger oft, bewirkt Anteilnahme an den einzelnen Lebensläufen. Gemeinsames Beten, gemeinsames Feiern stärkt eine Gemeinschaft. Die Zusammenkünfte in der Synagoge werden auch in der Geschichte von Jesus erwähnt; dort begann er seine Laufbahn. Gegenseitige Wertschätzung gilt innerhalb der ganzen jüdischen Gemeinschaft – und darüber hinaus.

Dank der starken Basis dieser Regeln und Vorstellungen wirkt sich der Einfluss der Zeit auf die jüdische Familie nicht so unvermittelt aus. Sicher kommen auch im Judentum Fragen zum Wandel der Familie auf. Doch während heute auf der ganzen Welt große gesellschaftliche Umwälzungen in den familiären Strukturen verarbeitet werden, befindet sich die jüdische Familie bisher – in wesentlichen Teilen – noch in einem geschützteren Raum. Die Kernpunkte bleiben bestehen.

Entwicklung von Ehe und Familie in Europa: Die Jack-Goody-Debatte um die christliche Prägung der Familienverfassung

Jon Mathieu

1983 veröffentlichte der Afrikanist und historische Anthropologe Jack Goody ein Buch unter dem Titel *The Development of the Family and Marriage in Europe*. In deutscher Fassung erschien es wenige Jahre später in einem Berliner Wissenschaftsverlag und bald darauf auch als Taschenbuch bei Suhrkamp mit der anders gedrehten Benennung *Die Entwicklung von Ehe und Familie in Europa*.[1] Obwohl – oder gerade weil – das Buch herkömmliche Fachgrenzen deutlich überschritt und vielfach kritisiert wurde, entwickelte es sich bis in die Gegenwart zu einem wichtigen Bezugspunkt der Forschung. In der angelsächsischen und französischen Mediävistik ist Goody sofort auf breiter Ebene rezipiert worden. Im deutschen Sprachraum war die Rezeption zunächst zögerlich, doch einige wichtige Beiträge kamen dann gerade von hier. Laut David W. Sabean kann man die aktuelle Forschung über Besonderheiten der Verwandtschaft im Westen und über Familienstrukturen im Mittelalter mehrheitlich als lang andauernde Auseinandersetzung mit diesem Werk sehen.[2]

Im Folgenden soll dieses ungewöhnlich anregende Buch mitsamt seinen Hintergründen zuerst vorgestellt werden. Dann werde ich auf ausgewählte spätere Beiträge eingehen, die das Thema aus anderer Perspektive darstellen und die Forschung weitergeführt haben. Ins Zentrum stelle ich zwei Themen von unterschiedlichem Bekanntheitsgrad: die weitreichenden historischen Heiratsverbote der westlichen Kirche (die heute meist nur noch Spezialisten vertraut sind) und die Lehre der Konsensehe (an die man sich im Allgemeinen besser erinnert). Zusammen weisen sie auf wichtige religiös-politische Prägungen der europäischen Familienverfassung hin. Neben diesen inhaltlichen Aspekten ist auch die jüngste Forschungsgeschichte von Interesse. Sind die nacheinander vorgebrachten Argumente vereinbar, kann man sie also als Ergänzungen betrachten, oder schließen sie sich gegenseitig aus, so dass man von einem fortschreitenden Falsifizierungsprozess sprechen muss?

---

[1] *Goody*, Entwicklung; ich benutze hier diese Suhrkamp-Ausgabe; 1986 war das Werk auf Deutsch schon im Dieter Reimer Verlag erschienen.

[2] Vgl. *Sabean*, Incest Discourse 11; vgl. auch *Jussen*, Perspektiven; Lanzinger, Verwandtenheirat.

Jon Mathieu

1 Jack Goody: Kirche und Heiratskontrolle

Jack Goody geht in seinem Buch von der Annahme aus, dass die Regionen des Mittelmeerraums in der Antike mehr oder weniger einheitliche Heiratspraktiken kannten. Endogame Verbindungen innerhalb der Verwandtschaft wie die Heirat zwischen Geschwisterkindern (Cousin und Cousine ersten Grads, das heißt Verwandte zweiten Grads[3]) seien relativ weit verbreitet gewesen. Mit dem Übergang zum Christentum und dem Machtgewinn der Kirche schlug Europa, die nördliche Seite des Mittelmeerraums, dann einen anderen Weg ein. Verwandtschaftsehen wurden ab dem 4. Jahrhundert zunehmend verboten, und zwar in immer weiteren Graden und in mehreren Richtungen: innerhalb der über Filiation vermittelten «Blutsverwandtschaft», in der durch frühere Heirat konstituierten Schwiegerverwandtschaft und innerhalb der neu geschaffenen geistlichen Verwandtschaft (Patenschaft). Statt zur Endogamie zu tendieren, war das System im Hochmittelalter von einer radikalen Exogamie beherrscht. Die neuen Regeln gingen in sehr starkem Maß über die biblischen Regeln hinaus, wie sie vor allem in Levitikus 18 und 20 festgehalten waren.

Konstantin der Große, der als römischer Kaiser von 306 bis 337 den Aufstieg des Christentums von einer verfolgten Sekte zur Staatsreligion förderte, setzte in der Familie ganz auf Verwandtschaftsheiraten. Bei seinen Kindern kam es zu insgesamt vier Cousinenheiraten. Goody zufolge brauchte sie Konstantin als Mittel, «um seine Dynastie und im gleichen Zuge auch den neuen Glauben zu festigen».[4] Kaiser Theodosius I. (reg. 379 bis 395) untersagte dann Verbindungen zwischen Geschwisterkindern, es sei denn, sie würden mit einer kaiserlichen Dispens zustande kommen. Während die weltliche Gesetzgebung in der Folge wechselhaft war, ging die Kirche auf Expansionskurs und setzte sich aufgrund der gestiegenen Macht auch immer mehr durch. Im 6. Jahrhundert wurde das Heiratsverbot ausgedehnt. Untersagt waren jetzt auch Ehen zwischen Kindern von Geschwisterkindern (Cousins und Cousinen zweiten Grads). Berühmt ist das Schreiben von Papst Gregor I. an den Erzbischof von Canterbury aus dem Jahr 601, in dem er unter anderem Fragen bezüglich der christlichen Ehegesetzgebung beantwortete. Das weltliche Recht lasse zwar enge Heiraten zu, doch das heilige Gesetz verbiete einem Mann den geschlechtlichen Umgang mit Blutsverwandten. Deshalb sei es nötig, dass die Gläubigen

---

[3] Dies in der kanonischen Zählweise, die ich hier der Einfachheit als Norm brauche; zu verschiedenen Systemen der Verwandtschaftszählung vgl. unten Abschnitt 5.
[4] *Goody*, Entwicklung 68.

nur drei- oder vierfach entfernte Verwandte heirateten, während zweifach entfernte keinesfalls verheiratet sein dürften, «wie es geschrieben steht».[5] Später ging man über diesen Kreis noch deutlich hinaus, so dass im 11. Jahrhundert Heiraten bis zum 7. Grad verboten waren. Bräutigam und Braut durften keine gemeinsamen Ur-Ur-Ur-Ur-Ur-Großeltern aufweisen, die vor 200 Jahren und mehr gelebt hatten. «Diese ungeheuer ausgeweiteten Verbote», schreibt Goody, «betrafen nicht nur die Blutsbande, sie galten auch für Schwieger- und spirituelle Verwandtschaft und schufen so einen umfangreichen Kreis von Menschen, denen – oft am gleichen Orte wohnend – verboten war, untereinander zu heiraten.»[6]

Die Verbote schufen zahlreiche Probleme und unbeabsichtigte Anwendungsmöglichkeiten. Wer eine Ehe auflösen wollte, etwa weil er seiner Frau überdrüssig war, konnte nachträglich mit einiger Wahrscheinlichkeit eine unstatthafte verwandtschaftliche Verbindung ausfindig machen oder glaubhaft behaupten und so die Ehe wegen Inzests als ungültig erklären lassen. Im Vierten Laterankonzil von 1215 wurde der Kreis wieder eingeschränkt. Die Verbote galten jetzt noch für den vierten Grad, eine Zahl, die mit den vier «humores» der Menschen aus der medizinischen Temperamentenlehre gerechtfertigt wurde. Diese Regel galt innerhalb der katholischen Kirche bis zur Revision des kanonischen Rechts von 1917, als der Kreis um einen Grad zurückgenommen wurde. In den reformierten Kirchen hatten die Eheverbote seit dem 16. Jahrhundert eine bewegte Geschichte, weil (und obwohl) sie biblisch schwer zu rechtfertigen waren. Im Allgemeinen ging der Rückzug hier schneller vonstatten als bei den Katholiken, die mehr auf die Politik der Dispensen setzten. Martin Luther hielt nähere Verwandtenehen nicht für wirklich schädlich, betrachtete sie jedoch als unratsam, weil damit Leute ohne Liebe heiraten würden, bloß um Familienbesitz zusammenzuhalten, während arme Frauen ledig sitzen blieben.[7] Er selber lebte nach Meinung der katholischen Gegner in inzestuöser Ehe mit einer ehemaligen Ordensschwester.

Auch in der Argumentation von Goody spielt Ökonomie eine wichtige Rolle. Die auffälligen mittelalterlichen Regelungen betrafen nicht nur die erwähnten Heiratsbeschränkungen mit ihren potenziellen Effekten auf die Besitzverteilung. Sie umfassten auch das Verbot der Scheidung, des Konkubinats, der Polygynie und der Adoption. Damit sank die Chance von Erblassern, die Familie fortzusetzen und verwandte Erben einsetzen zu können. Dies wiederum

---

[5] *Goody*, Entwicklung 49.
[6] *Goody*, Entwicklung 70.
[7] Vgl. *Goody*, Entwicklung 160–161.

Jon Mathieu

erhöhte nach Goody die Chance der Kirche, sich weltliche Güter überschreiben zu lassen und anzueignen. Er spricht von einer «gewaltigen Umverteilung von Eigentum aus privatem Besitz»[8]. Die Kirche wurde zur Körperschaft, die imstande war, Grundbesitz via Schenkung, Erbschaft oder Kauf zu erwerben:

> «Erst einmal zugelassen, wuchs der Reichtum sehr rasch. Im Osten kam es zwischen dem vierten und sechsten Jahrhundert zu dem enormen Zuwachs an Kirchenbesitz. Im Westen ging dieser Prozess im Laufe der frühen Merowingerzeit in Gallien so zügig voran, dass Chilperich sich gegen Ende des sechsten Jahrhunderts darüber beklagte, dass der ganze Reichtum des Königreiches den Kirchen übertragen worden sei.»[9]

In den meisten europäischen Ländern seien die Kirchen zu den größten Grundeigentümern geworden, was sich einigen Orts bis heute erhalten habe.[10]

Mit der spezifischen historischen Entwicklung des Christentums von einer Sekte innerhalb und später außerhalb des Judentums war laut Goody zumindest in den Anfängen eine Absage an die Familienbande verbunden. Im Neuen Testament finde man mehrere einschlägige Stellen, etwa bei Matthäus 19,29. («Und wer verlässt Häuser oder Brüder oder Schwestern oder Vater oder Mutter oder Kinder oder Äcker um meines Namen willen, der wird's vielfältig empfangen und das ewige Leben ererben.»[11]) Am deutlichsten sei der Rückgang der familiären Autorität durch die kirchliche Lehre in den Konflikten über die Zustimmung der Eltern zur Heirat der Kinder zum Ausdruck gekommen:

> «Vom zwölften Jahrhundert an betrachtete die Kirche zumindest inoffiziell die Ehe als Sakrament, das sich die Partner gegenseitig durch den Austausch des wechselseitigen Einverständnisses spenden, das heißt durch den Partnerkonsens. Während die Kirche zwar darin übereinstimmte, dass Ungehorsam gegenüber den Eltern eine schwere Sünde und heimliche Eheschließungen zu verurteilen seien, waren solche Ehen dennoch gültig.»[12]

In der Mitte des 16. Jahrhunderts wurde die Gültigkeit der heimlichen Heiraten auf dem Tridentinischen Konzil nochmals bestätigt, wie Goody weiter schreibt. Die französische Delegation hatte die Anweisung gehabt, die Autorität der Familienväter zu verteidigen. Sie wurde im Konzil aber überstimmt, worauf

---

[8] *Goody*, Entwicklung 198.
[9] *Goody*, Entwicklung 59.
[10] Vgl. *Goody*, Entwicklung 116.
[11] *Goody*, Entwicklung 100.
[12] *Goody*, Entwicklung 167.

sich der König weigerte, diese Beschlüsse öffentlich zu machen. Stattdessen erließ er 1556 ein Dekret, mit dem Kinder, die ohne Einwilligung ihrer Eltern heirateten, von ihren Familien enterbt und in Frankreich praktisch aus der Gemeinschaft ausgeschlossen wurden. Abgelehnt wurde die Konsenslehre auch von protestantischen Reformatoren und später von anderen Machtträgern. Goody bemerkt, dass die kirchliche Doktrin «in einer ganzen Reihe von gesellschaftlichen Situationen eine Individualisierung der Wahl» gefördert habe, stellt sie aber nicht in den Kontext eines allgemeinen Individualisierungsprozesses des Westens.[13]

2 Hintergrund und Reaktionen

Wie kommt ein britischer Afrikanist dazu, eine ausführliche Studie über den Wandel der Familienverfassung in Europa von der Spätantike bis zu Beginn der Neuzeit zu schreiben? Der Text gibt darüber nur beschränkt Auskunft. Einleitend bemerkt Goody, seine Neugierde sei nicht zuletzt auf die Beschäftigung mit mittelalterlichen Dramen, schottischer Geschichte, bestimmten Mediävisten und mit der vergleichenden Soziologie von Rechtswissenschaftlern aus dem 19. Jahrhundert zurückzuführen. Zum Schluss spricht er noch andere Interessen und Erfahrungen an:

> «Mit diesem Essay wurde der Versuch unternommen, eine so weitgesteckte zeitliche wie räumliche Spanne zu erfassen, dass ihre Bearbeitung vielen Fachgelehrten oberflächlich erscheinen muss. Eine solche Vorgehensweise ließ sich nicht vermeiden, da mein Interesse den weitausholenden Fragen nach den Veränderungen in den Modellen von Familie und Ehe in Westeuropa galt, die vor dem breiten Hintergrund einer vergleichenden Soziologie (oder Sozialanthropologie) betrachtet wurden. Diese Fragen beschäftigten mich seit langem, wenn ich über das Land nachdachte, in dem ich lebe, und es mit den Ländern verglich, die ich in Afrika, Indien und im Mittelmeerraum untersucht habe.»[14]

Tatsächlich dürfte vor allem die Erfahrung in Afrika den Weg zu dieser Untersuchung gewiesen haben. 1950 begann Goody mit Feldforschung in Ghana, seit den 1960er Jahren beschäftigte er sich intensiv mit dem Vergleich zwischen Afrika und den eurasischen Hochkulturen, die er in wichtigen Hinsichten als

---

[13] Vgl. *Goody*, Entwicklung 163–164; 167; 209–210.
[14] *Goody*, Entwicklung 9; vgl. ebd. 238–239.

Einheit auffasste. Beruflich machte er in dieser Zeit Karriere an der Universität Cambridge. 1976 führte er seine komplexen Vergleiche im Buch *Production and Reproduction. A Comparative Study of the Domestic Domain* modellartig zusammen. Grundlegend war für ihn der Unterschied zwischen dem Hackbau in Tropisch Afrika und dem Pflugbau Eurasiens. Er habe sich in vielen Bereichen ausgewirkt: Akkumulation von Surplus, gesellschaftliche Stratifizierung, Staatsbildung, Urbanisierung und Literarisierung auf Basis des produktiveren Pflugbaus, nicht aber in Afrika südlich der Sahara. Im familiären Bereich sei Eurasien – im Unterschied zum afrikanischen Gegenstück – gekennzeichnet durch geschlechtsunspezifische Vererbung, Endogamie, Monogamie, durch das Verbot von vorehelichem Geschlechtsverkehr und durch eine differenzierte Terminologie von Geschwistern und Cousins.[15] Theoretisch hätte Europa also endogame Tendenzen aufweisen sollen, faktisch wurde aber seit der Spätantike immer mehr Gewicht auf Exogamie gelegt. Vieles spricht dafür, dass Goody diese Diskrepanz zu seinem Modell verstehen wollte. Für ihn war Europa diesbezüglich ein Sonderfall, der einer besonderen Begründung bedurfte. Ironischerweise schrieb er damit auch ein Buch, das seinem lebenslangen Plädoyer für eine Relativierung von West-Ost-Unterschieden in Eurasien zuwiderlief.[16]

Die Reaktionen kamen schnell und heftig. Georges Duby, der bekannte französische Mediävist, schrieb noch im Erscheinungsjahr des Buchs, die Historiker seien verblüfft, dass ein Eindringling ihr Territorium mit neuen Augen vermessen und ihnen Zusammenhänge offengelegt habe, welche sie übersehen hatten. Andere waren dagegen entgeistert über die Stellen, bei denen der Anthropologe an den historischen Fachdebatten vorbei argumentierte. Die meisten Sachverhalte waren ja schon vorher bekannt. Goody hatte sie ohne großes Spezialwissen gesichtet und in weiträumig vergleichender Perspektive zusammengestellt. Vielen Experten musste dies, wie er selber festhielt, oberflächlich erscheinen. «Some came to praise Goody and others to bury him»[17], umschreibt eine Kennerin das Ergebnis der intensiven Diskussion und Überprüfung seiner Thesen. Manche Autoren fanden das Buch aber auch anregend, ohne mit allen Argumenten einverstanden zu sein. So entwickelte es sich zu einem starken Bezugspunkt und Antrieb für die Forschung und brachte sie in

---

[15] Vgl. *Goody*, Production; «geschlechtsunspezifisch» ist die Vererbung, wenn Güter sowohl an Männer wie an Frauen gehen konnten («divergent devolution» heißt der Begriff bei Goody); für die Bedeutung dieser Forschungserfahrung vgl. auch *Goody*, Entwicklung 16–17.
[16] Vgl. *Langlois*, Introduction 13.
[17] *Langlois*, Introduction 12.

mehreren Richtungen voran. Im Folgenden möchte ich drei dieser weiterführenden Beiträge skizzieren. Sie stammen von Michael Mitterauer (1990), Karl Ubl (2008) und Simon Teuscher (2016) und befassen sich mit Einwänden oder Alternativen zu Goody im Bereich der Religion, der Politik und der Rechtswissenschaft. Wie eingangs erwähnt gilt unser Augenmerk auch der Frage, ob man die nacheinander vorgebrachten Argumente als kompatibel betrachten kann, oder ob sie inkompatibel sind und die frühere Sichtweise falsifizieren.

3 Erster Einwand: Religion

Für eine Jack Goody gewidmete Spezialnummer des Journals *Continuity and Change* verfasste der Wiener Historiker *Michael Mitterauer* einen facettenreichen Artikel über *Christentum und Endogamie*. Noch bevor die Nummer erschien, publizierte er die deutsche Originalfassung 1990 auch in einer Aufsatzsammlung zur historisch-anthropologischen Familienforschung.[18] Es ging ihm vorab um den Nachweis, dass die Verschärfung der Verbote von Verwandtenheiraten der römischen Kirche weniger ökonomisch als religiös begründet war. Da die Verschärfung einer expliziten biblischen Grundlage entbehre, gehe die neuere Forschung mehrheitlich von außerreligiösen Wirkungsfaktoren aus. «Einen besonders pointierten Standpunkt mit besonders weitreichenden Konsequenzen vertritt in der Interpretation dieses Prozesses der Anthropologe Jack Goody.»[19] Er stelle in seinem Buch die Frage nach Ursachen und Auswirkungen der christlichen Inzestverbote in den Mittelpunkt und betone vor allem das Interesse der Kirche an Besitzakkumulation. Dieser These wurde aber, wie Mitterauer schreibt, schon bald widersprochen. Ein Historiker bezweifelte, dass die Kirchenführer «genügend geschlossen, bewusst und schlau gewesen wären, um eine solche eher abwegige Strategie der Besitzesvergrößerung zu erfinden und auszuführen»[20]. Ein anderer Kritiker verwies für die Erklärung besonders der geistlichen Inzestgesetzgebung auf die spezifische Haltung gegenüber der Sexualität in Spätantike und Frühmittelalter und auf den christlichen Gegensatz zwischen Geburten «dem Fleische nach» und «dem Geiste nach».[21]

---

[18] Vgl. *Mitterauer*, Christentum; *Mitterauer*, Christianity.
[19] *Mitterauer*, Christentum 47.
[20] *Mitterauer*, Christentum 48.
[21] Vgl. *Mitterauer*, Christentum 47-51.

Jon Mathieu

Mitterauer geht in seinem Beitrag auf die Entwicklung in verschiedenen christlichen, jüdischen und persischen Kirchen und Sekten ein, in denen man zum Teil eine ähnliche Expansion der Verbote nachweisen könne, ohne dass sie zu den größten Grundbesitzern geworden seien. In einzelnen dieser religiösen Gruppen seien auch radikale Endogamietendenzen aufgetreten, die dann wieder die Abgrenzung durch Nachbarn hervorgerufen hätten. Erwähnt werden in schneller Folge Nestorianer, Byzantiner, Armenier, Jakobiten, Kopten, Juden, Karäer (eine jüdische Sekte) und Zoroastrier. Bei einigen asketischen Rigorosisten liege die religiöse Motivation für «Reinheitsgebote» offen zutage.[22] Die besondere Entwicklung der römischen Kirche erklärt Mitterauer mit den im biblisch-jüdischen Gesetz angelegten Interpretationsmöglichkeiten, mit der spezifisch christlichen Hinwendung von einer Abstammungsreligion zu einer Bekehrungsreligion und mit der Übernahme von weltlichen Traditionen im Westen des römischen Reichs (in denen Exogamie eine bedeutendere Rolle gespielt habe, als es der britische Anthropologe wahrhaben wollte).[23]

Besonders wichtig ist ihm die bei Goody nur angedeutete und für die Anfänge in Anspruch genommene familienfeindliche Tendenz des Christentums, die sich mit dem Übergang zu einer Bekehrungsreligion ergab. Nicht mehr die Abstammung und Verdienste der Väter seien von religiöser Bedeutung gewesen, sondern die Wiedergeburt in der Taufe. Einen ganz eigenständigen Beitrag des Christentums zur Inzestproblematik bildeten die Ehehindernisse aufgrund geistlicher Verwandtschaft. In den Worten von Mitterauer:

> «Die leibliche Abstammung ist religiös ohne jede Bedeutung. Die Entfaltung von Ehehindernissen der geistlichen Verwandtschaft verweist so auch auf allgemeine Tendenzen in der Entwicklung von Familien- und Verwandtschaftssystemen, die durch die Entstehung und Ausbreitung des Christentums wirksam geworden sind. Im Rahmen des Prozesses der Ausweitung von Eheverboten unter Verwandten signalisiert sie in besonderer Weise den hohen Stellenwert religiöser Faktoren. Durch Eheverbote zwischen dem Paten und seinem Patenkind bzw. dessen Familienangehörigen konnte man keine Erbschaftsstrategien beeinflussen, keine Schenkungen an die Kirche begünstigen, keinen Heiratsmarkt regulieren und auch nicht die Solidarität von Adelsgeschlechtern stärken oder brechen. Solche Eheverbote sind ausschließlich aus religiöser Logik zu verstehen.»[24]

---

22 Vgl. *Mitterauer*, Christentum 51–68.
23 Vgl. *Mitterauer*, Christentum 58; 62–64.
24 *Mitterauer*, Christentum 63.

Als Entfaltungsprinzip sei diese Logik dem gesamten Prozess zugrunde gelegen.[25]

Zum Schluss des Beitrags relativiert Mitterauer die Bedeutung von endogamen oder exogamen Heiratstendenzen für die realen Familienverhältnisse des Mittelalters. Als Historiker müsse man zurückhaltender urteilen als die Anthropologen. Die Heiratsregeln hätten mehr eine Indikatorenfunktion, die in diesem Fall auf den Bruch mit der Abstammungsreligion deuteten. Dadurch habe die Familienformation einen neuen Freiraum erhalten, der unter anderem die Voraussetzung für die Konsensehe und sogenannte Gattenfamilie geschaffen habe. Diese bildeten gemäß Mitterauer eine Grundlage für die moderne Individualisierung.[26]

4 Zweiter Einwand: Politik

Die 2008 erschienene Habilitationsschrift von *Karl Ubl* mit dem Titel *Inzestverbot und Gesetzgebung. Die Konstruktion eines Verbrechens (300–1100)* bietet eine detaillierte Rekonstruktion des politischen Kontexts, in welchem die Beschlüsse zur Ausweitung der Heiratsverbote gefasst und damit neue Straftatbestände geschaffen wurden. Das Inzestverbot stand oft an der Spitze der Tagesordnung von gesetzgebenden Versammlungen und kann als Schlüsselthema des untersuchten Zeitalters betrachtet werden. Laut dem Autor wurde diese Gesetzgebung aber nicht durch eine bestimmte kirchliche Programmatik vorangetrieben. In der Spätantike und im Frühmittelalter gab es keinen systematischen Gegensatz zwischen Kirche und Adel oder allgemein Laienwelt:

> «Gerade die Geschichte der Inzestgesetzgebung ist durch die Mitwirkung christlicher Herrscher an der Ausdehnung des Verbots geprägt. Dies trifft für die römischen Herrscher des 4. Jahrhunderts ebenso zu wie für den fränkischen König Pippin I, für den ottonischen Kaiser Heinrich II. wie für den byzantinischen Kaiser Leon III. Erst das Reformpapsttum des 11. Jahrhunderts formte die Kirche zu einer von der Laienwelt klar unterschiedenen Institution mit einem ausdifferenzierten Rechtssystem und einer bürokratischen Ämterhierarchie.»[27]

---

25 Vgl. *Mitterauer*, Christentum 71.
26 Vgl. *Mitterauer*, Christentum 75–77; vgl. auch *Gestrich/Krause/Mitterauer*, Geschichte 357.
27 *Ubl*, Inzestverbot 7–8.

Ein wichtiges politisches Motiv der Herrscher war die Verhinderung von abgekoppelten Elitenetzwerken durch die Förderung von transregionalen Heiraten des Adels und der Etablierung eines weiträumigen Heiratsmarkts.[28]

Die Ausweitung der Eheverbote erfolgte gemäß Ubl in zwei Schüben, um das Jahr 500 und um das Jahr 1000. Ein wichtiger Protagonist des ersten Schubs war der burgundische Bischof Avitus von Vienne (um 460–518). Als er zum Bischof ernannt wurde, war das Inzestverbot als Teil der Eheordnung etabliert, aber sein Umfang blieb auf die Eheverbote des römischen Rechts beschränkt. Selbst in dieser Beschränkung wurde es oft nicht beachtet. Avitus hatte jedoch eine pessimistische Auffassung von Sexualität und wollte sie einer strikten Regel unterwerfen. Nach der Desintegration Westroms betrachtete er die Bischöfe als Wächter über die Vorschriften und für berechtigt, neue Verbote zu erlassen. Ihre Gesetze mussten nicht zuvorderst realisierbar sein, sie orientierten sich am Ideal der christlichen Lebensordnung. Mit Zustimmung des Königs kam es vor diesem Hintergrund zur Ausdehnung des Inzestverbots auf die gesamte römische Verwandtschaft (bis zum 3. kanonischen Grad).[29]

Der zweite Schub um das Jahr 1000 brachte dann eine nie gesehene Radikalisierung der Gesetzgebung. Erst jetzt schlug die westliche Kirche einen Sonderweg ein, in dem sie potenziell alle Ehen unter Inzestverdacht stellte. Verboten waren fortan Ehen bis in den 7. Grad. Zur Verifikation hätte man 128 Personen ausfindig machen müssen, die vor zwei bis drei Jahrhunderten gelebt hatten. Das Verbot umfasste Tausende von zeitgleich lebenden Cousins und Cousinen. Es konnte also nur symbolischen Charakter haben. Wichtig für den scheinbar abwegigen Beschluss war nach Ubl die Tatsache, dass das römische Verwandtschaftsrecht verblasst war und das Papsttum ein eigenes Rechtssystem errichtete und der stabilisierenden Funktion früherer Vorschriften nicht mehr bedurfte. Letztlich müsse man die Ausdehnung aber auch als relativ zufälliges Resultat einer speziellen politischen und religiösen Konstellation sehen. Der Kirche sei es damit endgültig gelungen, die Deutungshoheit über Ehe und Sexualität zu erlangen.[30]

Jack Goody wird in Ubls Buch gleich zu Beginn genannt. Doch er billigt ihm nur das Verdienst zu, «erstmals die Erklärungsbedürftigkeit der abendländischen Inzestgesetzgebung herausgestellt zu haben». Sonst nennt er fast nur Probleme und Ungereimtheiten. In einem viel besseren Licht erscheint die Darstellung von Michael Mitterauer. Allerdings wird dann gerade dessen zent-

---

[28] Vgl. *Ubl*, Inzestverbot 4; 211; 290; 497–498.
[29] Vgl. *Ubl*, Inzestverbot 118–137; 478–480.
[30] Vgl. *Ubl*, Inzestverbot 384–476; 485–490.

rale These zur Religion zurechtgerückt. Es sei problematisch, so Ubl, «das Christentum auf einen Wesenskern festzulegen».[31] Die feindliche Haltung zur Abstammung habe nur einen Moment angedauert, in der die Erwartung auf die Wiederkunft Christi dominierte. Schon im frühen Mittelalter sei sie einer positiven Wertung der Herkunft gewichen, sowohl in theoretischen Texten wie in neuen Formen der Verehrung dynastischer Heiliger und der durch Familienstiftungen organisierten Totenmemoria.[32]

Demzufolge ordnet Ubl auch die Konsensehe anders ein als Mitterauer (der sie als Folge des christlichen Bruchs mit dem Abstammungsgedanken interpretiert). Erst dem Reformpapsttum des Hochmittelalters sei es mit dem neuen wissenschaftlichen Kirchenrecht gelungen, die Unauflösbarkeit der Ehe theoretisch zu verankern und praktisch durchzusetzen. Ermöglicht worden sei die «historisch und interkulturell einzigartige Verbindung von Monogamie und Unauflösbarkeit der Ehe»[33] durch die etwa gleichzeitig geschaffene Konsensehe. «Somit konnte die Unauflösbarkeit von Laien als Selbst-Bindung verstanden werden, die symbolisch mit der Bindung Gottes an den Menschen oder des Bischofs an seine Kirche gleichgesetzt wurde.»[34] Im Laufe des 12. Jahrhundert reifte nach Ubl unter den kirchlichen Rechtsgelehrten aber die Erkenntnis, der Missbrauch des Inzestverbots untergrabe das viel wichtigere Prinzip dieser durch Christus verkündeten Unauflösbarkeit der Ehe. Daraus habe man im Vierten Laterankonzil von 1215 die Konsequenzen gezogen und die Heiratsverbote auf den 4. Grad reduziert.

5 Dritter Einwand: Rechtswissenschaft

Simon Teuscher, Mediävist in Zürich, untersucht in einem nächstens erscheinenden Buchkapitel unter dem Titel *Knowing Kinship. Medieval Epistemologies* die Periode der massiven Ausdehnung und der erneuten Zurücknahme der verwandtschaftlichen Heiratsverbote im 11. bis frühen 13. Jahrhundert. Er erwähnt die bisher genannten Autoren (Goody, Mitterauer, Ubl), will sie aber nicht weiter kommentieren. Sein Hauptinteresse gilt nicht den einzelnen Gründen für die aufgestellten Regeln, sondern den allgemeinen Begriffen von Verwandtschaft

---

[31] *Ubl*, Inzestverbot 11.
[32] Vgl. *Ubl*, Inzestverbot 5–13.
[33] *Ubl*, Inzestverbot 388.
[34] *Ubl*, Inzestverbot 473.

und den betreffenden Erkenntnismethoden. «I will argue that both the extension and the relaxation of incest rules coincided with changes in notions of what could be known about people's kinship and how this could be known.»[35]

Die Ausdehnung der Heiratsverbote im 11. Jahrhundert stand laut Teuscher im Kontext einer Neukonzeption von Verwandtschaft als allgemeine, abstrakte Größe und dem Übergang von der römischen zur kanonischen Verwandtschaftszählung. In der herkömmlichen römischen Zählung, die vor allem für Erbsachen gebraucht wurde, zählte man jede Zeugung zwischen verwandten Personen (Cousins waren also im 4. Grad verwandt). In der neuen speziell für Heiratsverbote gedachten kanonischen Zählung ging man dagegen von Generationen aus (Cousins waren damit im 2. Grad verwandt; der Einfachheit halber habe ich bisher diese Zählung gebraucht). Ein zentraler Verfechter der neuen Konzeption war der einflussreiche Benediktinermönch, Bischof und Papstberater Peter Damian. In einer ebenso emotional wie gelehrt geführten Debatte hielt er dafür, dass niemand eine Person heiraten solle, deren verwandtschaftliche Verbindung aktiv erinnert werde. Im Unterschied zu einschlägigen älteren Forderungen wollte er ein generelles System finden, das jede dieser bewussten Verwandtschaften ausschloss. Weil sich die Erinnerung oft an der Vererbung orientierte, ging er vom 10. römischen Grad aus, dem äußersten in Erbsachen erlaubten. Für die Heirat hatte jedoch bisher der 7. römische Grad gegolten. Das stellte der Durchsetzung seines Vorhabens große Hindernisse in den Weg. Aufgrund intensiver Studien kam Damian nun darauf, dass die Heilige Schrift die Verwandtschaft eigentlich nach Generationen zählte. Das Kirchenrecht hatte der Bibel zu folgen – was den viel weiteren 7. Grad der kanonischen Zählung nahelegte. Diese Änderung wurde durch Papst Alexander im Jahr 1068 in Kraft gesetzt, und zwar im klaren Bewusstsein, dass es sich um massive Expansion handelte.[36]

Wie wir wissen, machte das Laterankonzil von 1215 die Expansion wieder rückgängig. Dies hatte gemäß Teuscher nicht nur mit den Scheidungsmöglichkeiten zu tun, die sich vor dem Hintergrund des verallgemeinerten Inzestverbots eröffneten. Entscheidend war die Tatsache, dass die Kirche immer mehr Gewicht auf die Verifizierung und Implementierung der Verbote legte. Ein wichtiger Beleg sind die Canones 51 und 52 der Konzilsbeschlüsse, welche die Öffentlichkeit der Eheschließung und das Prozedere beim gerichtlichen Nachweis der Verwandtschaftsgrade regelten. Parallel zu den auch in anderen Berei-

---

[35] *Teuscher*, Kinship 3; ich danke dem Autor für die Möglichkeit zur Einsichtnahme in diesen Entwurf.
[36] Vgl. *Teuscher*, Kinship 16–22.

chen um sich greifenden Inquisitionsverfahren wurde hier aus der Verwandtschaft eine objektivierbare «harte Tatsache» gemacht, was sich von den flexiblen Verwandtschaftskonzeptionen der realen Welt deutlich unterschied. Gerade dadurch konnte die Inzestregelung zu einer zentralen Stütze der kirchlichen Autorität in Ehesachen werden.[37]

Was später als «natürliche» Verwandtschaft ausgegeben wurde, hatte also seine Wurzeln in einer dogmatischen und institutionellen Entwicklung des 11. bis 13. Jahrhunderts. Teuscher sieht Bezüge zur Gegenwart:

> «Centuries before the invention of DNA-tests, the Lateran council had given kinship an epistemic status that it had not had before – but in many ways still has today. Even in the absence of a concept of nature as we know it, kinship began to be treated as an entity that in principle is seperate from any consciousness of being related. Kinship was now seen as being independent of narration and language, something that can be found out about, that can be discovered at any time and proven by adequate procedures, regardless of whether the people who are concerned approve of it or not.»[38]

Mit den neuen genetischen Abstammungstests habe das «Recht auf Wissen um die eigene Herkunft» heute starken Auftrieb; der konzeptuelle Rahmen für dieses Verständnis sei aber hochmittelalterlich. Er bildete auch die Grundlage für das Aufkommen der Blutmetapher. Seit dem 14. Jahrhundert begann man in Europa von «Blutsverwandtschaft» zu sprechen, die sich gemäß Schema der kanonischen Zählung von Generation zu Generation vermische und verdünne.[39]

6 Was die Debatte lehren kann

Eine Theorie und drei Einwände – in Wirklichkeit war die Jack-Goody-Debatte wesentlich umfangreicher und vielfältiger. Sie umfasste Kommentare, Beiträge und Kritiken aus allen möglichen Lagern und zu allen möglichen Punkten. Ich habe hier solche präsentiert, die ein spezielles Gewicht haben, auch weil sie systematisch weitere Faktoren ins Spiel bringen. Zur ökonomischen These von Goody kommen so, vereinfacht gesagt, die Religion von Mitterauer, die Politik von Ubl und die Rechtswissenschaft von Teuscher. Damit schließt sich in

---

[37] Vgl. *Teuscher*, Kinship 22–40.
[38] *Teuscher*, Kinship 40.
[39] Vgl. *Teuscher*, Kinship 40–43.

bestimmter Weise ein Bogen: Während das Buch des britischen Anthropologen darauf hinwies, wie eigenartig die europäische Ehegesetzgebung vor dem weiten afrikanisch-asiatischen Horizont erschien (man kann annehmen, dass diese Fremdheit und Exotik einen Teil seiner Attraktivität ausmachte), kehrte das Thema mit der Rechtswissenschaft gewissermaßen nach Europa zurück. Die Konstitution eines abstrakten Verwandtschaftsbegriffs durch kirchliche Juristen war ein Phänomen, das wir eher mit Modernisierung verbinden als mit einem entlegenen tribalen Zeitalter.[40]

Was kann die Debatte im hier betrachteten Ausschnitt lehren? Sicher ist, dass die teilweise schwierigen und spärlichen Quellen heute sehr viel gründlicher aufgearbeitet sind als es Goody 1983 als Fachfremder leisten konnte. Die Fakten- oder Indizienlage ist somit wesentlich klarer und zugänglicher geworden. Indem verschiedene Dimensionen (Wirtschaft, Religion, Politik, Rechtswissenschaft) ins Zentrum gestellt wurden, ist es auch leichter, alternative Interpretationen durchzudenken und abzuwägen. Auf die Frage, ob die nacheinander vorgebrachten Argumente kompatibel oder inkompatibel sind, ob es sich also um einen Prozess der Ergänzung oder der Falsifikation handelte, gibt es aber keine einfache Antwort. Einige Argumente passen offensichtlich zueinander: Die rechtswissenschaftliche These von Teuscher fügt sich zum Beispiel gut zur Feststellung von Ubl über die Bedeutung des Aufbaus eines speziellen päpstlichen Rechtssystems. Damit werden inhaltliche und institutionelle Aspekte eines gleichen Wandlungsprozesses angesprochen.

Andere Argumente sind bewusste Kritiken, wie die religiösen und politischen Einwände von Mitterauer und Ubl gegen die ökonomische Theorie von Goody. Es fragt sich aber, inwieweit sie eine vollständig geglückte Theorieberichtigung darstellen und nicht ihrerseits Fragen aufwerfen. Soll man die geistliche Verwandtschaft wie Mitterauer als rein religiöses Phänomen darstellen? Wurden etwa die Patenschaften in der sozialen Praxis nicht von vielen weiteren Kräften bestimmt?[41] Ubl moniert zu Recht, dass Inzestverbote schon theoretisch kaum Einfluss auf die Erwerbsmöglichkeiten der Kirche haben konnten und dass auch bei weiteren Punkten der Ehegesetzgebung deren direktes ökonomisches Interesse schwer nachzuweisen sei. Schwer nachweisbar ist jedoch auch seine allgemeine These, wonach die Herrscher mit Inzestverboten einen großräumigen Heiratsmarkt fördern wollten und konnten. Weite Inzestverbote und Eheschließung auf große Distanz sind zwei Aspekte, die nicht notwendi-

---

[40] Vgl. *Teuscher,* Kinship 45.
[41] Vgl. *Alfani/Gourdon,* Spiritual Kinship.

gerweise zusammenfallen.[42] Bei allen Differenzen – in einem Punkt sind sich alle präsentierten Autoren einig: Mit ihrer hochmittelalterlichen Gesetzgebung erlangte die westliche Kirche die Deutungshoheit über Fragen von Ehe und Sexualität. Wenn wir von einer christlichen Prägung der Familienverfassung sprechen, kommt dieser Formationsperiode des 11. bis 13. Jahrhunderts besonderes Gewicht zu. Interesse verdient aus heutiger Sicht auch der Umstand, dass biologische Argumente in den mittelalterlichen und frühneuzeitlichen Texten zur Inzestvermeidung fehlen. Bis ins 18. Jahrhundert galt es, eine göttliche Ordnung zu schützen. Die Idee, dass Ehen zwischen nahen Verwandten negative Folgen für die Nachkommen haben könnten, kam erst später auf. Man kann sie zum Teil als Fortsetzung einer kirchlichen Tradition unter neuen Umständen betrachten.[43]

Neben den Heiratsverboten haben wir in diesem Beitrag die Frage der Konsensehe angesprochen, die sich im 12. Jahrhundert durchsetzte. Goody und Mitterauer bringen sie mit der Abkehr vom Abstammungsgedanken und einer christlichen Familienfeindlichkeit zusammen. Ubl, der die Abkehr für eine vorübergehende Erscheinung hält, verbindet sie mit anderen Punkten der Ehegesetze. Die einzigartige Verbindung von Monogamie und Unauflösbarkeit sei bloß dadurch möglich geworden, dass man die Wahl den Brautleuten überließ und ihnen gewissermaßen eine Pflicht zur Selbstverantwortlichkeit auferlegte. Zu erwähnen wären hier bestimmt auch weitere Aspekte, etwa die theoretisch veränderte Stellung der Frauen. Ebenso gewiss ist aber die Tatsache, dass die Konsensehe in einem praktischen Spannungsfeld lag, das sich nicht durch kirchliche Beschlüsse wegdekretieren ließ. Schon die bei Goody erwähnten konträren Beschlüsse von weltlichen Machtträgern sind aufschlussreich genug. Berühmte Hinweise gibt auch die Kultur. Kaum ein anderes Stück in der europäischen Tradition hatte einen so anhaltenden Erfolg wie William Shakespeares *Romeo und Julia*, 1597 zum ersten Mal gedruckt und seither allgegenwärtig. Der Konsens der beiden Liebenden wäre dagewesen, was fehlte war der Konsens ihrer Familien.

---

[42] *Ubl* lehnt die Goody-These eines kirchlichen Gütererwerbs via Inzestverbot einleitend ab, doch als Nebeneffekt scheint er ihn nicht gänzlich auszuschließen, vgl. *Ubl*, Inzestverbot 475; 489; zur Integrationspolitik mittels Eheverboten a. a. O., v. a. 290; 497–498.
[43] Vgl. *Sabean*, Incest Discourse 1–6.

Jon Mathieu

Literaturverzeichnis

Alfani, Guido/Gourdon, Vincent (Hg.): Spiritual Kinship in Europe, 1500–1900. Basingstoke: Palgrave Macmillan 2012.

Gestrich, Andreas/Krause, Jens-Uwe/Mitterauer, Michael: Geschichte der Familie. Stuttgart: Kröner 2003.

Goody, Jack: Die Entwicklung von Ehe und Familie in Europa. Frankfurt a. M.: Suhrkamp 1989.

Goody, Jack: Production and Reproduction. A Comparative Study of the Domestic Domain. Cambridge: Cambridge University Press 1976.

Jussen, Bernhard: Perspektiven der Verwandtschaftsforschung fünfundzwanzig Jahre nach Jack Goodys ‹Entwicklung von Ehe und Familie in Europa›, in: *Spieß, Karl-Heinz (Hg.):* Die Familie in der Gesellschaft des Mittelalters. Ostfildern: Thorbecke 2009 275–324.

Langlois, Rosaire: An Introduction to Jack Goody's Historical Anthropology, in: *Olson, David R./Cole, Michael:* Technology, Literacy and the Evolution of Society. Implications of the Work of Jack Goody. New Jersey: Lawrence Erlbaum 2006, 3–26.

Lanzinger, Margareth: Verwandtenheirat – ein aristokratisches Ehemodell? Debatten um die Goody-Thesen und Dispenspraxis Ende des 18. Jahrhunderts, in: *Fertig, Christine/Lanzinger, Margaret:* Beziehungen, Vernetzungen, Konflikte. Perspektiven Historischer Verwandtschaftsforschung. Wien: Böhlau 2016, 143–166.

Mitterauer, Michael: Christentum und Endogamie, in: *ders.*, Historische-anthropologische Familienforschung. Fragestellungen und Zugangsweisen. Wien: Böhlau 1990, 41–85.

Mitterauer, Michael: Christianity and Endogamy, in: Continuity and Change 6/3 (1991), 295–333.

Sabean, David W.: Incest Discourse in Europe and America since the Renaissance. Introduction (Manuskript 2014; soll später als Buch erscheinen).

Teuscher, Simon: Knowing Kinship. Medieval Epistemologies. Entwurf für ein Kapitel in einer für 2018 geplanten Buchpublikation, geschrieben 2016.

Ubl, Karl: Inzestverbot und Gesetzgebung. Die Konstruktion eines Verbrechens (300–1100). Berlin: De Gruyter 2008.

Patenschaft als horizontale und vertikale Erweiterung des christlichen Familienmodells

Claudia Graf

1 Einleitung

«Am wichtigsten sind gemeinsame Aktivitäten». Dies stand in einer populären Zeitschrift kürzlich als prominente Überschrift zur wöchentlichen Umfrage.[1] Die Frage lautete: Was ist die wichtigste Aufgabe für einen Götti/eine Gotte?[2] Im Lead stand: «Über Geschenke freut sich das Göttikind sicher. Wichtiger sind für die meisten Befragten aber die sozialen Aspekte dieses Amtes.»[3] In einem thematischen Beitrag ging es an späterer Stelle im gleichen Heft in der Rubrik *Familie* um die «richtige Wahl» von Taufpatinnen oder Taufpaten mit der folgenden Einleitung: «Ehrenamt. Die Pflichten von Gotte und Götti sind zwar nur moralischer Art. Umso mehr gilt es aber, die Taufpaten sorgfältig auszuwählen. Denn im Vordergrund steht das Wohl des Kindes.»[4]

Mit großer Regelmäßigkeit erscheinen solche Beiträge in unterschiedlichen Publikationsorganen und bestätigen damit eine grundlegende Erfahrung, die ich seit Beginn meiner Forschungsarbeiten zum Thema Taufpatenschaft gemacht habe: Wenn ich mit Fachleuten, vornehmlich der theologischen Zunft, sprach, zuckten sie vielfach etwas ratlos mit den Schultern und fragten, was es denn da noch zu erforschen gebe. Dies deckte sich mit einer spärlichen wissenschaftlichen Quellenlage und mit Aussagen auch von renommierten Wissenschaftlerinnen, dass Patenschaft heute weitgehend «sinnentleert»[5] sei. Wenn ich aber im Gespräch mit «ganz normalen» Menschen vor Ort war, begannen diese sogleich von ihren eigenen Erfahrungen mit Gotte und Götti zu erzählen, von

---

[1] Vgl. Coop Zeitung 7.
[2] «Gotte» und «Götti» resp. «Gotte-/Göttikind» sind in der Schweiz die üblichen Bezeichnungen für Patin, Pate und Patenkind; siehe dazu Abschnitt 4.2 im vorliegenden Beitrag. Ich verwende in der Regel die weibliche Bezeichnung; Männer sind, soweit nicht speziell vermerkt, mitgemeint.
[3] Coop Zeitung 7.
[4] Coop Zeitung 22.
[5] *Heimbrock*, Taufpaten 82.

besonderen Erlebnissen, großen Enttäuschungen, Geschenken, und immer wieder auch von ihrem schlechten Gewissen dem Göttimädchen oder Gottebueb gegenüber. Diese Geschichten waren es dann auch, die mich zunehmend interessierten und zu der spezifischen Forschungsanlage meiner Dissertation führten.[6]

Patenschaft ist eine alte Institution, die heute in sehr vielfältiger Weise gegenwärtig ist. Dies zeigt sich in einer Fülle von aktuellen und historischen Bezügen. Damit eröffnet sich erstens ein weites Feld von Erfahrungsbezügen. Damit manifestiert sich zweitens das Programm meiner praktisch-theologischen Forschung, das sich durchaus mit meiner aktuellen beruflichen Tätigkeit als Spitalseelsorgerin deckt: Es geht darum, Erfahrungen von Menschen ernst zu nehmen und mit ihnen in einen theologischen Diskurs zu treten. Und damit ergeben sich drittens vielfältige Verknüpfungen mit dem Thema des vorliegenden Sammelbandes.

«Je mehr Bezugspersonen für ein Kind zuständig sind, desto besser.»[7] Dies postulierte in einem Gespräch u. a. mit dem Tagesanzeiger die Politikwissenschaftlerin Mariam Irene Tazi-Preve, und sie forderte: «Wir müssen aus der isolierten Dreieckskonstellation von Mutter, Vater und Kind ausbrechen und andere Familienmodelle kreieren.»[8] Patenschaft leistet dies seit Jahrhunderten, und zwar nicht nur in horizontaler, sondern auch in vertikaler Form. Bruno Hildenbrand hat die «Kernfamilie» als ein durch «Solidaritäten vielfältiger Art abgeschlossenes und nach außen abgegrenztes Beziehungsgeflecht»[9] definiert. Zu diesem Beziehungsgeflecht gehören in vielen Fällen auch Patinnen und Paten.

In meinen Ausführungen dazu folge ich drei konzentrischen Kreisen. Zunächst werfe ich einen Blick auf das breite Spektrum von übertragenen Bedeutungen, welche das Deutungsmuster der Taufpatenschaft auszeichnet. In einem zweiten thematischen Kreis fokussiere ich auf die Tauf-Patenschaft als eine im Kontext der Taufe konstituierte Beziehung zwischen einer (zumeist älteren) erwachsenen Person und (in der Regel) einem Kind. Dazu gehe ich zuerst auf die gelebte Praxis der Gegenwart ein und benenne einige Erkenntnisse meiner empirischen Studien, die für die Thematik dieses Sammelbandes von besonderem Interesse sind. Der dritte und engste Kreis schließlich zeigt die historischen Bezüge der Patenschaft auf mit einem exemplarischen Schwerpunkt auf

---

6 Vgl. *Graf*, Gotte.
7 *Tazi-Preve*, Familie.
8 *Tazi-Preve*, Familie.
9 *Hildenbrand*, Familie 200.

dem Konzept der geistlichen Verwandtschaft. Den Abschluss bilden einige Überlegungen zu einer Theorie der Patenschaft und ihrem geistlichen Potenzial.

2 Das Patenschaftsmuster und seine Übertragungen

Wer darauf achtet, stößt auf Schritt und Tritt auf Bezüge zur Patenschaft. Es gibt kaum einen Kontext, in dem *nicht* von Patenschaften die Rede ist. Patenschaften bestehen zwischen Menschen in den unterschiedlichsten Konstellationen, zwischen Westeuropäerinnen und Kindern in der sogenannten Dritten Welt, zwischen Flachländerinnen und Bergbauernfamilien, zwischen Einheimischen und Zugezogenen, nicht zu reden von der Mafia. Im Spiel ist eine Beziehung, die oft insbesondere finanzielle Zuwendungen beinhaltet, die mit Protektion verbunden ist und die ausdrückt, dass eine höher gestellte, besser situierte, mehr wissende, erfahrenere Person gegenüber ihrem Schützling gewisse Dienstleistungen erbringt. Dabei steht der Wortgebrauch von «Patin» in der Nähe von Begriffen wie «Mentorin» oder «Tutorin». Entsprechend kann eine Person für eine andere Person oder eine Gruppe von Personen «Patin stehen».

Patenschaftliche Verhältnisse von (nicht nur finanzieller) Zuwendung und besonderer Aufmerksamkeit können darüber hinaus von zwischenmenschlichen Beziehungen abstrahiert und auf Verhältnisse zu Sachen übertragen werden – beispielsweise zu restaurationsbedürftigen Büchern, einem Gleichstellungsgesetz oder zu Stühlen, welche über das laufende Budget nicht beschafft werden können. Schließlich wird der Begriff Patenschaft losgelöst von den aufgezeigten Bezügen benutzt in Form von «Patenschaften für Wetterlagen», um dem Fundraising eines meteorologischen Instituts zu dienen oder als «Patenkarte» einer Weindistributionsfirma, um Neumitglieder anzuwerben und größeren Umsatz zu generieren.

Ohne weitere Erklärungen ruft das Wort «Patenschaft» in den erwähnten Beispielen wohl bei den meisten Menschen unseres westlichen Kulturkreises die von den Journalistinnen oder Werberinnen gewünschten Assoziationen hervor. Insofern weisen die obigen Beobachtungen die Patenschaft als Deutungsmuster im Sinne einer kollektiven Bedeutungszuschreibung aus. Ich stütze mich diesbezüglich auf eine frühe Studie der Berner Soziologin Claudia Honegger zum «Hexenmuster».[10]

---

[10] Vgl. *Honegger*, Hexen.

Das *Patenschafts*muster ist aus bestimmten kontextuellen Erfordernissen erwachsen und hat im Verlauf seiner Geschichte unterschiedliche Funktionen übernommen. Seine Bedeutungsstruktur weist eine Pluralität von zeit- und situationsspezifischen Ausprägungen auf, die weitgehend unvermittelt nebeneinander stehen können. Im Patenschaftsmuster verdichten sich Erfahrungen verschiedener gesellschaftlicher Akteurinnen. Neben den singulären Deutungen in Form von Meinungen und Einstellungen fokussiere ich auf gesellschaftlich verfügbare Sinngehalte, auf die sich Individuen beziehen, wenn sie von Patenschaft sprechen oder als Patinnen handeln.

Was eine Patin ist, *wer* ein guter Götti ist, wie sich eine Gotte zu verhalten hat und was zu einer Patenschaft gehört, das weiß «man». Alltagssprachlich ist in einer selbstverständlichen Art und Weise von Patenschaft die Rede. Das Deutungsmuster definiert in einem bestimmten Kontext die Rolle, welche eine Gotte übernimmt; es macht ihre Beziehungen plausibel, reduziert die Komplexität möglichen Verhaltens und schreibt je nach Bezugsrahmen Rechte und Verpflichtungen vor. Individuen beziehen sich darauf, wenn sie von «Gotte» reden resp. hören oder lesen, und sie bringen zugleich ihre je eigenen Vorstellungen und Erfahrungen mit ein.

Das aktuelle Deutungsmuster von Patenschaft situiert sich im gesellschaftlichen Kontext der Spätmoderne. Dieser kann durch folgende drei Charakteristika beschrieben werden: Erstens: Es gibt kein kirchliches Monopol (mehr), welches einzelnen Patinnen ein bestimmtes Verständnis von Patenschaft vorschreiben kann. Damit verbunden ist zweitens eine individualisierte Lebensweise von Menschen, welche es auch verbietet, alle Patinnen über eine Leiste zu schlagen. Allerdings wird die historische Spurensuche zeigen, dass dies kein neues Phänomen ist und die Patenschaft bereits in ihren Ursprüngen sehr vielschichtig war. Drittens steht das Patenschaftsmuster heute in einem säkularisierten Umfeld. Spätmoderne Gesellschaften sind sehr weitgehend funktional ausdifferenziert und professionalisiert. Religion übernimmt bestimmte Funktionen in bestimmten Bereichen, die in sich stark diversifiziert sind. Religiöse Aufgaben sind an Expertinnen und professionelle Amtsträgerinnen und Dienstleistende delegiert. Dies betrifft die Patenschaft insofern, als ihre alltagsrelevanten Bezüge in der Wahrnehmung von Eltern und Patinnen wenig oder nichts mit dem religiösen Bereich zu tun haben. Namentlich die christliche Erziehung ist, wenn überhaupt im Blickfeld und befürwortet, Aufgabe von–Fachleuten der Kirchen oder reine Privatsache. Religiöse resp. kirchlich-institutionelle Bezüge sind höchstens ein Faktor unter anderen, welche die Patenschaft ausmachen.

3 Gelebte Praxis

Wie das Patenschaftsmuster heute in der Beziehung zwischen Götti und Göttikind gelebt wird, habe ich in einer explorativen qualitativ-empirischen Studie untersucht. Die Datenerhebung erfolgte vorrangig mittels einer Serie von siebzehn leitfadenorientierten, diskursiven Interviews mit Patinnen unterschiedlicher Konfession und Lebensform. Die Datenauswertung der Interviews resultierte in einer dichten Beschreibung gelebter Patenschaften anhand von fünf Dimensionen: (1) Patenschaft im Lebensgefüge der Patin, unter anderem anhand der Unterscheidung, ob eine Patin selber Kinder hat oder nicht. (2) Erfahrungen der Patin als Paten«kind», zugespitzt auf die Frage, ob sie in ihren eigenen Patinnen Vorbilder sieht oder nicht, und unter Einbezug der durch eine erinnerte Zeit von etwa dreißig Jahren ins Blickfeld rückenden historischen Perspektive, welche namentlich vor Augen führt, wie wichtig die Präsenz von Patinnen an Schlüsselstellen des Leben ist. (3) Die Beziehung zwischen der Patin und der Familie ihres Patenkindes. Thematisiert habe ich Art und Weise der gegenseitigen Verbundenheit, ebenso das Zustandekommen der Patenschaft und die Auswahl der Patinnen. (4) Die Beziehung zwischen Patin und Patenkind, bei der unter anderem Einflüsse der Komponenten Eltern, Zeit und Persönlichkeit sowie Alter des Kindes thematisiert werden; zur Sprache kommen aber auch die Beziehung zwischen den verschiedenen Patinnen eines Patenkindes, der (Ehren-)Titel «Gotte» sowie die Geschenke. Als zentral erweist sich, dass Patin und Patenkind gemeinsame Geschichten erleben. (5) Und schließlich habe ich Patenschaft im Ritualzusammenhang der Taufe untersucht.

Im aktuellen Beitrag kann ich nicht die einzelnen Geschichten – *narrationes* – von Patinnen und Paten wiedergeben, die einen großen Teil meiner Studie ausmachen und in ihrer Ursprünglichkeit wesentlicher Bestandteil dessen sind, was die gelebte Praxis kennzeichnet. Sie lassen sich nicht einfach zusammenfassen oder auf den Punkt bringen. Gerade für die theologische Forschung scheint es mir relevant, Menschen zu Wort kommen und für ihre gelebte Praxis selber sprechen zu lassen.

Stellvertretend für die vielen verschiedenen Beziehungen zur Taufpatenschaft gebe ich hier nur einen kleinen Einblick und wähle exemplarisch denjenigen Bezug, welcher für die Familien-Thematik besonders relevant ist. Ich nenne ihn «*Horizonterweiterung*» und beschreibe damit die Erfahrung, dass ein Patenkind mit seiner Gotte in eine andere Lebensweise Einblick erhält und neue (Haus-)Regeln kennenlernt. Eine solche Horizonterweiterung beschreibt zum Beispiel Lukas. Er erzählt im Interview, dass er in einem anderen sozioökonomischen Milieu lebt als die Familie seines Patenkindes. Vermutlich habe ihn die Mutter deswegen als Götti ausgewählt, damit er ihrem Kind Einblick geben könne in andere Welten. Während die Familie seines Patenkindes nach Lukas' Meinung «ganz (betont) traditionell» ist, in der unteren Mittelschicht lebt und das verkörpert, was für den Paten «nullachtfünfzehn schweizerisch» ist, versteht sich Lukas, der einen lateinamerikanischen Hintergrund hat und viel reist, als Weltenbürger, der lebensfreudig und spontan ist, auf Karriere ausgerichtet und finanziell besser gebettet ist. Er betont denn auch, dass es in der Patenschaft nicht primär um Ähnlichkeit und Gleichsein, sondern gerade um Anderssein und gegenseitige Ergänzung gehe. Wörtlich sagt Lukas, dessen Göttikind Gisela heißt:

> «Ich hatte immer den Eindruck, dass sie [die Eltern, C. G.] in mir jemanden gesehen haben, der – weiß auch nicht – der ihnen später als Familie, mit einem Kind, etwas geben könnte, und dass ich einfach anders bin als sie selber […]. Von der Orientierung her bin ich sicher (betont) ganz anders als die Eltern von Gisela. Wenn man den Vergleich macht, sind sie in meinen Augen ganz (betont) eine traditionelle Familie, die in der mittleren Klasse lebt […]. Was man unter nullachtfünfzehn in der Schweiz verstehen würde. […] Ich selber war schon vorher – sicher ganz anders und habe gewusst, dass sie es auch so wahrgenommen haben: Ich habe mit einem Fuss in Brasilien gelebt und habe vielleicht in der Karriere einen Schritt machen wollen und verfolgt und gemacht.»[11]

In einer Patenschaft geht es seitens der Patin darum, sowohl zu den Eltern als auch zum Patenkind eine Beziehung aufzubauen. Diese Beziehung ist jedoch sehr unterschiedlich ausgeprägt, sowohl quantitativ als auch qualitativ. Sie kann als Verschmelzung stattfinden, die dem Duo Patin – Patenkind nicht wirklich eine eigene Kultur zugesteht; sie kann als gegenseitige Bereicherung erfolgen, etwa in der Weise, dass die Patin und das Kind in eine andere Familie hineinsehen, neue Entdeckungen machen und dadurch eine Horizonterweiterung erfahren; sie kann aber auch weitgehend misslingen und zu einer schwierigen oder gescheiterten Patenschaft führen, in der disparate Interessen vorherrschen und die Patin in der Folge auch den Draht zum Patenkind nicht so richtig findet, wie es eine Patin ausgeführt hat.[12] Im Extremfall, der in meinen Interviews

---

[11] *Graf*, Gotte 148.
[12] Vgl. *Graf*, Gotte 157. Franziska vermutet, dass dies am mangelnden Kontakt zwischen ihr und den Eltern liege.

von Markus beschrieben wurde, leben sich Eltern und Patin völlig auseinander. Je nach Alter des Patenkindes belastet diese Situation die Patenschaft mehr oder weniger oder bedeutet ihr Ende.[13]

So weit der knappe Einblick in die Erzählungen von Gotten und Götti. Zur gelebten Praxis lässt sich zusammenfassend feststellen, dass das Deutungsmuster von Taufpatenschaft, auf das sich Menschen heute beziehen, ausgesprochen kohärent ist. Als dominant erweist sich die Idealvorstellung einer gelingenden Beziehung zwischen Patin, Patenkind und dessen Eltern. Patinnen sehen sich in erster Linie als Bezugspersonen, die Geschenken eine wichtige, wenn auch nicht zentrale Bedeutung beimessen und einen großen Wunsch nach Kontinuität hegen. Die Frage nach dem Realitätsgehalt solch idealer Vorstellungen muss differenziert beantwortet werden. Erstens zeigt sich aufgrund meines (nicht repräsentativen) *samples*, dass wesentliche Elemente dessen, was im Deutungsmuster als Idealvorstellungen zum Ausdruck kommt, eine Wirklichkeit abbilden, welche zwischen Patin, Patenkind und dessen Eltern auch tatsächlich gelebt wird. Zweitens hängt das Gelingen von patenschaftlichen Beziehungen wesentlich ab von Persönlichkeit, Lebenseinstellung und Biografie der Patin, von ihrer Beziehung zu den Eltern des Patenkindes, namentlich von dem Vertrauen, das die Eltern der Patin entgegenbringen, und von der zunehmend eigenständigen Persönlichkeit des Kindes, dessen Alter und Entwicklung besonders dynamische Faktoren in Patenschaften darstellen. Klar ist: Erzwingen lässt sich keine Beziehung. Eine Geling-Garantie für Patenschaften gibt es nicht. Hohe und wenig geklärte gegenseitige Erwartungen legen die Vermutung nahe, dass trotz präziser und auf breiter Basis geteilter Idealvorstellungen nicht wirklich sicher ist, worin ‹eigentlich› die Rolle einer Patin ‹genau› besteht. Rollenunsicherheiten kommen in den Interviews ganz allgemein und mit Blick auf bestimmte Funktionen zur Sprache. Dieser Befund hängt vermutlich mit der Entstehung des Deutungsmusters zusammen, welche von einer sukzessiven und massiven Erweiterung seines Bedeutungsumfangs gekennzeichnet ist. Am Anfang stand ein einmaliger Akt des Bezeugens als Bestandteil des Zulassungsverfahrens zur Taufe des Schützlings. Das zeigt der folgende Blick auf die historischen Bezüge. Am heutigen Punkt steht die umfassende Idealvorstellung einer lebenslangen, harmonischen und glücklichen Beziehung, welche in der Realität unterschiedlich und fragmentarisch gelebt und entsprechend oft als Überforderung empfunden wird.

---

[13] Vgl. *Graf*, Gotte 209–231.

Claudia Graf

4 Historische Bezüge

Um das Gegenwärtige zu verstehen und zu erkennen, braucht es einen Blick zurück.[14] Dabei zeigt sich erstens eine Vielfalt von Sprachgebräuchen und Vorstellungen, welche vor Augen führt, dass sich die Institution Patenschaft nicht auf eine einzige, geschweige denn «die richtige, traditionelle» Interpretation festnageln lässt. Zweitens lassen sich drei Dimensionen des Patenschaftsmusters benennen, welche die wichtigsten Stationen seiner Geschichte repräsentieren und die sich auch in der gelebten Praxis niederschlagen. Es sind dies (1) die liturgische Dimension, welche diejenigen Aspekte des Patenschaftsmusters umfasst, die in einem engen Zusammenhang mit dem Taufgottesdienst stehen; (2) die katechetische Dimension, welche sich auf die religiöse Erziehung bezieht, und (3) die Fürsorge-Dimension mit ihren sozioökonomischen und sozialpolitischen Aspekten.

Im Folgenden gehe ich zunächst in Siebenmeilenschritten durch die gesamte Geschichte des Patenschaftsmusters und fokussiere anschließend auf das Konzept der geistlichen Verwandtschaft, welches im Rahmen des vorliegenden Sammelbandes besonders interessiert.

Seinen Ursprung hat das Institut der Patenschaft in der alten Kirche. Erstmals wird es um das Jahr 200 n. Chr. explizit erwähnt in der *Traditio Apostolica*, einem der frühesten kirchenrechtlichen Dokumente, das dem Kirchenvater Hippolyt von Alexandria zugeschrieben wird. Patinnen werden dort mit dem lateinischen Wort *sponsores* benannt: Es sind also «Bürginnen», die gegenüber der Kirche dafür geradestehen, dass der (erwachsene) Täufling die Voraussetzungen zur Taufe erfüllt und dass sein Entschluss, sich taufen zu lassen, ernsthaft ist. Dieser Wortgebrauch hat sich im Englischen niedergeschlagen: Noch heute heißt Patenschaft *sponsorship* nach der ursprünglichen Bedeutung des Wortes *sponsor*: jemand, der sich verpflichtet oder verbürgt.

Getauft wurden in der alten Kirche in der Regel Erwachsene. Oft wurde jedoch eine ganze Familie getauft, und dazu gehörten auch kleine Kinder und Säuglinge. Da diese die Fragen in der Taufliturgie nicht selbst beantworten konnten, antwortete eine Patin stellvertretend für sie. Diese Aufgabe hatten ursprünglich in der Regel die Eltern übernommen, was in der Synode zu Mainz im Jahr 813 verboten wurde. Dadurch entstand das eigenständige Amt von Taufpatinnen. Karl der Große band diese zudem in sein «Programm einer kirchlichen Volkserziehung» ein. Sie wurden verpflichtet, die Kinder religiös zu

---

[14] Vgl. *Graf*, Gotte 42–93, dort Belege.

unterrichten und mussten regelrechte Examen über sich ergehen lassen, in welchen man das Vaterunser, das apostolische Glaubensbekenntnis und die zehn Gebote abfragte.

Im Mittelalter wurde das Konzept der *geistigen Verwandtschaft* wichtig. Man betrachtete die Patinnen und Paten als «spirituelle Mütter und Väter» und maß ihnen oft mehr Bedeutung zu als den leiblichen Eltern. Aus dieser Sichtweise leiten sich die meisten Bezeichnungen für Patinnen ab – so das französische *marreine*, das englische *godmother* und via das alte deutsche Wort *Gevatter* wahrscheinlich auch die Schweizer Dialekt-Bezeichnungen *Götti* und *Gotte*. Ich komme auf diese Aspekte noch zurück.[15]

Die Reformation weitete das Verständnis der Patenschaft aus. Die *Gevattern* fungierten nun (1) als Taufzeuginnen, sie sollten (2) stellvertretend für das Kind die Fragen in der Taufliturgie beantworten, (3) für die Eltern einspringen, wenn diese nicht (mehr) dazu in der Lage waren, namentlich für die religiöse Erziehung des Kindes sorgen, und (4) im Gebet und in der Fürbitte für das Kind einstehen.

Im Zeitalter der Aufklärung rückte das Kind selber in das Zentrum des Interesses. Gefeiert wurde im Taufakt die Ankunft des Kindes in der Welt. Vielfach fanden Taufen in Privathäusern statt und hatten den Charakter von Familienfesten. Patinnen wurden zu einfachen Zeuginnen des Taufgeschehens ohne weitere kirchliche Verpflichtungen. Es kam zu einer «Familiarisierung» des Patenamts; die Patinnen wurden eingebunden in den Bezugsrahmen der Familie. Neuerdings wurden auch Menschen außerhalb der Kirche, ursprünglich v. a. Jüdinnen und heute primär auch Musliminnen und Konfessionslose, als Taufpatinnen zugelassen.

Von kirchlicher Seite gab es im 19. und 20. Jahrhundert einzelne Restaurationsbemühungen. So forderten zum Beispiel Theologen wie Karl Knoke und Christian Grethlein, statt der Familie sollte die Gemeinde das Patenamt besetzen. Faktisch gilt jedoch seit der Aufklärung die Qualität der Beziehung zwischen Täufling und Gotte/Götti als entscheidendes Kriterium. Patinnen erhalten durch das Patenkind Anteil am Familiengeschehen. Sie werden zwar in den meisten Fällen weiterhin im kirchlichen Rahmen – bei der Taufe – in ihr Amt «eingesetzt», bestimmen ansonsten aber primär selber zusammen mit den Eltern und dem Kind, wie sie ihre Patenschaft leben und gestalten wollen.

---

[15] Vgl. Abschn. 4.2 in diesem Beitrag.

4.1 Das Konzept der geistlichen Verwandtschaft

Seit dem frühen Mittelalter im 6. Jahrhundert wurde die Patenschaft mit dem Konzept einer geistlichen Verwandtschaft verbunden: Patinnen galten als geistliche Verwandte ihres Patenkindes, weshalb u. a. zwischen beiden ein Ehehindernis bestand.[16] Entscheidenden Einfluss auf die Formulierung der Lehre von der geistlichen Verwandtschaft hatte Thomas von Aquin; seine Ansichten wurden vom Konzil von Trient weitgehend übernommen.[17] Im Mittelalter war die Patenschaft «die flexibelste und verbreitetste Form, sich künstl. Verwandte zu schaffen».[18] Wer ein Kind aus der Taufe hob, wurde eingebunden in ein elaboriertes System von verwandtschaftlichen Beziehungen, in das nicht nur die direkt Beteiligten und die Taufspenderin, sondern auch die Angehörigen von Patin und Patenkind miteinbezogen waren.

Die Patinnen wurden nach den Vorstellungen der mittelalterlichen Kirche in «den Rang von ‹geistlichen Verwandten› im Unterschied und auch im Gegenüber zu leiblichen Eltern»[19] gehoben. Die geistliche Verwandtschaft ging als kirchenrechtliches Konstrukt vielfach mit einer Abwertung der leiblichen Eltern- und spezifisch der Mutterschaft einher. «An die Stelle der Eltern treten [im frühen Mittelalter, C. G.] immer mehr die Paten, die als Vertreter der Kirche den Glauben vermitteln sollen. Sie verdrängen schließlich die Eltern ganz aus dem Taufritual.»[20] Christine Burckhardt-Seebass interpretiert das Konzept

---

[16] Vgl. Theologische Kammer der Evangelischen Kirche von Kurhessen-Waldeck 4: «Andererseits wurde das Verhältnis von Pate und Patenkind seit dem 6. Jahrhundert als ein enges geistliches Verwandtschaftsverhältnis aufgefasst, das sogar ein Ehehindernis darstellte.»

[17] *Thomas von Aquin* entfaltet seine Tauflehre v. a. im dritten Teil der SUMMA THEOLOGIAE (STh III q. 65–69). Grundlage für das System der geistlichen Verwandtschaft ist seine Parallelisierung von Taufe als «geistlicher Wiedergeburt» (*spiritualis regeneratio*) und leiblicher Geburt: Bei beiden braucht es jemanden, «qui fungatur vice nutricis et paedagogi, informando et instruendo eum qui est novitius in fide» (q. 76, a. 7, zitiert nach *Thomas de Aquino*, Thomae Aquinatis 877; Hinweis bei *Gudeman*, Compadrazgo 49f, der auch umfangreiche Skizzen zur Entwicklung des Konzepts von der geistlichen Verwandtschaft von Augustin bis zum Tridentinum anführt: a. a. O. 52f.

[18] Vgl. *Jussen*, Lexikon des Mittelalters 290f. Neben der sog. *baptismal kinship* gibt es weitere Formen einer künstlichen Verwandtschaft, namentlich die *bloodbrotherhood*; ebd., vgl. meine Ausführungen zum Beziehungsgeschehen und zur Patenschaft als spezifischer Form von Freundschaft in *Graf*, Gotte 288–298.

[19] *Heimbrock,* Taufpaten 85.

[20] *Adam,* Erwägungen 417f; er spricht von einer «grundlegende[n] Missachtung der Elternrelation des Kindes in seinem Entwicklungsprozess» und von einer «bedenkliche[n] Ehe-

der geistlichen Verwandtschaft «im Sinn einer geistlichen Neuzeugung und Vollendung des unreinen Menschenwerks»[21] und betont: «Damit wurde rechte, reine Schöpferkraft ausdrücklich zum Privileg Gottes und seiner irdischen Stellvertretung, der Kirche erhoben.»[22] Insofern bestätigte und legitimierte dieses Konzept kirchliche Machtpositionen; es ist Teil derjenigen Kirchengeschichte, die spezifisch, aber durchaus nicht nur aus geschlechtsspezifischer Perspektive problematisch war (und ist).

Eng mit dem Konzept der geistlichen Verwandtschaft verbunden war das Heiratsverbot u. a. zwischen Patin und Patenkind, welches der Volksmund mit folgendem Dictum ausdrückte: «Der Taufstein scheidet.»[23] Da die Taufe als geistliche Wiedergeburt verstanden wurde, vergleichbar mit der natürlichen Geburt, folgerte man, dass sie zwischen Täufling und Patin ein ähnliches Verhältnis stifte wie zwischen Kind und Eltern.[24] Deshalb kam eine eheliche resp. sexuelle Verbindung der beiden einem Inzest gleich. Erstmals sprach Kaiser Justinian im Jahre 530 ein förmliches Eheverbot aus. Es bezog sich zunächst nur auf das Verhältnis zwischen dem Täufling und seinen Patinnen. Daraufhin wurde der Kreis ausgeweitet auf die Eltern des Täuflings und die Taufspenderin. Die römische Synode legte 721 die Grundlage für das Ehehindernis in der abendländischen Gesetzgebung und bezog auch die Firmpatenschaft sowie die Ehepartner der Patinnen mit ein. Die Ehehindernisse wurden nun sukzessive ausgeweitet, bis 1355 das Konzil von Prag 21 problematische Beziehungen aufzählte, welche durch die Übernahme einer Patenschaft entstehen konnten. Es wird vermutet, dass darin ein Grund liegt für die Einführung der Zivilstandsregister resp. der Kirchenbücher: Sie sollten den kirchlichen Zuständigen und den Gläubigen den Überblick darüber geben, wer wen (nicht) heiraten durfte.[25]

Im Rahmen der umfangreichen Inzest-Gesetzgebung der mittelalterlichen Kirche war die *cognatio spiritualis* eines von vier Verhältnissen, welche Heirat und sexuelle Kontakte ausschlossen.[26] Innerhalb der geistlichen Verwandtschaft

---

und Elterntheologie: die Eltern haben ihre Kinder in und durch die Sünde gezeugt und sind deshalb nicht würdig, sie zum Leben der Gnade zu führen».

21 *Burckhardt-Seebass*, Geburt 68.
22 *Burckhardt-Seebass*, Geburt 69.
23 *Brüschweiler*, Gotthelfs Darstellung 71.
24 Vgl. *Ahlers*, Tauf- und Firmpatenamt 22; die folgenden Aussagen beruhen, soweit nicht anders vermerkt, auf dieser Quelle.
25 Vgl. *Fine*, Parrains 351, Anm. 4.
26 Vgl. *Fine*, Parrains 18; Fine zählt auf: (1) natürliche (Bluts-)Verwandtschaft: *consanguinitas*; (2) juristische Verwandtschaft durch Adoption: *cognatio legalis*; (3) «la parenté par l'alliance

als solcher unterschied man wiederum zwischen vier Formen: (1) Die *paternitas* bezeichnete das Verhältnis zwischen Patin und Patenkind, (2) die *compaternitas* das Verhältnis zwischen Patin und Eltern des Patenkindes, (3) die *fraternitas* dasjenige zwischen den Kindern der Patinnen und dem Patenkind, und (4) die *compaternitas indirecta* dasjenige zwischen dem Ehepartner der Patin und den Eltern des Patenkindes.[27] Da die Verbote weder auf natürliches noch auf göttliches Recht gestützt wurden, waren Dispense durchaus möglich. Im 11. Jahrhundert sind einzelne durch die Päpste direkt gewährte, zwischen dem 12. Jahrhundert und dem Konzil von Trient zahlreiche durch Bischöfe erteilte Befreiungen vom Ehehindernis belegt.[28] Wer sich ohne Dispens über ein Heiratsverbot hinwegsetzte, dem oder der drohte der *colère du Ciel*: Weniger das kirchliche Recht als volkstümliche Überlieferungen malten für die Übertretungen schreckliche Strafen und ewige Verdammnis aus.[29]

Die Kirchen der Reformation haben die Vorstellung einer geistlichen Verwandtschaft von Anfang an abgelehnt und mit ihr auch das System von Ehehindernissen zurückgewiesen.[30] So bezeichnet Luther in der Abhandlung *Vom ehelichen Leben* (1522) «die geystliche freundschafft» als dritte der «achtzehenerley ursach», die der «Bapst hatt ynn seynem geystlichen recht ertichtet» und «ein narrn werck», das man «faren lassen soll».[31] Zwingli bekämpfte das Verbot mit der Begründung, in der ganzen Bibel stehe kein Wort davon; es sei nur «Menschensatzung», konkret ein «Werk des Papstes».[32] Allerdings waren sich die Reformatoren in dieser Frage nicht hundertprozentig einig. So gab es zum Beispiel in Straßburg noch 1560 Erlasse, welche das Heiratsverbot zwischen Patin und Patenkind aufrechterhielten.[33]

---

  entre un homme et une femme»: *affinitas*; (4) «une parenté née de la participation de deux personnes à certaines sacrements»: *cognatio spiritualis*.

[27] Vgl. *Fine*, Parrains 18. Ich beuge mich bei diesen lateinischen Bezeichnungen der Männerlastigkeit traditionellen Sprachgebrauchs, auch wenn ich konsequenterweise von der *maternitas* usw. sprechen müsste.

[28] Vgl. *Fine*, Parrains 27.

[29] Vgl. *Fine*, Parrains 193–195.

[30] Vgl. *Heimbrock*, Taufpaten 85.

[31] Zit. in Büschweiler, Gotthelfs Darstellung 72.

[32] Zit. in Büschweiler, Gotthelfs Darstellung 72.

[33] Vgl. *Fine*, Parrains 351, Anm. 6. Volkstümlich dürfte das Ehehindernis auch in reformierten Gebieten aktuell geblieben sein; als Indiz dafür nehme ich einen Roman von Rudolf von Tavel mit dem Titel «Götti und Gotteli», in dem die Eheschließung zwischen einem Paten und dessen Patenkind kritisiert wird. Diese Frage müsste allerdings noch vertieft untersucht werden.

Das Konzil von Trient (1545–1563) hat im Rahmen seines umfassenden Lehrsystems, das es den protestantischen Auffassungen entgegenstellte,[34] auch die Lehre von der geistlichen Verwandtschaft und namentlich das Heiratsverbot bekräftigt. Es setzte aber zugleich dem Wildwuchs von Ehehindernissen eine Grenze und hielt fest: «Die geistliche Verwandtschaft besteht zwischen den Paten und dem Täufling, den Paten und den Eltern des Täuflings, der Taufspenderin und dem Täufling sowie der Taufspenderin und den Eltern des Täuflings.»[35] Auf dem Stand des Tridentinums gelangte das Konzept der geistlichen Verwandtschaft auch nach Lateinamerika, wo der *compadrazgo* zu einem umfangreichen und in ethnologisch-anthropologischer Literatur vielfach untersuchten System ausgebaut wurde.[36] Die Regelungen des Tridentinums galten im Wesentlichen bis zum CIC von 1917. Dort wurde das Ehehindernis vorerst auf das Verhältnis zwischen Taufspenderin und Täufling sowie zwischen Taufpatin und Täufling eingeschränkt. In der Revision des CIC von 1983 wurden schließlich sowohl das Konzept der geistlichen Verwandtschaft als auch das daraus resultierende Ehehindernis gestrichen. Seither ist das Konzept der geistlichen Verwandtschaft in der westlichen Kirche Geschichte.[37]

Neben und weitgehend unabhängig von der lehramtlichen Sicht entwickelte sich eine reichhaltige volkstümliche Interpretation der geistlichen Verwandtschaft, die sehr einflussreich war und insgesamt vermutlich wesentlich nachhaltiger wirkte als das lehramtliche Konstrukt. Burckhardt-Seebass vermutet jedenfalls hinsichtlich der Vorstellungen einer geistlichen Verwandtschaft, dass in Europa die «theologische Argumentation für sich genommen kaum Eingang ins Allgemeinwissen gefunden»[38] hat. Umso aufschlussreicher ist es, sich den Vorstellungen zuzuwenden, welche im Alltagsleben von Bedeutung waren. Allen gemeinsam war ein Versuch «größerer Lebenssicherung des einzelnen»[39].

Von den vier eingangs erwähnten Formen geistlicher Verwandtschaft, welche die mittelalterliche Dogmatik entworfen hat, erlangten vor allem die beiden ersten eine lebenspraktische Bedeutung:

---

34 Vgl. *Moeller*, Geschichte 261.
35 *Ahlers*, Tauf- und Firmpatenamt 23.
36 Vgl. *Graf*, Gotte 17f, mit Anm; vgl. *Gudeman*, Compadrazgo 48: «Its [the *compadrazgo's*] main outlines […] were essentially crystallised by the time of the Council of Trent […] and were contained in the religion which was spread to the New World». Im Folgenden konkretisiert er, dass es das Tridentinum war, «which established the main outlines of the *compadrazgo* as it was transmitted to Latin America and as it is known today» (a. a. O. 49).
37 Vgl. *Ahlers*, Tauf- und Firmpatenamt 2.
38 *Burckhardt-Seebass*, Geburt 69.
39 *Bächtold-Stäubli*, Handwörterbuch 789; weitere Ausführungen bei *Graf*, Gotte 65–67.

- Einerseits die *paternitas* als intergenerationelle Beziehung zwischen Patin und Patenkind. Das deutsche Äquivalent dafür ist das heute gebräuchliche Wort Pate/Patin, ihm entspricht der englische Terminus *godparenthood*.
- Andererseits die *compaternitas* als intragenerationelles Verhältnis zwischen Patin und Eltern des Patenkindes. Das deutsche Äquivalent dafür ist der Gevatter resp. die Gevatterin oder Gevattersche, der entsprechende englische Begriff lautet *coparenthood*.[40]

Die beiden angesprochenen Ebenen überschneiden sich thematisch mehrfach. Die an und für sich sehr differenzierte Terminologie hat sich im alltäglichen Sprachgebrauch und im Verlauf der Zeit verwischt resp. zusammengefügt zu der vielfältigen Bezeichnung «Patenschaft».

4.2 Etymologische Aspekte

Als letzten historischen Bezug erwähne ich die etymologischen Aspekte und greife und dabei die mundartlichen Begriffe Götti/Gotte heraus. In einem neueren Duden der deutschen Rechtschreibung werden die Bezeichnungen *Gotte* und *Götti* aufgeführt mit der Bedeutung «schweiz. für Patin» resp. «für Pate».[41] Die *Gotte* oder *Gott* (sic) ist nach dem Schweizerischen Idiotikon die Frau, «die das kind usser touf gehebt».[42] Gleichzeitig kann die Bezeichnung auch das weibliche Patenkind meinen; weitere Wortformen dazu sind *Gottli, Gotteli, Göttli*. Das Wort *Gotte* konnte mundartlich auch «in übertragenem sinne für weibliche personen in verschiedener bedeutung»[43] gebraucht werden. So war eine *Lêr-Gotte* weithin gleichbedeutend mit einer Lehrerin und ein *Bët-Gottli* bezeichnete im Luzernischen eine Betschwester; mit einer *Sau-Gotte* wurde eine «unordentliche und unreinliche Person»[44] bezeichnet. Als Kollektivbezeich-

---

40 *Lynch*, Sponsorship 804: «Coparenthood has all but disappeared in modern Europe, although it remains an important social relationship in much of Latin America. [...] Perhaps because coparenthood has become archaic in North America and Western Europe, scholars do not always recognize it when they encounter it in medieval sources». Lynch hat zum Thema Patenschaft umfangreich publiziert; zu nennen ist v. a. sein Werk aus dem Jahre 1986: Godparents and kinship in early medieval Europe, Princeton N. J.
41 Duden 431f.
42 Schweizerisches Idiotikon 523, zitiert einen Beleg um 1400.
43 *Grimm/Grimm*, Deutsches Wörterbuch 992.
44 Schweizerisches Idiotikon, 523; die Bezeichnung Lêr-Gotte wird zurückgeführt darauf, «dass nach alter kirchlicher Ordnung die Paten angehalten waren, die Täuflinge die Hauptstücke des Glaubens [...] zu lehren», ebd.

nungen werden die Wörter *Gottenschaft, Götterti, Göttelti* aufgeführt.[45] Die männlichen Versionen sind *Göte, Götel* und *Götti*.

In Grimms Deutschem Wörterbuch wird das Wort *Gote* als Kurzform zum angelsächsischen *godmódor* bezeichnet. Es bedeute wörtlich «Mutter in Gott» im Sinne einer «geistlichen Mutter» und sei «somit Frucht angelsächsischer Mission».[46] Diese auch anderweitig vertretene These ist nach Hildebrandt «hochgradig fiktiv»[47]. Sie zeichne ein «grandioses Bild der frühen Sprachvermittlungen», das «historisch unkritisch und sprachgeografisch unrichtig»[48] sei. Für viel plausibler hält er die Annahme, die Simplicia *goto/gota* seien zuerst gewesen, und die Komposita *godfather/godmother* seien spezielle Ableitungen davon.[49] Dazu ist es «notwendig, das Amt der Patenschaft nicht nur im christlichen Bereich verankert zu sehen, sondern ein ähnlich geartetes, außerhalb der Blutsverwandtschaft bestehendes Eltern-Kind-Ersatz- oder Zusatzverhältnis auch im germanisch-heidnischen Bereich anzunehmen».[50] Hildebrandt verweist auf die römischen *sponsores infantium* als vorchristliche «Prototypen für entsprechende Personen auch bei den Germanen».[51] So hält er eine Verknüpfung des althochdeutschen **goto* mit dem gotischen Wort *gudja* mit der Bedeutung «Priester» für wahrscheinlich. Parallelen wären dann das altnordische *gope* für «Priester» und *gypja* für «Priesterin».

In den mittelhochdeutschen Dialekten, wie sie in der Schweiz noch heute gesprochen werden, haben sich die Bezeichnungen *Gotte* und *Götti* durchgesetzt; sie waren auch selbstverständlicher Sprachgebrauch in meinen Interviews. Allerdings zeigt sich eine interessante Differenzierung. Die beiden Ausdrücke werden nämlich nur für die durch eine Taufe konstituierte persönliche Beziehung gebraucht. Die Kollektiva *Gottenschaft* und *Götterti* dagegen haben sich – mit Ausnahmen! – nicht erhalten. Namentlich für die Bedeutungen von Patenschaft in übertragenen Kontexten ist auch im Dialekt das Wort «Patenschaft» üblich.

---

45 In einem meiner Interviews sprach die Patin von ihren «Götterti», vgl. *Graf*, Gotte 150. Der Ausdruck irritierte mich zunächst, da ich ihn nicht kannte und die Patin ihn erst im Verlauf des Interviews verwendete. Ich vermutete, dass sie ihn *sur place* erfunden hatte, wurde aber durch meine späteren etymologischen Recherchen eines Besseren belehrt.
46 *Grimm/Grimm*, Deutsches Wörterbuch 990.
47 *Hildebrandt*, Germania Romana 661
48 *Hildebrandt*, Germania Romana 662.
49 Vgl. *Hildebrandt*, Germania Romana 662.
50 *Hildebrandt*, Germania Romana 662f.
51 *Hildebrandt*, Germania Romana 663.

Claudia Graf

5 Überlegungen zu einer praktisch-theologischen Theorie der Patenschaft

Als Abschluss meines Beitrages möchte ich Grundzüge einer Theorie der Patenschaft benennen, welche für die Praktische Theologie relevant sind. Den Fokus richte ich auf die kirchliche Praxis: Es geht mir um das Potenzial von Patenschaft und um Möglichkeiten zu seiner Ausschöpfung. Ausgangspunkt ist die These, dass zwei Rezeptionsprozesse für die Patenschaft von konstitutiver Bedeutung sind: einerseits das Feld persönlicher Beziehungen und andererseits der kirchlich-institutionelle Rahmen. Im Zentrum des ersten Rezeptionsprozesses steht ein Vergleich zwischen der Patenschaft und dem Konzept von Freundschaft; im kirchlichen Kontext geht es um Rolle und Funktion der Patinnen unter liturgischen und praktisch-ekklesiologischen Aspekten. Beide Rezeptionsprozesse erachte ich als gleichwertig: Beide haben eine konstitutive Bedeutung für Patenschaft und beide stehen in ihrer Bedeutung nicht fest. Vielmehr entwickeln sie sich fortlaufend – teilweise und vielfach unabhängig voneinander und aneinander vorbei, potenziell jedoch auch ineinander und miteinander. Mein theologisches Interesse gilt in erster Linie diesem Zusammenspiel, welches mir für die Tradierung des Deutungsmusters von entscheidender Bedeutung zu sein scheint.

Der zentrale Ort, an dem der Rezeptionsprozess von Patenschaft im kirchlichen Kontext stattfindet und sich mit dem Feld persönlicher Beziehungen verbinden kann, ist die Kasualpraxis. Kasualien verstehe ich als Rituale in einem kirchlichen Kontext. Hier begeben sich Patin, Eltern und Kind in eine Beziehung, und zwar sowohl zueinander als auch zur Kirche. Die Beziehungsdimension ist nicht nur auf dem Feld persönlicher Beziehungen von entscheidender Bedeutung, sondern auch für den kirchlichen Kontext und das theologische Nachdenken darüber. Was sich eröffnet, wenn ein kommunikativer Prozess zwischen dem Feld persönlicher Beziehungen und dem kirchlichen Kontext entsteht, und wenn in Kasualien eine Vermittlung stattfindet zwischen den beiden Rezeptionsprozessen von Patenschaft, hat Ulrike Wagner-Rau als «Segensraum» bezeichnet.[52] Ein weiterer Bezugspunkt ist der Gedanke von Kristian Fechtner, wonach Kasualien «das Dasein als ein Fest des Lebens [feiern], das sich Gott verdankt. In der Feier wird spürbar und findet Ausdruck, dass Lebensgeschichte immer schon ein Leben-in-Beziehung ist».[53] Das «Le-

---

[52] *Wagner-Rau*, Segensraum 9.
[53] *Fechtner*, Kirche 53.

ben-in-Beziehung» verstehe ich in erster Linie irdisch, menschlich und handfest – im Sinne des Feldes der persönlichen Beziehungen oder der Tatsache, dass sich Patinnen für die Taufe festlich anziehen, Geschenke mitbringen, sich über einen besonderen Tag freuen und das soziale Netz repräsentieren, in welches das Kind hineingeboren worden ist, und insofern zur Integration sozialer und kultureller Bezüge in die Taufpraxis beitragen. Das «Leben-in-Beziehung» verorte ich aber auch im kirchlichen Kontext, und zwar darin, dass Patinnen mit dem Täufling, dessen Familie und den weiteren Anwesenden zusammen das «Fest beginnenden Lebens vor Gott» feiern. Die irdisch-menschliche Realität lässt sich nicht trennen von der «heiligen Sphäre», welche auch in den Kasualien aufscheint. Im Zentrum meiner praktisch-theologischen Konzeption von Patenschaft steht also die Kategorie «Beziehung». Sie erlaubt es, die beiden Rezeptionsprozesse von Patenschaft aufeinander zu beziehen.

Bei allem Potenzial, das Patenschaft für die kirchliche Praxis beinhaltet, möchte ich davor warnen, Patenschaft zu stark mit kirchlichen Erwartungen zu belasten. Im Zentrum steht der Aspekt, dass das Kind und die Familie in der Patin eine Bezugsperson haben und dass die Patin sich freiwillig einem Kind zuwendet. Gelebte Patenschaften sind farbig und vielfältig: Diese Realität soll von kirchlicher Seite gewürdigt werden – in Anerkennung der Relativierungen und Grenzen, die damit auch verbunden sind, und ohne das Deutungsmuster damit zu überfrachten. Das aus praktisch-theologischer Sicht Entscheidende spielt sich im Mit- und Ineinander von persönlichen Beziehungen und kirchlichem Kontext ab. Es gilt, den Reichtum gelebter Patenschaften auf dem Feld persönlicher Beziehungen wahr- und ernst zu nehmen sowie in der Kasualpraxis und im Kirchenrecht die spezifische Aufgabe von Patinnen zu würdigen, ohne sie zu überlasten.

Den Schluss soll ein abgewandeltes Gedicht von Christa Spilling-Nöker bilden, das mir eine Kollegin zugespielt hat.[54]

> Wenn du in Angst und Not bist
> und dein Herz voller Traurigkeit ist,
> möge Gott dir
> in einer Gotte begegnen,
> die dir hilft,
> deine Wunden heilen zu lassen,
> und die um Rat und Tröstung weiß.

---

[54] Vgl. *Spilling-Nöker*, Wenn du, o. S.

Wenn du froh bist
und dein Herz vor Freude überläuft,
möge Gott dir
in einer Gotte begegnen,
die mit dir lacht und mit dir tanzt
und den Jubel deiner Seele
mit dir hinausfeiert in die Welt.

Literaturverzeichnis

Adam, Adolf: Erwägungen zum Patenamt bei Taufe und Firmung, in: *Auf der Mauer, Hansjörg u. a.:* Zeichen des Glaubens. Studien zu Taufe und Firmung, Balthasar Fischer zum 60. Geburtstag. Zürich/Freiburg i. Br./Basel: Benziger 1972, 415–428.

Ahlers, Reinhild: Das Tauf- und Firmpatenamt im Codex Iuris Canonici. Essen: Ludgerus Verlag (Münsterischer Kommentar zum CODEX IURIS CANONICI, Beiheft 15) 1996.

Bächtold-Stäubli, Hanns, Art. Gevatter/Pate, in: *Bächtold-Stäubli, Hanns* unter Mitwirkung von Hoffmann-Krayer, Eduard (Hg.): Handwörterbuch des deutschen Aberglaubens, Bd. 3,. Berlin/New York: De Gruyter 1987, Sp. 789–804.

Brüschweiler, Albert: Jeremias Gotthelfs Darstellung des Berner Taufwesens. Volkskundlich und historisch untersucht und ergänzt. Inaugural-Dissertation der philosophischen Fakultät der Universität Bern. Bern 1925.

Burckhardt-Seebass, Christine: Von der kulturellen Natur der Geburt, in: *Pöttler, Burkhard u. a. (Hg.):* Innovation und Wandel. FS für Oskar Moser zum 80. Geburtstag. Graz: Selbstverlag des Österreichischen Fachverbandes für Volkskunde 1994, 67–77.

Coop Zeitung Nr. 5, 2017.

Duden. Die deutsche Rechtschreibung, hg. von Dudenredaktion. Mannheim u. a.: Der Dudenverlag ^{22}2000.

Fechtner, Kristian: Kirche von Fall zu Fall. Kasualpraxis in der Gegenwart – eine Orientierung. Gütersloh: Gütersloher Verlagshaus 2003.

Fine, Agnès: Parrains, marraines. La parenté spirituelle en Europe. Paris: Fayard 1994.

Graf, Claudia: «Gotte und Götti». Eine empirisch-theologische Untersuchung zur Taufpatenschaft, E-Diss der CETheol. Fakultät der Universität Bern, begleitet durch Prof. Dr. Christoph Müller. Bern, 2007. Volltext zugänglich unter: biblio.unibe.ch/download/eldiss/07graf_c.pdf (25.11.2017).

Grimm, Jacob/Grimm, Wilhelm (Hg.): Art. Gote, Göte, in: Deutsches Wörterbuch, Bd. 4. Leipzig: Verlag von S. Hirzel 1858, 992.

Gudemann, Stephen: The Compadrazgo as a Reflection oft he Natural and Spiritual Person, in: Proceedings of the Royal Anthropological Institute of Great Britain and Ireland 1971, 45–71.

Heimbrock, Hans-Günter: Art. Taufpaten, in: *Böcker, Werner u. a. (Hg.):* Handbuch Religiöser Erziehung, Bd. 1: Lernbedingungen und Lerndimensionen. Düsseldorf: Schwann 1987, 82–92.

Hildebrandt, Reiner: Germania Romana im Deutschen Wortatlas II. Die Bezeichnungen der Patenschaft, in: *Munske, Horst H./Polenz, Peter von/Reichmann, Oskar/Hildebrandt, Reiner:* Deutscher Wortschatz, Lexikologische Studien, Ludwig Erich Schmitt zum 80. Geburtstag von seinen Marburger Schülern. Berlin/New York: De Gruyter 1988, 661-676

Hildenbrand, Bruno: Die Familie und die précarité. Fragestellungen, Methoden, Fallbeispiele, in: *Krüger, Dorothea Christa u. a. (Hg.):* Familie(n) heute. Entwicklungen, Kontroversen, Prognosen. Weinheim: Belz Juventa 2013, 190-219

Honegger, Claudia: Hexen der Neuzeit. Studien zur Sozialgeschichte eines kulturellen Deutungsmusters. Frankfurt a. M.: Suhrkamp 1978.

Jussen, Bernhard: Art. Patenschaft, in: Lexikon des Mittelalters, Bd. 6, hg. *von Bautier, Robert-Henri mit Avella-Widhalm, Gloria und Autym, Robert.* München/Zürich: Artemis-&-Winkler-Verlag 1993, 1779f.

Lynch, Joseph: Hugh I of Cluny's Sponsorship of Henry IV. Its Context and Consequences, in: Speculum 60, 4 (1995) 800–826.

Lynch, Joseph: Godparents and kinship in early medieval Europe, Princeton N. J. 1986.

Moeller, Bernd: Geschichte des Christentums in Grundzügen. Göttingen: Vanderhoeck & Ruprecht 4., verb. Aufl. 1987.

Spilling-Nöker, Christa: Wenn du in Angst und Not bist, in: *dies.:* Der Himmel ist in dir. Segensworte. Eschbach: Verlag am Eschbach 2016, o.S.

Schweizerisches Idiotikon: Wörterbuch der schweizerdeutschen Sprache. Gesammelt auf Veranstaltung der Antiquarischen Gesellschaft in Zürich unter Beihülfe aus allen Kreisen des Schweizervolkes, hg. mit Unterstützung des Bundes und der Kantone, Bd. 2. Frauenfeld: Verlag Huber 1885.

Tazi-Preve, Mariam Irene/Wittwer, Judith: «Die Familie ist nur eine vermeintliche Idylle», in: Tages Anzeiger vom 29.4.2017. Online: www.tagesanzeiger.ch/leben/gesellschaft/Die-Familie-ist-nur-eine-vermeintliche-Idylle/story/10497363 (27.7.2017).

Theologische Kammer der Evangelischen Kirche von Kurhessen-Waldeck: Das Amt der Taufpaten. Überlegungen zu seinem Verständnis und seiner Gestaltung. Kassel 2002. Online: www.ekkw.de/media_ekkw/downloads/ekkw_das_amt_des_taufpaten.pdf (8.1.2018).

Thomas de Aquino: Thomae Aquinatis opera omnia: ut sunt in indice thomistico additis 61 scriptis ex aliis medii aevi auctoribus. Stuttgart-Bad Cannstatt: Frommann-Holzboog, 1980.

Wagner-Rau, Ulrike: Segensraum: Kasualpraxis in der modernen Gesellschaft. Stuttgart: Kohlhammer Verlag 2000.

Christliche Familiennarrative im Spiegel der europäischen Kunst

Iris Maria Gniosdorsch

Die Beschwörung des christlichen Abendlandes ist in aller Munde. Doch was macht dieses eigentlich aus? In meinem Beitrag widme ich mich einem zentralen Lebensthema, nämlich der Familie. Sie ist im christlichen Kontext nicht so eindeutig und homogen zu bestimmen, wie es die Verwendung des Adjektivs «christlich» suggeriert. Zunächst gehe ich daher auf die biblischen Grundlagen möglicher christlicher Prototypen von Familie ein. Die herausgearbeiteten Modelle treffen im Laufe der vom Christentum geprägten Sozialgeschichte außerdem auf verschiedene kulturell geprägte Frauen- und Männerbilder, die mit diesen christlichen Modellen ganz unterschiedlich umgehen. Vom direkten Gegensatz über die Aufnahme von Details, der «christlichen Färbung» bis hin zur direkten Umsetzung gibt es ein ganzes Spektrum möglicher Transformationen der biblischen Texte.[1] Die europäische Kunst wird in meiner Untersuchung vor allem in ihren theologie- und sozialgeschichtlichen Perspektiven aus der Sicht von Frauen wahrgenommen und interpretiert.[2] Diese Wahrnehmung ist selbstverständlich nicht die einzige oder gar die wichtigste, dennoch hat sie eine unmittelbare Berührung mit den zentralen Lebensfragen der Menschen bis in die Gegenwart hinein.

1 Christliche Familiennarrative – Biblische Grundlagen

Im Alten Testament lassen sich in den Texten des Buches Genesis je nach Textbezug und Lesart Wert-Unterschiede, ja Widersprüche zwischen Frau und Mann konstatieren. Mann und Frau werden gleichartig und gleichwertig nach dem Bilde Gottes geschaffen (Gen 1,26f). Durch die Betonung der Erzählung, in der aus der Seite (Rippe?) des Mannes die Erschaffung der Frau erzählt wird

---

[1] Vgl. zu diesem Aspekt die informative Darstellung: *Angenendt*, Religiosität 261–294.
[2] Die Literatur zu diesem Thema ist inzwischen sehr umfangreich. Ich nenne daher exemplarisch einige Standardwerke: *Gössmann/Bauer*, Maria; *Kuhn*, Frauen; *Brinker-Gabler*, Frauenarbeit.

(Gen 2,21–23), ergibt sich allerdings seit Jahrhunderten die Interpretation der Frau als abkünftiges und damit minderes Wesen.

Im Überblick über relevante Bibelstellen im Neuen Testament zeigt sich ein differenziertes, aber ebenso auch ein in sich widersprüchliches Bild der jesuanischen Kernfamilie. Probleme ergeben sich in dem Moment, in dem die biblischen Familienstrukturen als exemplarische Lebensentwürfe für alle kommenden Zeiten interpretiert werden.

Zunächst nehme ich hier die Texte der Evangelien in den Blick. Im Matthäus-Evangelium wird die Schwangerschaft Marias ohne das Zutun eines Mannes beschrieben (Mt 1,18). Josef, mit ihr verlobt, wollte sie daraufhin verlassen. Nicht erwähnt wird an dieser Stelle, was üblicherweise mit «unkeuschen» Frauen, nicht nur in dieser Gesellschaft, geschah und geschieht: Sie wurden entweder getötet oder hatten und haben faktisch als Sklavinnen in ihren Familien oder als völlig rechtlose soziale Grenzfiguren ein äußerst beschwerliches Dasein zu fristen. Josef bekommt im Traum durch einen Engel den Auftrag Gottes, diese Frau, mit der er nicht geschlafen hatte, trotzdem zu beschützen, d. h. sie in einer sozial gesicherten Position als Verlobte und dann Ehefrau zu belassen (Mt 1,20). Josef ist also Empfänger und Vollstrecker einer göttlichen Botschaft, die die bestehende soziale Praxis in ihr Gegenteil verkehrt. Die nicht von ihrem Partner geschwängerte Frau ist keine unkeusche «Dirne», sondern hat Gottes Kind in ihrem Bauch empfangen! Im Lukas-Evangelium hingegen steht Maria im Zentrum des Geschehens. Sie wird analog zur Prophetenberufung im Alten Testament (Ex 3; Jes 6; Jer 1) von Gottes Gegenwart «überschattet» (Lk 1,35). Diese «Überschattung» ist kein biologisches Geschehen, sondern das bewusste Verstehen einer existentiellen Einbindung der eigenen Person in einen von Gottes Geist geleiteten, alternativen Lebensentwurf. Im Markusevangelium wie im Johannesevangelium finden wir überhaupt keine Kindheitsgeschichte Jesu. Bei Markus wird nur auf die verwandten (?) Brüder und Schwestern Jesu verwiesen (Mk 6,3). Bei Johannes wird die Mutter Jesu als «erste Glaubende» erwähnt und Josef schlicht als «Vater» Jesu bezeichnet (vgl. Joh 1,45; 6,42). Markus und Paulus berichten nichts von einer Jungfräulichkeit Marias.

Paulus hinterließ uns widersprüchliche Aussagen zu der Bestimmung von und zwischen Mann und Frau, die bis zum heutigen Tag oftmals als Kern eines Familienmodells gelten: In 1Kor 11,11 finden wir die Feststellung der Gleichheit von Mann und Frau. Die Ehe wurde also zwischen zwei gleichwertigen Partnern geschlossen. In demselben Brief, in 1Kor 14,33b–36, lesen wir allerdings von der Unterordnung der Frau unter den Mann, die im Schweigegebot im öffentlich verstandenen Gemeindekontext kulminiert. Im antiken Umfeld galt die Frau fast immer als stumme Dienerin im Privatbereich des Mannes, eine Konzeption, die sich nicht nur an dieser Stelle immer wieder Bahn brach – auch Augustinus wird diese Auffassung später teilen.

Die nachhaltigsten Spuren im sozialen Gefüge der nachfolgenden christlich geprägten Gesellschaften hinterließ in meinen Augen der Erste Timotheusbrief. Zwar ist das Erlangen des ewigen Heils prinzipiell beiden Geschlechtern möglich, aber ebenso grundsätzlich befindet sich die Frau in einem Status «minderen Rechts». Ihr wurde in diesem Brief die Lehrtätigkeit verboten, eine Rettung vor der ewigen Verdammnis gab es für sie nur durch die Mutterschaft (1Tim 2,8–15). Verbieten musste man allerdings nur etwas, was schon praktiziert wurde. Timotheus verbietet offensichtlich eine real vorhandene Lebenspraxis christlicher Frauen, die sich auf die explizite Wertschätzung ihres Geschlechts durch Jesus berufen haben.

2 Christliche Familiennarrative im Spiegel der europäischen Kunstgeschichte

Als sich nach der gesellschaftlich relevanten Etablierung des Christentums ab dem 4. Jahrhundert die Frage nach spezifisch christlichen Familienmodellen stellte, entwickelten sich bis zum Ende des 11. Jahrhunderts zunächst drei prototypische Interpretationsmodelle, die sich auch in Kunstwerken manifestierten. Parallel dazu gibt es diejenigen Bildkonzepte, in denen Maria im Zentrum einer, die familiären und gesellschaftlichen Schichten übersteigenden, «Ideal-Gemeinschaft» steht. Familienverhältnisse und gesellschaftliche Unterschiede werden dabei teilweise überhaupt nicht thematisiert. Dies zeigt sich besonders auch in dem wichtigen Detail, dass Josef, wie auf der Darstellung *Thronende Madonna mit Kind* von *Meo da Siena*, nicht im Bild auftaucht *(Abb. 1)*.[3]

---

[3] Vgl. *Röckelein/Opitz/Bauer*, Maria.

Abb. 1   Meo da Siena – Thronende Madonna mit Kind (1330–1333)

Viel verbreiteter sind allerdings Bilder, die sich einer der drei folgenden Konzeptionalisierungen zuschreiben lassen:

Christliche Familiennarrative im Spiegel der europäischen Kunst

a) Die *Mutter-Kind-Dyade (Variante 1):* Eine Königin präsentiert sich mit ihrem Sohn, der Status und die Macht stehen im Fokus. Josef ist auf diesem Bild *Madonna mit Kind* von *Barnaba da Modena* aus dem Jahr 1367 unsichtbar *(Abb. 2)*.

Abb. 2   *Barnaba da Modena* – Madonna mit Kind (1367)

Iris Maria Gniosdorsch

b) Die *Mutter-Kind-Dyade (Variante 2):* Eine Königin, die gleichzeitig empathische Mutter ist, steht wie hier bei der *Lucca-Madonna* von *Jan van Eyck* (ca. 1437) im Zentrum. Auch hier findet Josef keinen Platz *(Abb. 3)*.

Abb. 3 *Jan van Eyck* – Lucca Madonna (ca. 1437)

c) *Mutter-Kind-alter Mann*, eine *triadische* Form, in der explizit eine männliche Person als «Vater» Josef dargestellt ist, die keine sexuellen männlichen Konnotationen mehr besitzt. Er hat dieses Kind nicht gezeugt, er hat keine sexuellen Interessen an Maria, dies suggeriert das *Bild Maria mit Kind und einem Stifter des Meisters von Großgmain (Abb. 4)*.

Abb. 4   Meister von Großgmain – Maria mit Kind und einem Stifter (1483)

Iris Maria Gniosdorsch

3 Die Frau im Bürgertum

Die Ehe galt auch im christlich bestimmten europäischen Kulturkreis bis ca. 1869 als rechtlich definierte Lebensform, in der die Frau vom Besitz des Vaters in den Besitz des Mannes überging. Der Zweck der Ehe lag in der Hervorbringung legitimer Nachkommen und der Sicherung von Besitz und Macht. Seit der spätkarolingischen Zeit (ca. 9. Jh.) entstand die Idee der Konsensehe, vor deren Schließung nicht nur die männlichen Vormünder, sondern beide Ehepartner ihr Einverständnis gaben. Im 12. Jahrhundert reihte man die Ehe im Anschluss an den Epheserbrief 5,32 in die Reihe der Sakramente ein. Ab dem 15. Jahrhundert wurde Zuneigung zum möglichen Eheargument. Theologische Interpretationen der Ehe reichen von «verschmutzen» Menschen zweiter Klasse (Paulus, Hildegard von Bingen) über die Möglichkeit der Reinigungsrituale (Augustinus) bis zur Ehe als Gottesgabe (Abaelard, Thomas von Aquin). In den Kunstwerken kommt diese «Gleichzeitigkeit des Ungleichzeitigen» auf höchst interessante Weise zur Anschauung.

In dem Werk des *Meisters der Stalburg-Bildnisse (Abb. 5)* sehen wir ein rang- und machtgleiches Ehepaar. Es ist unschwer zu erkennen, dass es sich hier um sehr reiche Stadtbürger handelt, die zur neuen Elite des hohen und ausgehenden Mittelalters gehörten. Für Frauen war das Leben in den sich rasant entwickelnden Städten in dieser Zeit äußerst attraktiv, denn sie konnten erstmals eigenständig Berufe ergreifen und ausbilden. Sie reisten als Händlerinnen quer durch Europa und verwirklichten in Frauenkommunitäten (z. B. Beginen) einen spirituellen Lebensentwurf, der weitgehend unabhängig von Männern praktiziert wurde. Die reichen Stadtbürgerinnen und Bürger ließen sich «auf Augenhöhe» malen, wie auf den Bildnissen von Claus und Magarete Stahlburg zu sehen ist; hier gab es keinen Status minderen Rechts für die wohlhabenden Bürgerfrauen.

Christliche Familiennarrative im Spiegel der europäischen Kunst

Abb. 5   *Meister der Stalburg-Bildnisse* – Bildnisse von Claus und Magarete Stalburg (1504)

Während wir in *der Lucca-Madonna (Abb. 3)* allerdings ein gesellschaftlich keineswegs übliches Beispiel gefühlvoller Innigkeit zwischen der adligen Frau und ihrem Kind sehen, ist auf dem Bild *Doppelbildnis des Justinian von Holzhausen* von *Conrad Faber von Creuznach (Abb. 6)* das Kind, wie zu der Zeit in dieser Gesellschaftsklasse häufiger vorkam, eher ein Fremdkörper zwischen den Eheleuten.

Dem damaligen Ideal folgend kümmerten sich meistens Ammen um die Kinder reicher Bürgerinnen und Bürger.

Abb. 6   Conrad Faber von Creuznach – Doppelbildnis des Justinian von Holzhausen (1536)

4 Männerfreie Frauen in der frühen Neuzeit

Während eine männerfreie Existenz von Frauen bislang allenfalls Jungfrauen, Nonnen und Witwen vorbehalten war, gelangten nun drei weitere weibliche Existenzformen in den Fokus der Aufmerksamkeit. Sie waren jedoch allesamt negativ bestimmt.

Hexen[4] waren im Mittelalter kaum existent, da der Hexenglaube von der Kirche als Aberglaube bezeichnet wurde. Erst ab der frühen Neuzeit kam es zu extensiven Verfolgungen von Menschen, die der Hexerei beschuldigt wurden. Den Hexenprozessen fielen in Europa schätzungsweise 40 000 bis 60 000 Menschen zum Opfer, zu etwa 75 bis 80 Prozent Frauen.
Mit der Verfassung des pseudowissenschaftlich formulierten *Hexenhammers* durch *Heinrich Institutoris* (1487) wurde dem ungebildeten Volk und den teils

---

[4]   Zum Forschungsstand im Kontext der Kunstgeschichte vgl. *Beier-de Haan/Voltmer/ Irsigler*, Hexenwahn, darin insbes. *Irsigler/Voltmer*, Hexenverfolgungen.

ebenso ungebildeten Juristen und Kirchenmännern eine Art Systematik an die Hand gegeben, die durch den Anschein genauer Prüfbarkeit die systematische Folterung und Tötung von beschuldigten Frauen und Männern, erlaubte.

Längst sind die Gründe für diese Exzesse in mangelhafter Bildung, sozialen Ängsten und Machtbesessenheit gefunden worden. Den Frauen im 15. bis Mitte des 18. Jahrhunderts wurde ihr Geschlecht zum Verhängnis, da es als «Einfallstor des Teufels» in die Welt diffamiert wurde. Die sowieso schon als verschmutzende und verschmutzte Lebensform abgewertete Sexualität von Frauen wurde nun zudem noch dämonisiert.

Im Bild *Zwei Hexen* von *Hans Baldung Grien (Abb. 7)* sehen wir aus heutiger Sicht zwei attraktive und selbstbewusste, sich ihrer nackten Körperlichkeit keineswegs schämende «normale» Frauen. Durch den Titel ergibt sich allerdings nicht nur eine in der damaligen Zeit lebensgefährliche Abwertung,

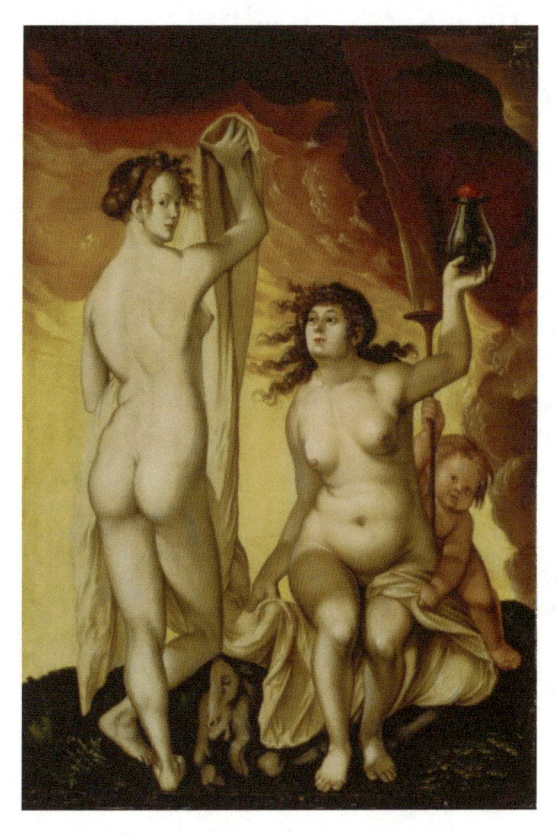

Abb. 7   *Hans Baldung Grien* – Zwei Hexen (1523)

sondern auch eine Preisgabe der Körper an einen lüsternen männlichen Blick, der die männerlosen Frauen nicht nur als leichte sexuelle Beute wahrnimmt, sondern sie der Todesgefahr ausliefert. Wie mag eine gewöhnliche (Ehe-)Frau ein solches Frauenbild wahrgenommen haben? Welche weibliche Sexualität ist unter solchen Bedingungen, auch in der Ehe, überhaupt lebbar?[5]

Die «Göttin» bzw. *Venus* von *Lucas Cranach d. Ä.* *(Abb. 8)* ist eine weitere «Zurichtung» der männerlosen Frau. Die verführerische Venus trägt keine dämonischen Züge, sie ist ganz und gar stilisierte Körperlichkeit. Der Leib ist eine mit viel Aufwand und Geld kreierte Arabeske, die mit einer «normalen» Frau nichts zu tun hat. Das promiskuitive Callgirl mag die Männerblicke des umtriebigen Connaisseurs entzücken, zur Ehefrau taugt ein solches Wesen unter keinen Umständen, ihre Verortung in der fernen Antike sorgt dafür!

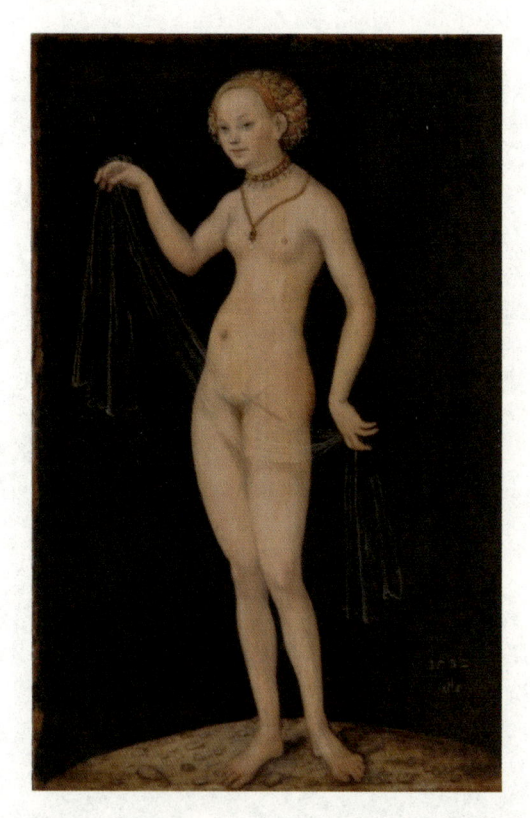

Abb. 8 *Lucas Cranach d. Ä.* – Venus (1532)

---

[5] Aufschlussreich hierzu: *Scherzberg*, Sünde.

Christliche Familiennarrative im Spiegel der europäischen Kunst

Wie das *Idealbildnis einer Kurtisane als Flora* von *Bartolomeo Vento* zeigt, wird schließlich auch die zeitgenössische «Edelprostituierte» (Abb. 9) im 16. Jahrhundert bildfähig, da der sexuell begehrende Männerblick des Auftraggebers und des Betrachters die «sicheren» moralischen Grenzen in einer nur scheinbar durch das Christentum dominierten Zeit, zumindest im Geldadel, mühelos überwindet.

Abb. 9   *Bartolomeo Veneto* – Idealbildnis einer Kurtisane als Flora (ca. 1520)

Iris Maria Gniosdorsch

Dass die hier dargestellte Frau sicher vorzüglich verdiente und hohes Ansehen unter ihren Kunden genoss, kann nicht darüber hinwegtäuschen, wie prekär ihre gesellschaftliche Position letztlich war. Unheiratbar, nahezu rechtlos und völlig ungesichert, vor allen Dingen im Alter, ist sie der (u. U. neidischen) Verachtung und Häme ihrer Geschlechtsgenossinnen und der durch Geldmangel bzw. moralische Bedenken gehemmten Männer ausgeliefert.

5 Frauen als «gefährliche Subjekte»

Mit dem beginnenden 17. Jahrhundert kommt es zu einem, auch in den Bildkonzepten, offenen misogynen Schub.

Abb. 10   Luca Giordano – Die Jugend von den Lastern versucht (1664)

Die weibliche Brust, verführerisches und gleichzeitig Nahrung und Zärtlichkeit verheißendes Körperteil, mutiert bei *Luca Giordano* auf seinem Bild *Die Jugend von den Lastern versucht (1664) (Abb. 10)* zu einer Waffe, gegen die größte Gegenwehr erforderlich ist. Allein die riesigen Ausmaße des Bildes verweisen auf das heftige Abwehrpotential, das dieses Bild gegen Weiblichkeit an sich auffährt. Auch hier wären die zeitgenössischen Betrachterinnen zu fragen gewesen, ob sie diese Konzeption wohl als einschüchternd, als unerträglich roh überzeichnend oder als krude Macht- bzw. Unterwerfungsphantasien ausdrückend wahrnahmen?

Eine weitere Variante der gefährlichen Frau finden wir in der Darstellung von *Rembrandt van Rijn*: Die Blendung Simsons (Abb. 11). Der Ausdruck des brutalen Triumphalismus in dem Gesicht der siegenden Frau müsste den jeweiligen zeitgenössischen Betrachtern umso irritierender erschienen sein, als das propagierte Frauenideal das Gegenteil davon verkörperte. Bescheiden, zurückhaltend, hatten Frauen kaum Bildungschancen oder, bis auf wenige Ausnahmen, die Möglichkeit, politisch und öffentlich zu handeln.

Abb. 11   Rembrandt van Rijn – Die Blendung Simsons (1636)

Iris Maria Gniosdorsch

6 Die Moderne im 19. Jahrhundert

Die industrielle Revolution bewirkte in Europa eine massive Veränderung des Verhältnisses zwischen Frauen und Männern und, damit einhergehend, der Familienkonzepte. Vater, Mutter und Kind werden in einer Art retardierender Gegenbewegung in der sogenannten «Heiligen Familie» zunächst paradigmatisch als Herrschaftsmodell vorgestellt.

Johann David Passavant macht Josef in seinem Bild *Die Heilige Familie mit Elisabeth und dem Johannesknaben (Abb. 12)* zur dominierenden Zentralfigur. Josef ist nicht mehr nur ein biblisch begründetes «Beiwerk», sondern, ganz wie es sich für die damalige Zeit gehörte, der Hausvater, der alle Geschicke der ihmauch rechtlich unterstellten Familienmitglieder überwacht.

Abb. 12 Johann David Passavant – Die Heilige Familie mit Elisabeth und dem Johannesknaben (1819)

Die «Wirkungsbereiche» von Frauen und Männern bleiben klar bezeichnet und vor allen Dingen getrennt, was in der häuslichen Darstellung von Claude Monets Bild Mittagessen (Abb. 13) zum Ausdruck kommt.

Abb. 13   *Claude Monet* – Das Mittagessen (1868)

Iris Maria Gniosdorsch

Während in den Städten des Mittelalters Frauen faktisch ganz unterschiedliche Berufe ergreifen konnten, als Ausbilderinnen in Lehrberufen und reiche Händlerinnen tätig waren, ist in der Neuzeit das Frauenleben eher durch die «drei K» (Kinder, Küche, Kirche) bestimmt. Durch die explosionsartige Entwicklung von technisch gestützter Industrieproduktion wurde der Graben zwischen traditionellen Frauenbiografien und den Industriearbeiterinnen immer größer. Die Arbeiterinnen in den Fabriken mussten ihren Lebensunterhalt selbst verdienen, sie konnten sich nicht darauf verlassen, durch Heirat versorgt zu werden. Dies stärkte seit dem ausgehenden 19. und beginnenden 20. Jahrhundert ein weibliches Selbstverständnis, das sich nicht mehr auf die Rolle als Ehe- und Hausfrau bzw. Kindererzieherin reduzieren ließ. Die (politische) Öffentlichkeit war in zunehmendem Maße nicht mehr nur «Männerzone». Dass diese Entwicklung keinesfalls abgeschlossen ist, zeigt der aktuelle Blick in die Parlamente, Firmen und Kirchenleitungen. So können wir in der Kunstgeschichte im 19. Jahrhundert verschiedene typologische Muster feststellen, die bis heute gültig sind.

Abb. 14   *Edvard Munch* – Eifersucht (1913)

Das Motiv der «gefährlichen» Frau variiert *Edvard Munch* in dem Bild *Eifersucht (Abb. 14)* auf spezifische Weise. Eine weißgekleidete (unschuldige) junge Frau zeigt sich in einer darbietenden Pose, und die beiden neben ihr stehenden Männer sind offensichtlich dem Wahnsinn nahe. Die in der bürgerlichen Welt tabuisierte und auf die eheliche Zeugung der Kinder reduzierte Sexualität bricht sich auf unkontrollierbare Weise einen Weg. Der kleinste weibliche Reiz genügte, um die Männer buchstäblich in die Irre zu führen. Frauen mussten daher durch Kleidung und massive Verhaltensvorschriften extrem gefesselt werden (Korsett, bodenlange Kleider usw.), damit die von den Männern als unkontrollierbare und damit «hochgefährlich» empfundene sexuelle Triebhaftigkeit einigermaßen eingegrenzt werden konnte.

Abb. 15 Auguste Renoir – Nach dem Mittagessen (1879)

Doch die Frauen hatten durch das Vorhandensein autonomer Existenzformen, also durch Geschlechtsgenossinnen, die auf eigenen finanziellen Füssen stehen konnten, eine Idee der Freiheit gewonnen, die sich seit Beginn des 20. Jahrhunderts langsam, aber stetig in veränderten Rollen- und Familienmustern zeigt. Wenn in *Auguste Renoirs* Bild *Nach dem Mittagessen (Abb. 15)* Frauen rauchend mit einem Mann an einem Restauranttisch zu sehen sind, kann dies als Anzeichen dafür interpretiert werden, dass Frauen sich in der Öffentlichkeit auf derselben Ebene wie Männer zu bewegen beginnen. Ein zarter Hauch von Gleichberechtigung wird sich zu einem kräftigen Wind entwickeln, der aber bis heute nicht beständig weht.[6]

7 Freiheiten – zwischen unerkannten Regressionen und dem «offenen Meer» neuer Möglichkeiten

Das 20. Jahrhundert zieht die Schere zwischen traditionellem Rollenbild und dem Aufbruch zu Alternativen gründlich auf. Dies liegt zum einen an der fortwährenden Industrieproduktion, die andauernd preiswerte Arbeitskräfte braucht, und zum anderen an der Erfahrung katastrophaler Kriege. *Francis Bacon*[7] hat dafür 1957 ein geradezu «ikonisches» Bild geschaffen *(Abb. 16)*. Seine *Studie zur Kinderschwester im Film ‹Panzerkreuzer Potemkin› von Sergej Eisenstein* erweist sich bei genauer Betrachtung als eine Art Antwort auf die *Lucca-Madonna* von *Jan van Eyck (Abb. 3)*. In beiden Fällen sehen wir eine dem Betrachter zugewandte Frauenfigur, die sich sitzend in einem engen, rechteckigen Raumgebilde befindet. Doch während die Lucca-Madonna in einem klaren, christlichen Bezugsrahmen liebevoll ihrem Kind die Brust reicht, sind in Bacons Bild die Arme zwar noch in der Haltung einer Mutter erkennbar, aber es gibt kein Kind mehr. Am meisten verstört jedoch der weit aufgerissene Mund der unbekleideten Frau. Sie sitzt zudem nicht sicher auf einem Thron, sondern auf einer fragilen Linienkonstruktion, die sie jeden Moment in den schwarzen Abgrund stürzen lassen kann.

---

6 Vgl. dazu den guten Überblick: *Berger*, Malerinnen, bes. die bis heute virulenten Ausführungen zu den Gründen der durch das Geschlecht verursachten Reduktion zum Dilettantismus in den Frauenberufen, ebd. 58–77.
7 Vgl. *Gniosdorsch*, Ungleiche Schwestern.

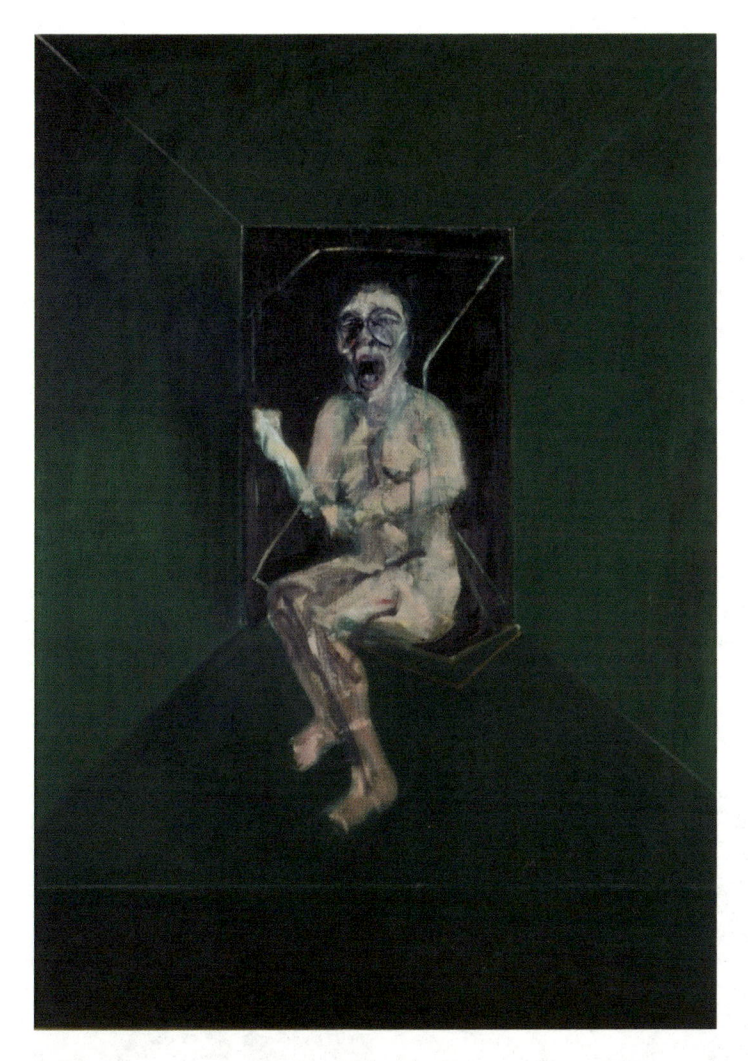

Christliche Familiennarrative im Spiegel der europäischen Kunst

Abb. 16 *Francis Bacon* – Studie für die Krankenschwester in dem Film ‹Panzerkreuzer Potemkin› (1957)

In *Sergej Eisensteins* Stummfilm sehen wir die Matrosen der russischen Revolution die große Freitreppe des Winterpalais in St. Petersburg hinaufstürmen. Oben warten schon die schwerbewaffneten Truppen des Zaren, das Gemetzel steht kurz bevor. Eine Kinderschwester mit einem Baby im Kinderwagen wird oben auf der Treppe von den Soldaten überrascht und lässt vor Schreck den Kinderwagen los. In einer quälend langen Fahrt rollt er die Treppe herunter, das tödliche Schicksal des Babys und der Frau ist nicht abzuwenden. Die verzweifelte Frau schreit ununterbrochen, aber dieser Schrei wird weder im Film noch in der blutigen Realität jedweden Krieges gehört. Das riesige grüne Bild Bacons ist in seiner Komplementärfarbe und der Bezugnahme auf zentrale Bildelemente fast wie eine unzerstörbare Sehnsucht «gegen alle Hoffnung auf Hoffnung hin» (Röm 4,38) auf eine christliche Deutung der Verzweiflung lesbar, doch ist im Vordergrund die monströse Ignoranz der Gegenwart gegenüber Frauen und Kindern, dem Konzept Familie überhaupt, paradigmatisch ins Werk gesetzt.

Parallel zu den meistenteils erkämpften «Verbesserungen» weiblicher Lebensentwürfe, die sich mit den Stichworten Autonomie und Selbstbestimmung charakterisieren lassen, muss doch immer wieder auf Sexualität als Machtinstrument hingewiesen werden. Die sogenannte «sexuelle Revolution» im Gefolge der 68er-Generation hat Frauen zwar eine kleidertechnische Erleichterung im «Dresscode» und ein offeneres Rollenverständnis ermöglicht, dennoch sind Gewalt und retardierende Elemente in den Rollenzuschreibungen weiterhin an der Tagesordnung. *Wolf Vostell (Abb. 17)* hat zu diesem Thema mit seinem Bild *Flower Power* eine mehr als deutliche Bildcollage geschaffen. Die intuitiv als Waffe wahrgenommene Körperlichkeit des Mannes ist zu brutalen Waffen weiterentwickelt. Die Analogie ist verstörend, aber angesichts der Kriegsgräuel, nämlich der Vergewaltigungen als Kriegswaffe, in jeder Hinsicht nachvollziehbar.

Abb. 17 Wolf Vostell – Flower Power (1968)

Christliche Familiennarrative im Spiegel der europäischen Kunst

Wenn die Mutter Gottes bei *Thomas Bayrle* zur «Autobahn-Madonna» (*Madonna Mercedes, Abb. 18*) mutiert, dann kann hier nicht mehr eine vorbildhafte Frauenfigur gesehen, sondern muss die Vergötzung des Gegenstandes Auto konstatiert werden. Auch dies könnte als hellsichtige künstlerische Präsentation eines gesellschaftlich relevanten Sachverhaltes zu verstehen sein, wo zwischenmenschliche Beziehungen in der aktuellen Gegenwart durch Beziehungen zu Gegenständen (Autos, PCs, Handys usw.) ersetzt werden.

Abb. 18 *Thomas Bayrle* – Madonna Mercedes (1989)

Iris Maria Gniosdorsch

8 Ausblick

Was bedeutet also angesichts biologischer Verfasstheiten, historischer Bürden und aktueller Desaster wie der weltweiten Fluchtbewegungen verzweifelter Menschen das Frausein, das Menschsein überhaupt? Welche Rolle spielen religiöse Zuschreibungen, die nicht nur aus dem christlichen Kulturkreis stammen?

Wie kann Resilienz, also eine stabile innere Ordnung, Beziehungsfähigkeit und das Vertrauen auf ein sicheres Gehaltensein durch etwas Anderes als mich selbst gelingen? Nur wenn wir unsere historischen Wurzeln kennen, werden wir unseren Kindern sichere und wertschätzende Familien «bauen» können. Kunst sagt auf ihre Weise mehr als tausend Worte, doch ohne Verständnis weckende Begleitworte bleibt sie doch nur geschmäcklerischer Schatten an der Wand. Christliche Familiennarrative sind genau zu erforschen und immer wieder auf den Prüfstand der vernünftig verantworteten Auslegung zu stellen.

Literaturverzeichnis

Angenendt, Arnold: Geschichte der Religiosität des Mittelalters, Darmstadt: Wissenschaftliche Buchgesellschaft 2000.

Beier-de Haan, Rosmarie/Voltmer, Rita/Irsigler, Franz (Hg.): Hexenwahn – Ängste der Neuzeit. Begleitband zur gleichnamigen Ausstellung des Deutschen Historischen Museums Berlin. Wolfratshausen: Verlag Edition Minerva Hermann Farnung 2002.

Berger, Renate: Malerinnen auf dem Weg ins 20. Jahrhundert. Kunstgeschichte als Sozialgeschichte. Köln: DuMont 1992.

Brinker-Gabler, Gisela (Hg.): Frauenarbeit und Beruf, Frankfurt: Fischer 1979.

Gniosdorsch, Iris: Zwei ungleiche Schwestern auf dem Weg zu Gott. In: Religionsunterricht heute 37 (2009), 14–17.

Gössmann, Elisabeth/Bauer Dieter R. (Hg.): Maria – für alle Frauen oder über allen Frauen. Freiburg: Herder 1989.

Kuhn, Annette (Hg.), Frauen im Mittelalter. Bd. 1: Frauenarbeit im Mittelalter. Quellen und Materialen. Düsseldorf: Schwann 1983.

Kuhn, Annette (Hg.): Frauen im Mittelalter. Bd. 2: Frauenbild und Frauenrechte in Kirche und Gesellschaft. Quellen und Materialien. Düsseldorf: Schwann 1984.

Röckelein, Hedwig/Opitz, Claudia/Bauer Dieter R. (Hg.): Maria – Abbild oder Vorbild? Zur Sozialgeschichte mittelalterlicher Marienverehrung. Tübingen: Kimmerle, 1990.

Scherzberg, Lucia: Sünde und Gnade in der Feministischen Theologie. Mainz: Matthias-Grünewald-Verlag 1991.

Voltmer, Rita/Irsigler Franz: Die europäischen Hexenverfolgungen der frühen Neuzeit – Vorurteile, Faktoren und Bilanze, in: *Beier-de Haan, Rosmarie/Voltmer, Rita/Irsigler, Franz (Hg):* Hexenwahn – Ängste der Neuzeit. Begleitband zur gleichnamigen Ausstellung des Deutschen Historischen Museums Berlin. Wolfratshausen: Verlag Edition Minerva Hermann Farnung 2002, 30–45.

Verzeichnis der Abbildungen

Alle Abbildungen stammen aus dem Städel Museum, Frankfurt am Main.

Abb. 1   *Meo da Siena* – Thronende Madonna mit Kind (1330–1333)
Abb. 2   *Barnaba da Modena* – Madonna mit Kind (1367)
Abb. 3   *Jan van Eyck* – Lucca Madonna (ca. 1437)
Abb. 4   *Meister von Großgmain* – Maria mit Kind und einem Stifter (1483)
Abb. 5   *Meister der Stalburg-Bildnisse* – Bildnisse von Claus und Magarete Stalburg (1504)
Abb. 6   *Conrad Faber von Creuznach* – Doppelbildnis des Justinian von Holzhausen (1536)
Abb. 7   *Hans Baldung Grien* – Zwei Hexen (1523)
Abb. 8   *Lucas Cranach d. Ä.* – Venus (1532)
Abb. 9   *Bartolomeo Veneto* – Idealbildnis einer Kurtisane als Flora (ca. 1520)
Abb. 10   *Luca Giordano* – Die Jugend, von dem Laster verführt (1664)
Abb. 11   *Rembrandt van Rijn* – Die Blendung Simsons (1636)
Abb. 12   *Johann David Passavant* – Die Heilige Familie mit Elisabeth und dem Johannesknaben (1819)
Abb. 13   *Claude Monet* – Das Mittagessen (1868)
Abb. 14   *Edvard Munch* – Eifersucht (1913)
Abb. 15   *Auguste Renoir* – Nach dem Mittagessen (1879)
Abb. 16   *Francis Bacon* – Studie für die Krankenschwester in dem Film ‹Panzerkreuzer Potemkin› (1957) © The Estate of Francis Bacon. All rights reserved / 2018, ProLitteris, Zurich
Abb. 17   *Wolf Vostell* – Flower Power (1968) © 2018, ProLitteris, Zurich
Abb. 18   *Thomas Bayrle* – Madonna Mercedes (1989) © 2018, ProLitteris, Zürich

Familienwirklichkeiten in der Gegenwartsliteratur – im Dialog mit *Amoris laetitia*

Christoph Gellner

In seiner Schlussansprache am Ende der zweiteiligen Weltbischofssynode zum Thema Familie resümierte Papst Franziskus am 24. Oktober 2015 ihre Bedeutung für die Kirche, indem er sie als Versuch bezeichnete, «die Wirklichkeit, besser noch: die Wirklichkeiten von heute mit den Augen Gottes zu sehen und zu deuten»[1]. Diversität und Pluralisierung sind damit auch für den Papst Schlüsselbegriffe für die Analyse der Lebens-, Beziehungs- und Familienformen heute. Mein Beitrag ist diesem päpstlichen «Plädoyer für die Zeichen der Zeit und ihre Deutung im Licht des Evangeliums»[2] verpflichtet.

«Wir müssen die große Vielfalt familiärer Situationen anerkennen»[3], streicht Papst Franziskus in seinem nachsynodalen Apostolischen Schreiben *Amoris laetitia* (2016) heraus.[4] Ausdrücklich heißt es: «Das Ergebnis der Überlegungen der Synode ist nicht ein Stereotyp der Idealfamilie, sondern eine herausfordernde *Collage* aus vielen unterschiedlichen Wirklichkeiten voller Freuden, Dramen und Träumen. Die Realitäten, die uns Sorge machen, sind Herausforderungen. Wir gehen nicht in die Falle, uns in Wehklagen der Selbstverteidigung zu verschleißen, anstatt eine missionarische Kreativität wachzurufen», und Franziskus führt das ermutigende Votum der Bischofsynode von 2014 an: «Die großen Werte der christlichen Ehe und Familie entsprechen jener Suche, welche die menschliche Existenz durchzieht.»[5]

Mit *Amoris laetitia* (dt.: Die Freude der Liebe) macht Papst Franziskus nichts weniger als einen *Prioritätenwechsel zugunsten von Pastoral und Spiritualität* stark, der die seelsorgliche Arbeit herausfordert und zugleich unterstützt. Einladenddialogisch bringt dieses päpstliche Lehrschreiben nicht nur die Bibel und die kirchliche Theologie- und Spiritualitätradition neu zum Leuchten. Entsprechend seiner *induktiven, nicht deduktiven Vorgehensweise* bezieht Franziskus auch

---

[1] Zit. n. *Garhammer,* Und er bewegt 121f.
[2] *Garhammer,* Und er bewegt 122.
[3] *Papst Franziskus,* Amoris laetitia Art. 52.
[4] Vgl. *Bünker/Schmitt,* Familienvielfalt.
[5] *Papst Franziskus,* Amoris laetitia Art. 57; Zitat: *Dritte Außerordentliche Generalversammlung der Bischofssynode,* Relatio Synodi Art. 11.

die moderne Literatur ein, ja, erstmals beruft sich ein Papst in *Amoris laetia* auf einen Kinofilm, um mit einer «geglückten Szene» aus «Babettes Fest»[6] die «intensivsten Freuden des Lebens»[7] zu veranschaulichen. Neben Erich Fromms *The Art of Loving*[8] zitiert Franziskus drei lateinamerikanische Schriftsteller: den Argentinier Jorge Luis Borges[9], den Mexikaner Octavio Paz[10] und Mario Benedetti aus Uruguay[11]. «Die Kirche hat kein Monopol auf die Deutung des Lebens, sondern lernt von anderen Disziplinen und Künsten»[12], kommentiert der literatursensible Würzburger Pastoraltheologe Erich Garhammer. Entsprechend dem von Papst Franziskus mit Bezug auf den Apostel Paulus stark gemachten Prinzip der Inkulturation und theologischen Zeitgenossenschaft («wie auch einige von euren Dichtern gesagt haben», Apg 17,28) beziehe ich exemplarisch zwei Familienromane der deutschsprachigen Gegenwartsliteratur in meinen Beitrag ein.[13]

Im Vorfeld der beiden Synoden hatten die vom Vatikan veranstalteten weltweiten Umfragen die tiefe Kluft zwischen kirchlicher Lehrverkündigung und den praktisch gelebten christlichen Überzeugungen der Mehrheit von Katholikinnen und Katholiken deutlich gemacht. Nicht das Ergebnis dieser Umfragen konnte überraschen. «Dass aber ein Papst die Wirklichkeit in den Vatikan lässt, dass er nach dem Sein fragt und nicht nur das Sollen lehrt, ist neu»[14], betont die Journalistin Christiane Florin. Das Fazit dieser weltkirchlich dimensionierten Wahrnehmung der vielfältigen familialen Lebenswirklichkeiten? «Seitdem hat sich die Beweislast umgedreht: die Lehre steht unter Druck. Rechtfertigen müssen sich angesichts der Ergebnisse diejenigen, die alles so lassen wollen, wie es ist.»[15] Trotz der Ablehnung und dem Unverständnis gegenüber weiten Teilen der kirchlichen Lehre besteht große Offenheit für die *spirituelle Dimension wesentlicher Lebens- und Beziehungsentscheidungen*. Wie die jüngsten Befragungen der Gläubigen belegen, gibt es für Partnerschaft, Ehe und Familie einen religiösen Gestaltungsbedarf. Dafür ein Beispiel aus der zeitgenössischen Literatur:

---

[6] Vgl. *Strüber*, Barmherzigkeit.
[7] *Papst Franziskus*, Amoris laetitia Art. 129.
[8] Vgl. *Papst Franziskus*, Amoris laetitia Art. 284.
[9] Vgl. *Papst Franziskus*, Amoris laetitia Art. 8.
[10] Vgl. *Papst Franziskus*, Amoris laetitia Art. 99.
[11] Vgl. *Papst Franziskus*, Amoris laetitia Art. 181.
[12] *Garhammer*, Und er bewegt 129.
[13] Vgl. *Bünker/Gellner*, Kirche; *Gellner*, Nach oben offen.
[14] *Florin*, Ehe. 14; vgl. *Heimbach-Steins*, Bewährungsprobe.
[15] *Florin*, Ehe. 14.

1 Glück als Selbsterweiterung des Ich durch Familie

«Wenn er nicht mehr arbeitet [...], dann kann er *wirklich* einer dieser modernen Väter sein, die wochentags die Karre durch den Park schieben»[16], überlegt Georg, 42, als er seine Festanstellung bei einer Tageszeitung verliert. Auch für Isabell, Mitte 30 und Cellistin, sind mit der Geburt ihres Sohnes Matti das gemeinsame Glück, aber auch Druck und Verunsicherung gewachsen. Nach der Babypause in ihr Musicaltheater zurückgekehrt, ist ihre frühere Leichtigkeit dahin: Während des Solos zittert ihre Bogenhand. Nach einer Auszeit verliert sie den Posten, die Streichersektion wird durch digitale Aufnahmen ersetzt. Als schließlich auch ihr Altbau luxussaniert wird, beginnen die jungen Großstadteltern zu rechnen: Wie lange können sich zwei Arbeitslose den Bioladen und die übrigen Annehmlichkeiten eines urbanen Mittelstandslebens noch leisten? «Kredite, Zinsen [...] Flugmeilen, mehr, mehr, mehr», sinniert Georg.

> «Wenn Menschen wie er wenigstens schon mal ihre Kaufkraft verlieren, kein Flugzeug mehr besteigen können, ihre Reisen nach Thailand, Neuseeland oder auf die Malediven für sich abhaken können, den Skiurlaub ebenfalls, das Auto am besten auch noch, dann kann das nur gut sein für die Welt. Für Mattis Welt.»[17]

Lieben, Arbeiten und Konsumieren: *Kristine Bilkaus* (*1974) hochaktueller Debutroman *«Die Glücklichen»* (2015) buchstabiert die großen Lebensfragen unserer Gegenwartsgesellschaft im Mikrokosmos eines verheirateten Mittelschichtspaars durch, abwechselnd aus der Perspektive des Mannes und der Frau. Mit unausgesprochenen gegenseitigen Vorhaltungen, Schuld- und Versagensgefühlen treten Risse in ihrer Beziehung zutage, beide reagieren ganz unterschiedlich auf den gefühlten Abstieg. Während der gefeuerte Journalist versucht, sich an die neue Situation anzupassen, Immobilienportale nach Landhäusern durchforstet und überlegt, in eine Kleinstadt zu ziehen, wo alles günstiger wäre, hält die fallierte Cellistin krampfhaft an ihren bisherigen Lebensstandards fest, in stillen Minuten träumt sie vom perfekten angstfreien Moment im Fluss der Melodie. Über eine soziologische Bestandsaufnahme der Generation der 30- und 40-Jährigen hinaus vermittelt Bilkau eine hellsichtig-empathische Innenschau der Figuren, die ihre Sorgen und Ängste voreinander verschweigen aus Scham, vom anderen für die Erfolglosigkeit als Paar verantwortlich gemacht zu werden. «Zusammen zu scheitern ist schlimmer als allein», packt Isabell die

---

[16] *Bilkau*, Die Glücklichen 125.
[17] *Bilkau*, Die Glücklichen 183.

Panik. «Wer allein ist, wird nicht beobachtet, muss keine Haltung bewahren, muss sich nicht als Ursache für das nächstbeste Problem fühlen, und die Frage, wer recht oder unrecht hat, ist auch nicht mehr wichtig.»[18]

Isabell und Georg finden wieder zueinander. Die ökonomischen Zwänge lösen sich nicht einfach auf, doch zeigt das Happy End, das zeitdiagnostisch höchst aufschlussreich das existenziell Zwischenmenschliche ganz neu gewichtet, die beiden auf einem Spielplatz mit Matti tatsächlich als Glückliche: «Eigentlich sollte ich in der Welt unterwegs sein und wichtige Reportagen schreiben», sagt Georg. «Eigentlich sollte ich in Mailand oder Paris auftreten, oder eine CD als Starsolistin aufnehmen», antwortet sie. «Es ist ein gutes Spiel, sie können solche Dinge leicht dahin sagen, weil sie nichts bedeuten, sie sind nicht wichtig. Dass sie hier zusammen sitzen, reden und dabei ihr Kind betrachten, *das* allein ist bedeutend.»[19] Bilkaus fesselnd erzählte Geschichte fügt den jüngsten Ehe- und Familienromanen, die eine neue Nachdenklichkeit hinsichtlich des Werts gelingender, verlässlicher Liebesbeziehungen heute markieren,[20] eine ganz eigene, kaum wahrgenommene *spirituelle Pointe* hinzu. Gerade im Wissen um die prekärer gewordenen Arbeits- und Vermögensverhältnisse, die Partnerschaft und Familienleben zunehmend belasten, kommt es zu einer bemerkenswerten Verinnerlichung und Vertiefung menschlicher Glückserwartungen, zu einer *Selbsterweiterung des Ich durch Familie*.[21] Bei aller subtilen Kritik am Milieudistinktionen betonenden Statuskonsum bleibt es nicht beim Appell an eine Begrenzung der Wünsche. Vielmehr rückt Bilkau neu in den Fokus, welche tiefere Sinn- und Glücksquelle familiäre Beziehungen darstellen können. Ausgelöst durch den Tod von Georgs Mutter erfährt sich das Elternpaar eingebettet in den großen Strom des Lebens. Ja, aus dieser Verbundenheit mit allem Werden und Vergehen können sie, offen für alles was kommen mag, auf «die Vollkommenheit des Moments» vertrauen. So wirft Isabell einen Blick in die Zukunft, stellt sich vor,

> «wie sie als alte Frau in Gesundheitsschuhen durch diesen Park spazieren wird, auf der Suche nach Verbundenheit mit diesem Ort und ihren Erinnerungen […] Dann würde sie sich an diesen Nachmittag erinnern, alles noch einmal vor sich sehen, genau hinsehen, wer Georg, Matti und Isabell am heutigen Tag gewesen sind. Sie wird

---

[18] *Bilkau,* Die Glücklichen 215.
[19] *Bilkau,* Die Glücklichen 296.
[20] Vgl. *Gellner,* Keine Ehe-, nur Ehebruchsgeschichten?
[21] Seismografisch kaum weniger hochaktuell ist John von Düffels Roman *Beste Jahre* (2007) über eine späte Vaterschaft, eine Samenspende als Freundschaftsdienst und das wachsende Problem ungewollter Kinderlosigkeit.

ihr junges Ich neben Georg und dem Kind sehen [...] und die Vollkommenheit des Moments erkennen, denn *wie* vollkommen etwas war, lässt sich oft erst später verstehen. Mit der Zeit reifen Momente zu etwas heran, erst dann kristallisiert sich heraus, *das* war es, das Glück.»[22]

2 *Amoris Laetitia:* pastoraler Leitbildwechsel

Amoris laetitia hat unterschiedliche, ja, konträre Lesarten und Interpretationen ausgelöst. Dabei scheint mir die Grundintention dieses Lehrschreibens und des darin stark gemachten *Prioritätenwechsels zugunsten von Pastoral und Spiritualität* weder unklar noch zweifelhaft zu sein. Kardinal Walter Kasper spricht zu Recht von einem neuen realistischen, biblischen und pastoralen Ton, wie man ihn aus päpstlichen Lehrschreiben kaum kennt: «Es spricht nicht von einem am Schreibtisch ausgedachten abstrakten Familienbild, sondern realistisch von den Freuden und Schwierigkeiten im Leben der Familien heute. Es will nicht kritisieren und moralisieren», vielmehr drückt es «Verständnis und Wertschätzung für das Gute aus, das sich auch in Situationen finden kann, die der kirchlichen Lehre und Ordnung nicht oder nicht voll entsprechen. Es will auf der Grundlage der Heiligen Schrift Mut machen und einen Weg nach vorne, zum Glück und zur Freude der Liebe, weisen.»[23] Die Deutsche Bischofskonferenz spricht denn auch zu Recht von einer «Einladung zu einer erneuerten Ehe- und Familienpastoral»[24].

«Liest man *Amoris laetitia* im direkten Gegenüber zu früheren Lehrdokumenten wie *Familiaris consortio* [1981] oder den Aussagen des Weltkatechismus» [1992], streicht der Freiburger Moraltheologe Eberhard Schockenhoff heraus, «treten bedeutsame Unterschiede hervor: Es geht dem Papst um nicht weniger als um den Wechsel von einer objektivistischen [...] Morallehre zu einer evangeliumsgemäßen, praxisnahen Theologie, die sich durch eine größere Lebensrelevanz auszeichnet. Selbstkritisch gesteht der Papst, dass die kirchliche Verkündigung oft durch eine übertriebene Idealisierung der Ehe gekennzeichnet war und ein ‹Stereotyp der Idealfamilie› zeichnete, das für die Gläubigen keine Hilfestellung bedeutete, sondern sie überforderte. Stattdessen postuliert er einen Perspektivenwechsel, eine geänderte Blickrichtung lehramtlicher Aussagen zu Ehe und Familie», die den realen Situationen heuti-

---

[22] *Bilkau*, Die Glücklichen 300.
[23] *Kasper,* Amoris laetita 724 (vgl. *Papst Franziskus,* Amoris laetitia Art. 308).
[24] *Ständiger Rat der Deutschen Bisachofskonferenz.*

ger Familien «gerecht wird und die Schwierigkeiten ernst nimmt, die das Zusammenleben von Ehepartnern untereinander sowie von Eltern und Kindern prägen. Die Forderung nach einer einladenden Pastoral, die nicht verurteilt, erfordert eine differenzierte Analyse der kulturellen Rahmenbedingungen und des gesellschaftlichen Kontextes, der auf das Leben der Familien einwirkt.»[25]

Theologisch und pastoral sind m. E. drei Punkte entscheidend: *Erstens* die Ermutigung zum persönlichen Gewissensurteil und der Respekt vor der unvertretbaren Eigenverantwortung jedes Einzelnen, wie man sie in päpstlichen Dokumenten so seit längerem nicht lesen konnte. Das Ziel kirchlicher Stellungnahmen muss es laut Schockenhoff sein, «das persönliche Unterscheidungsvermögen der Gläubigen zu stärken, damit sie auch in den Herausforderungen des Lebens, in denen schematische Antworten versagen und illusionäre Sicherheiten zerbrechen, eine ihrem Wohlergehen zuträgliche Lösung finden: ‹Wir sind berufen, die Gewissen zu bilden, nicht aber dazu, den Anspruch zu erheben, sie zu ersetzen.› (AL 37)»[26] *Zweitens* betont Schockenhoff die Skepsis des Papstes «gegenüber der Anwendung genereller Regelungen auf komplexe seelsorgerliche Situationen»[27], diese bedürfen vielmehr einer differenzierten seelsorglichen Antwort, damit die Betroffenen das Evangelium der «unverdienten, bedingungslosen und gegenleistungsfreien Barmherzigkeit»[28] erfahren können. *Drittens:* Trotz zahlreicher Zitate, die den Anspruch lehrmässiger Kontinuität zu seinen Vorgängern unterstreichen, weicht Franziskus in entscheidenden Punkten von Johannes Paul II. und Benedikt XVI. ab.[29] Das betrifft insbesondere die mögliche Zulassung wiederverheirateter Geschiedener zum Kommunionempfang. Johannes Paul II. zeigte in *Familiaris consortio*[30] die unterschiedlichen Situationen wiederverheirateter Geschiedener auf und anerkannte, dass manche von ihnen schuldlos verlassen wurden oder die subjektive Gewis-

---

[25] *Schockenhoff,* Paradigmenwechsel 241.
[26] *Schockenhoff,* Traditionsbruch 149. Eine gänzlich konträre Lesart bietet *Wollbold,* Amoris laetitia.
[27] *Schockenhoff,* Paradigmenwechsel 241 (vgl. bes. AL 300). Auf dem Rückflug von Lesbos erklärte Papst Franziskus am 16. April 2016: «Ja, es gibt eine Änderung hinsichtlich der Bedingungen zur Zulassung zu den Sakramenten.» Und er fügte hinzu: «Eins schlichtes ‹Ja› ist zu wenig, denn die Frage ist komplex und bedarf einer differenzierten Antwort.» (zit. n. *Eberl,* Prosecco 275).
[28] *Papst Franziskus,* Amoris laetitia Art. 297.
[29] *Schockenhoff,* Theologischer Paradigmenwechsel 243; vgl. *Faber/Lintner,* Theologische Entwicklungen in Amoris laetitia hinsichtlich der Frage der wiederverheirateten Geschiedenen; *Goertz,* Über Zweifel, Irrtümer und Unterscheidungen.
[30] *Papst Johannes Paul II.,* Familiaris consortio.

sensüberzeugung von der Ungültigkeit ihrer ersten Ehe haben, ohne dies rechtlich nachweisen zu können. Dennoch hielt Johannes Paul II. an einem generellen Verbot des Kommunionempfangs für alle Betroffen fest. In *Amoris laetitia* erfolgt nun eine «Weiterentwicklung der kirchlichen Position», die die unaufgelöste Spannung von *Familiaris consortio* beseitigt, indem Franziskus «nunmehr Schlussfolgerungen aus der geforderten Unterscheidung unterschiedlicher Situationen im Bereich der Seelsorge zulässt, die bislang zum Schaden der inneren Konsistenz der kirchlichen Lehre nicht gezogen werden durften»[31].

«Ausdrücklich weist Papst Franziskus die Prämisse der Argumentation seiner Vorgänger zurück, die in der Annahme bestand, dass alle Gläubigen, die sich aufgrund ihrer zweiten zivilen Eheschließung in einer irregulären Situation befinden, *eo ipso* eine objektiv schwere Schuld auf sich laden, die sie von den Sakramenten ausschließt. Gemäß dem Perspektivenwechsel, den Franziskus durch seine Aufforderung zur rechten Unterscheidung jeder Einzelsituation fordert, ist es ‹nicht mehr möglich zu behaupten, dass alle, die in irgendeiner sogenannten ‹irregulären› Situation leben, sich in einem Zustand der Todsünde befinden und die heilig machende Gnade verloren haben› (AL 301)».[32]

«Deren ‹Irregularität› setzt Franziskus ausnahmslos in Anführungszeichen und überwindet damit die doktrinelle Schwarz-Weiß-Logik der jüngsten Vergangenheit.»[33] Daniel Bogner sieht darin einen theologisch und seelsorglich gerechtfertigten Weg, um die falsche Alternative Laxismus oder Rigorismus, individuelle Beliebigkeit oder lehramtliche Vorschriftsmoral zu vermeiden.[34] Der Papst trage damit «für die Institution Kirche irritierende Unschärfen»[35] ein, kommentiert Michael N. Ebertz und sieht gerade darin einen *pastoralen Leitbildwechsel*, der eine Exklusionspastoral durch eine eher pädagogisch getönte Inklusionspastoral ersetzt. Wie die Auseinandersetzung um Amoris laetitia zeige, sei der Kampf um diesen von Papst Franziskus angestrebten Paradigmenwechsel von einer Exklusions- hin zu einer Inklusionskirche «noch längst nicht entschieden»[36]. «Dass die kirchenrechtlichen Konsequenzen von ‹Amoris laetitia› in die Fußnoten gewandert sind (so etwa 336 und 351), muss», so der Grazer

---

[31] *Schockenhoff*, Traditionsbruch 151f. Zu den unterschiedlichen Schlussfolgerungen von Papst Johannes Paul II. und Papst Franziskus vgl. auch *Bonnemain*, Amoris laetitia.
[32] *Schockenhoff*, Traditionsbruch 150f.
[33] *Knop*, Amoris laetitia 37.
[34] *Bogner*, Geradlinigkeit 189.
[35] *Ebertz*, Thesen 279.
[36] *Ebertz*, Thesen 280; ders., Leitbildwechsel.

Pastoraltheologe Rainer Bucher, «kein schlechtes Omen sein – eher im Gegenteil, könnte es doch eine längst fällige Umkehr der Relevanzhierarchie von Pastoral und Recht in der Bestimmung des konkreten Handelns der Kirche andeuten.»[37]

Für den Wiener Pastoraltheologen Paul M. Zulehner weist *Amoris laetita* daher über die Ehe- und Familienpastoral weit hinaus und markiert «*eine neue Pastoralkultur*»[38], die sich bemüht, das Evangelium ins Leben heutiger Menschen einzuweben, dessen jesuanische Grundmelodie die Barmherzigkeit ist, das Programmwort des Pontifikats von Franziskus. In Anlehnung an die orthodoxen Ostkirchen mit ihrer Unterscheidung zwischen Akribie und Oikonomie atme *Amoris laetitia* «den Geist einer therapeutisch gewendeten Kirche»[39], streicht Paul Michael Zulehner heraus. Neben der prophetischen Kritik an der Wirtschafts- und Arbeitswelt, die das Leben in Familien mehr behindern als fördern, hebt er positiv die Tuchfühlung mit den Realitäten, die Wertschätzung der Entwicklungen der Gegenwartskultur als Orte des Wirkens Gottes in der Welt von heute hervor. Im Mittelpunkt steht nicht das Gesetz, sondern das Gesicht, das heißt die Menschen mit ihrer einmalig-unverwechselbaren Geschichte. Franziskus gehe nicht davon aus, wie er die Menschen haben möchte, sondern wie sie faktisch sind: «Evangeliumskonforme Anteile der Entwicklung erhalten Unterstützung, dunklen Entwicklungen wird ohne moralische Anklage, vielmehr aus Sorge um das Gelingen der Liebe, prophetisch der kritische Spiegel des Evangeliums vorgehalten.»[40] Der Papst würdige Fragmente des schon gelebten Ideals, freue sich am bruchstückhaften Gelingen und mahne zur Achtsamkeit «gegenüber dem Guten, das der Heilige Geist inmitten der Schwachheit und Hinfälligkeit verbreitet»[41]. Zu Recht spricht Julia Knop von einer «*dem realen Leben zugewandten Neujustierung eines wirklich pastoralen kirchlichen Lehramts*»[42]. Rainer Bucher sieht gar das Revolutionäre an *Amoris laetitia* darin: «Dieser Text nimmt das Wort Johannes XXIII. aus der Konzilseröffnungsrede,

---

[37] *Bucher*, Stellschrauben 16. «Immerhin», zitiert er die Churer Dogmatikerin Eva-Maria Faber, «wird mit ‹Amoris laetitia› eine Veränderung der bestehenden offiziellen Disziplin vorgenommen, wie sie im Apostolischen Schreiben ‹Familiaris consortio› Nr. 84 und im Schreiben der Kongregation für die Glaubenslehre an die Bischöfe der katholischen Kirche über den Kommunionempfang von wiederverheirateten geschiedenen Gläubigen unter Ausschluss jeglicher Ausnahmen vorgeschrieben und eingeschärft wurde.» (Ebd.)
[38] *Zulehner*, Gesicht 99 (Hervorhebung C. G.).
[39] *Zulehner*, Gesicht 107.
[40] *Zulehner*, Gesicht 23.
[41] *Papst Franziskus*, Amoris laetitia Art. 308.
[42] *Knop*, Amoris laetitia 38.

es brauche ein ‹Lehramt von vorrangig pastoralem Charakter› ernst und konzeptionell.»[43] Selbstkritisch betont der Papst, es reiche nicht und entspreche auch nicht der Logik des Evangeliums, «nur moralische Gesetze anzuwenden, als seien es Felsblöcke, die man auf das Leben von Menschen wirft»[44]. Als «pastorale Perspektiven» führt Franziskus vielmehr Aussagen der Synode 2014 an:

> «Man darf nicht bei einer rein theoretischen, von den wirklichen Problemen der Menschen losgelösten Verkündigung stehen bleiben.› Die Familienpastoral ‹muss erfahrbar machen, dass das Evangelium der Familie die Antwort auf die tiefsten Erwartungen des Menschen darstellt›. [...] ‹Es geht nicht allein darum, Normen vorzulegen, sondern Werte anzubieten und damit auf eine Sehnsucht nach Werten zu antworten, die heute selbst in säkularisiertesten Ländern festzustellen ist.»[45]

Nicht von ungefähr runden denn auch Überlegungen zur «Spiritualität in Ehe und Familie» das päpstliche Schreiben ab. Hierzu ein weiteres Fallbeispiel aus der Gegenwartsliteratur.

3 Familiengeschichten: Gnade in Beziehung

John von Düffel (*1966) verdeutlicht in seinem Drei-Generationen-Roman *Houwelandt* (2004) den Wandel der Familienvorstellungen in direkter Auseinandersetzung mit der literarischen Tradition: *Houwelandt* ist eine moderne Kontrafaktur auf die *Buddenbrooks* (1901) von Thomas Mann. Schon die Namen der vier zentralen Handlungsträger – Jorge, Thomas, Christian und Esther – stellen einen deutlichen intertextuellen Bezug zum Urmodell des bürgerlichen Familienromans her.[46] Jorge und Ester, die Großeltern, leben typisch für die Vorkriegsgeneration ein traditionelles Ehe- und Familienmodell. Von diesem Rollenmodell seiner Eltern grenzt sich Thomas vollständig ab, der mit seiner Frau Beate, typisch für die 68-Generation, einen Rollentausch versucht; unterdessen leben die beiden getrennt und Thomas ist auf Jobsuche. Christian und Ricarda, die die Enkelgeneration repräsentieren, beide beruflich gleichermaßen hochqualifiziert, leben bislang kinderlos ein egalitäres Rollenmodell. Im Unterschied

---

[43] *Bucher,* Stellschrauben 15.
[44] *Papst Franziskus,* Amoris laetitia Art. 305.
[45] *Papst Franziskus,* Amoris laetitia Art. 201; Zitate: *Dritte Außerordentliche Generalversammlung der Bischofssynode,* Relatio Synodi Art. 32 und 33.
[46] Vgl. *Scheffel,* Glieder 140f.

zur unangefochtenen alleinigen Erzählautorität bei Thomas Mann hat sich Düffel für eine multiperspektivische Erzählform entschieden, bei der die vier Hauptpersonen abwechselnd zu Wort kommen. Die 30 Erzählabschnitte des Romans thematisieren denn auch grundlegend verschiedene Einstellungen gegenüber der Lebensform Familie:

> «Es handelt sich um Familiengeschichte als die Geschichte ihrer Versionen. Die Familie erzählt nicht eine einheitliche Geschichte, sondern verschiedene Versionen, die nicht übereinstimmen. Sie widersprechen sich sogar [...] Aus der einen verbrieften Familienlegende werden einzelne, lose Familiengeschichten, die nebeneinander bestehen in einer Art unfriedlichen Koexistenz.»[47]

Dies umso mehr, als die drei *Houwelandt*-Generationen seit langem nicht nur räumlich getrennt leben. Düffel spricht von der «Verinselung der Houwelandts»[48] als wesentlichem Unterschied zum patriarchalen Modell der Familie unter einem Dach an einem Ort. So erzählt auch er wie Thomas Mann vom «Zerfall einer Familie»[49]: «Wahrscheinlich war es das beste, wenn diese Familie einfach ausstarb», bringt es «der Erstgeborene des Erstgeborenen»[50], der Enkel und Stammhalter Christian auf den Punkt.

> «Christian wollte sie alle nicht mehr sehen: seine Großmutter [Esther], die sich in Angelegenheiten mischte, die sie nichts angingen, seinen Vater [Thomas], der außer planlosen Frauengeschichten nichts zustande bekam, und seine Mutter [Beate], die vor lauter Weltverbesserungseifer die Menschen um sich herum vergaß. Warum das Elend mutwillig verlängern und der Kette der Defekte ein neues Glied hinzufügen? Warum Fortpflanzung? Möglicherweise hatte Jorge [der Großvater] als einziger in der Familie erkannt, dass die nächste Generation und alles, was dann kam, nichts taugte, und sich deshalb von dem ganzen Haufen abgewandt.»[51]

Der 80. Geburtstag des Familienpatrons steht bevor, alle in der auseinanderfallenden Familie fürchten Jorges gleichgültige, beziehungslose, fast feindselige Haltung gegenüber anderen. Der alte Houwelandt hat sich an die spanische Costa Blanca zurückgezogen und legt keinerlei Wert auf die von seiner Frau Esther geplante Geburtstagsfeier am Familiensitz in Norddeutschland. Sie will mit dem Familienfest die zerstrittenen Generationen wieder zusammenbringen,

---

[47] *Düffel*, Wovon ich schreibe 118f.
[48] *Düffel*, Wovon ich schreibe 121.
[49] Dazu eingehend *Düffel*, Bürgerdämmerung.
[50] *Düffel*, Wovon ich schreibe 301.
[51] *Düffel*, Houewelandt 258.

später fasst sie den Entschluss, sich von Jorge zu trennen. Thomas, der Vater von Christian, verharrt mit 57 Jahren immer noch in einer auf Dauer gestellten Rebellion gegen den übermächtigen Familientyrannen und sieht der Feier mit Schrecken entgegen. Er hält «Familienfeiern und Gerichtsverhandlungen für gar nicht so verschieden: Alles, was man sage, werde ausschließlich unter dem Gesichtspunkt von ‹schuldig oder nicht schuldig› betrachtet»[52]. Thomas konnte seinem Vater nie genügen, Jorges skrupulöser Perfektionismus hinderte ihn, je etwas im Leben zu vollenden: eine abgebrochene Promotion, kein ordentlicher Beruf, eine gescheiterte Ehe – das Leben dieses in Ungnade gefallenen, ewigen Sohnes ist keine Erfolgsgeschichte. Ausgerechnet ihn bittet Esther die Festrede auf Jorge zu halten. Sie gerät zu einem Selbstverständigungstext, in dem sich Thomas von den traumatisierenden Demütigungen und Grausamkeiten freischreibt, die er durch das erbarmungslos-autoritäre Regiment seines Vaters erfahren hat. Klar, dass er diesen «festrednerischen Amoklauf»[53] so nicht vortragen kann! Das unfertige Redemanuskript landet an seinen Sohn Christian adressiert in dessen Briefkasten und zwingt diesen zum Überdenken der Beziehung zu seinem Vater.

In den Augen seines beruflich erfolgreichen 33-jährigen Sohnes Christian ist Thomas als schon karikaturhaftes 68er «Weichei» «nach allen bürgerlichen Maßstäben ein Versager»[54]. Der Enkel ist Jorge nicht nur äußerlich ähnlich: Seinen Vater nimmt er mit der Härte seines strengen Großvaters wahr. «Er haßte seinen Vater nicht. Er haßte es nur, sein Sohn zu sein.» Scharf grenzt sich Christian von Thomas' Lebensuntüchtigkeit, Unzuverlässigkeit und Schwäche ab:

> «Sein Vater war ein abschreckendes Beispiel, aber nicht für ihn. Für ihn galten andere Gesetze. Er unterlag nicht wie sein Vater der Schwerkraft des Versagens [...] Christian dachte nicht an die Möglichkeit des Versagens, sondern vertraute seit jeher fest und mit zusammengebissenen Zähnen auf sich selbst. Es gab ja sonst niemand.»[55]

In seiner Ehe mit Beate, einer Lehrerin, hatte Thomas schon früh die Rolle des Hausmanns übernommen und war als Vater für die Erziehung seines Sohnes verantwortlich: «Mit einem Kind kommst du zu nichts, schon gar nicht, wenn es so umtriebig ist wie Christian», erzählt Thomas Ricarda. «Ich bereue es

---

[52] *Düffel,* Houewelandt 167.
[53] *Düffel,* Houewelandt 105.
[54] *Düffel,* Houewelandt 85.
[55] *Düffel,* Houewelandt 135f.

nicht. Ich möchte keine Sekunde mit meinem Sohn missen.»⁵⁶ Sein wichtigster Grundsatz war, Christian von der Unbarmherzigkeit des Großvaters fernzuhalten; wenigstens dies hat er richtig gemacht. Ja, im Unterschied zu seinem Vater Jorge hat Thomas «seinen Sohn immer für das geliebt, was er war»⁵⁷ – nicht das, was er in seinen Augen sein sollte.

Einmal mehr ist es Christian, der für seinen Vater Thomas einspringen muss, widerwillig übernimmt er die Festrede auf Jorge: «Er hatte immer dorthin gewollt, wo sein Vater nicht war, nach oben»⁵⁸, erfahren wir über Christian. «Er wollte zurück zu seinem klaren, zielstrebigen, erfolgreichen Leben und nichts mehr zu schaffen haben mit der Verwirrung der Gefühle, die von seinen Eltern ausging». Hellsichtig lässt Düffel ihn fantasieren, sie könnten «bilderbuchgleich, Arm in Arm, mit einem mitleidig-liebenden Blick» ihrem «ewig getriebenen Sohn, Krischan», nachschauen: «der kleine Springinsfeld» werde «es schon noch selber merken, *dass das wahre Glück, die wirkliche Zufriedenheit nicht in dem liegt, was man leistet, sondern in den Menschen, die man liebt ...*»⁵⁹. Zu dieser Einsicht gelangt Christian am Ende des Romans: «Was eine Familie wert war, zeigte sich nicht in den Erfolgen, die der eine oder andere vorzuweisen hatte, sondern in ihrem Umgang mit dem schwächsten Glied in der Kette.»⁶⁰ Christian wagt denn auch einen *familiären Neuanfang:* Er wünscht sich ein Kind von seiner beruflich ebenfalls sehr erfolgreichen und ehrgeizigen Lebensgefährtin, der Erfolg im Beruf allein genügt ihm jedoch nicht, er will mehr Sinn in seinem Leben, fühlt sich regelrecht «zum Leben konvertiert»⁶¹. Am liebsten wäre ihm eine Tochter, damit die Kette der Vater-Sohn-Konflikte unterbrochen, statt der Wiederholung alter Muster Neues möglich wird.

Worin liegt das religiös-spirituell Bedeutsame an Düffels Roman?⁶² Fokussiert auf alte und neue Väterbilder und -rollen, an denen sich seine männlichen Protagonisten abarbeiten, lässt *Houwelandt unterschiedliche Lebenskonzepte* aufeinanderprallen, *denen jeweils ein bestimmtes Gottesbild entspricht.* Ein gnädiger Gott war für den ohne eigenen Vater aufgewachsenen Jorge schlicht ein verächtlicher Gott. Er kann sich Gott nur als strafenden vorstellen – so wie er selber erzogen worden war und auch seine eigenen Kinder mit Härte und Angst er-

---

56 *Düffel,* Houewelandt 174.
57 *Düffel,* Houewelandt 175.
58 *Düffel,* Houewelandt 203.
59 *Düffel,* Houewelandt 259 (Hervorhebung C. G.).
60 *Düffel,* Houewelandt 205.
61 *Düffel,* Houewelandt 134.
62 Vgl. *Langenhorst,* Gnade.

zog. Wie er schon früh im Jesuiteninternat Exerzitien praktizierte, die an Geißelung und Selbstkasteiung erinnern, versucht er noch als alter Mann, Gott durch *Leistung und Disziplin* nahezukommen: «Für ihn war Schmerz die einzige Möglichkeit, Gott, dem Herrn, nahe zu sein.»[63] Immerhin findet der einsame alte Mann Gefallen an den biblischen «Parabeln der Sünder, der Fehlgehenden und Gefallenen, die Gottes Gnade fanden zu guter Letzt. Doch [ihre] Worte blieben ohne Überzeugung und brachten weder Trost noch Erleichterung.»[64] Die findet Jorge beim morgendlichen Schwimmen im Meer, seinem eigentlichen Gebet: «Er schwamm, um Gott in allen Dingen nahe zu sein. Und nirgendwo spürte er Seine Nähe so deutlich wie in diesem, dem Morgen ergebenen Element. Kein Anblick, keine Berührung, keine Stille erfüllte ihn mit größerer Dankbarkeit.»[65] Ja, das Wasser «empfing ihn Tag für Tag mit gleich bleibender Gnade. Im Angesicht des Meeres am Morgen fand Jorge Vergebung für seinen Mangel an Begabung. Hier und jetzt musste er die Tiefe nicht suchen, sie war wie die See einfach und unsagbar da, trug ihn, hob ihn und nahm ihn aus der Welt.»[66] Es ist spirituell höchst aufschlussreich, wie der in einem atheistischen Elternhaus aufgewachsene Autor, der erst im Religionsunterricht Geschichten aus der Bibel kennenlernte, mit der schwerelosen «Gnade des Wassers»[67] eine Leichtigkeit des Seins beschwört, wie sie mehrfach am Sehnsuchtshorizont der Gegenwartsliteratur aufscheint.

Weil der Familienpatriarch überraschend stirbt, wird die Geburtstags- zur Abschiedsfeier. In seiner Trauerrede beschreibt Christian den Verlust, der ihm Jorges Tod bedeutet: «Es gab plötzlich keine Möglichkeit mehr, auf diesen strengen, unerbittlichen Mann zuzugehen, ihm die Hand zu schütteln und zu Gott zu sagen, ich habe keine Angst vor dir.»[68] Ob er diese Sätze aussprechen soll, weiß Christian auch wenige Minuten vor der geplanten Rede noch nicht, mit diesem offenen Schluss endet der Roman. In seiner Ungewissheit, ob er die Rede halten oder weggehen soll, fällt Christians Blick auf seinen Vater Thomas. Der lässt Christian spüren, was er diesem vermeintlichen Schwächling verdankt – kaum zufällig scheint hier das christlich-jesuanische Gottesbild auf, wie wir es aus den neutestamentlichen «Parabeln der Sünder, der Fehlgehenden und Gefallenen» kennen. Höchst aufschlussreich verbindet es Düffel gerade

---

63 *Düffel*, Houwelandt 268.
64 *Düffel*, Houewelandt 278.
65 *Düffel*, Houewelandt.; vgl. *Brunnhuber*, Gnade, bes. 63–67.
66 *Düffel*, Houewelandt 145.
67 *Düffel*, Houewelandt 214. Vgl. *Gellner*, Leichtigkeit.
68 *Düffel*, Houwelandt 299.

mit dem vermeintlichen Versager Thomas. Ist Christian am Ende doch bewusst:

«Was er auch tat, sein Vater würde es gutheißen, ihn verteidigen, seine Partei ergreifen. Er konnte schweigen oder reden, er konnte sagen, was er wollte, bleiben oder gehen – sein Vater würde ihm alles verzeihen, weil er ihn liebte. Und er, Christian, liebte ihn auch.»[69]

Zu guter Letzt erfüllt sich in Düffels Familienroman so der menschliche Grundwunsch nach Gewollt-, Bejaht- und Angenommensein.

4 Sensibel für Religiös-Spirituelles heute

Eine zeitgemässe Beziehungs- und Familienpastoral,[70] die mystagogisch davon ausgeht, dass Gottes Gnade längst am Grund des Lebens eines jeden Menschen ist, bevor die Kirche mit ihrer Verkündigung zu den Menschen kommt,[71] wird sich um ein positives Verstehen der vielfältigen Realitäten heute gelebter Paarbeziehungen und Familien bemühen. Sind sie doch mit hohen Lebenssinn- und Glückserwartungen verbunden. Dazu bedarf es pastoraler Aufmerksamkeit, Lern- und Dialogbereitschaft, will Kirche tatsächlich bei den gelebten Erfahrungen der Menschen ansetzen, wie sie sind, nicht wie sie sein sollen, bei ihren Bedürfnissen und Sehnsüchten nach Glücken und Gelingen. Literatur kann dafür eine zeitdiagnostisch-seismografische *Sprach-, Seh- und Wahrnehmungsschule* sein, indem sie feste Sehgewohnheiten auflöst und eingespielte Wahrnehmungsmuster aufbricht, ohne selber vorschnelle Antworten zu geben. Es gibt in der Tat nicht nur Schwarz oder Weiß im Fluss des Lebens! Das gute Leben ist nach wie vor Familienleben, das belegt nicht zuletzt die ungebrochene Faszination des Familienromans.[72] Literatur als gestaltete und gedeutete Erfahrung ergänzt die empirisch-wissenschaftliche Dimension der Erfahrung. Unter Berufung auf die Pastoralkonstitution *Die Kirche in der Welt von heute* haben Pastoraltheologen wie Erich Garhammer und Ottmar Fuchs die *Lebens- und Sprachauto-*

---

[69] *Düffel*, Houwelandt 301.
[70] Vgl. *Belok*, Beziehungspastoral; *Wagner*, Ehe; *Gellner*, Paarwelten.
[71] Hierzu *Klein/Karrer*, Zugang.
[72] Meine Beobachtung mit Verweis auf Matt und Sandberg Zur Variationsbreite literarischer Familiengeschichten im Gefolge von Sigmund Freuds pschoanalytischer Hermeneutik des Familienromans vgl. *Matt*, Söhne; speziell zur Schweizer Literatur vgl. *Sandberg*, Familienbilder.

rität zeitgenössischer Literatur und Kunst – dazu gehört auch das Massenmedium Film – für die Inkulturation des Evangeliums herausgestellt.[73] Indem sie «die Situation des Menschen, […] sein Elend und seine Freude, seine Not und seine Kraft» (GS 62) verarbeiten, von subjektiven Glückserwartungen und konkreter Erfahrungswirklichkeit ausgehen, nicht von abstrakten Idealen, und zugleich über die Grenzen des Alltags hinausführen und dem, was ist, das entgegensetzen, was sein könnte, wie es sein müsste oder wie es auf keinen Fall werden darf, sind sie *unerlässlich für die Verbindung mit der eigenen Zeit.* Es ist gewiss «keine immer einfache Sache», sich auf dieses Außen einzulassen,

> «aber ohne den Mut zu dieser Begegnung wird das, was Kirche sagt, belanglos und bleibt hinter dem zurück, was sie von der Substanz ihrer Botschaft her zu sagen hätte. Deshalb wird direkt eine Verbesserung der Beziehung der Kirche zur zeitgenössischen Kunst und Literatur gefordert; deren Anstößigkeit ist kein Hindernis, sondern eine Herausforderung.»[74]

Während kirchliche Verkündigung früher auf die Bekehrung des nicht-kirchlichen Außen und dessen Anschluss an das kirchliche Innen zielte, sucht eine *zeitsensible Pastoral der Entdeckung* nach Sinn und Bedeutung des Evangeliums in den Kontrasten der Gegenwart. Gerade wer um diese Innen-Außen-Konstellation des Glaubens der Zeit weiß, wird die Relevanz zeitgenössischer Literatur «als sprachliches Gewissen, notwendige Provokation und unentbehrlicher Seismograf für Theologie und Kirche»[75] betonen. Nur so lässt sich an die «Sehnsucht nach Werten» anschließen, «die heute selbst in säkularisiertesten Ländern festzustellen ist»[76], wie Papst Franziskus zu Recht betont.

Gerade in der deutschsprachigen Gegenwartskultur lässt sich seit den 1990er Jahren eine *neue Aufmerksamkeit für Religiös-Spirituelles* beobachten, ein bedeutsamer Vorzeichen- und Klimawechsel in Sachen Religion.[77] «Religiöse Themen», betont der Schriftsteller *Hanns-Josef Ortheil* (*1951) in einem Interview mit dem Kölner Domradio, «sind längst wieder gesprächsfähig geworden, weil sie mit den alten Dogmen-Debatten und den kirchlichen Lehrmeinungen nicht ausschließlich in Verbindung gebracht werden. Jetzt ist eher die Frage, was denn Glaube an sich ist, unabhängig von einem ideologischen oder kirchli-

---

[73] *Garhammer,* Zweifel 86f.; *Fuchs,* Poesie 17f.; vgl. *Gellner,* Dichter.
[74] *Sander,* Kommentar 788.
[75] *Schröer,* Literatur 304; vgl. *Langenhorst,* Theologie.
[76] *Papst Franziskus,* Amoris laetitia Art. 201.
[77] Vgl. *Gellner,* Aufmerksamkeit; *Gellner,* biografischer werden.

chen Kommentar. Vermittelt er sich nicht auch über andere Lebenserfahrungen des Menschen, zum Beispiel über die Liebe?»[78]

Amoris laetitia ist dafür gewiss ein verheißungsvoller Aufschlag! Dabei ist Glaube für Ortheil «kein äußeres Regiment, sondern eine Durchdringung der Welt von innen her»[79]. Ja, die alltagsbezogene «Anmutung eines spirituellen Wahrnehmens»[80] ist so zentral für Ortheils Denken und Schreiben, dass er in seinem jüngsten Buch dieser religiösen «Durchdringung des Lebens» ein eigenes Kapitel gewidmet hat.[81] Hier bieten sich in der Tat religiös-spirituelle Anschlussmöglichkeiten für eine biografie- und zeitsensible Beziehungs- und Familienpastoral.

Literaturverzeichnis

Belok, Manfred: Was meint Beziehungspastoral? Eine vorläufige Skizze, in: *Belok, Manfred/Loretan-Saladin, Franziska (Hg.):* Zwischenmenschlich. Beziehungspastoral heute. Zürich: Edition NZN bei TVZ 2016, 11–35.

Bilkau, Kristine: Die Glücklichen. Roman. München: Luchterhand ³2015.

Bogner, Daniel: Interpretatorische Geradlinigkeit, in: SKZ 185 (2017) 188–189.

Bonnemain, Joseph M.: Amoris laetitia: Unterscheiden, in: SKZ 185 (2017) 198–200.

Brunnhuber, Petra: «Die Gnade des Wassers». Das Urelement in den Werken John von Düffels, in: *Catani, Stephanie/Marx, Friedhelm:* Familien Erzählen. Das literarische Werk John von Düffels. Göttingen: Wallstein 2010, 53–70.

Bucher, Rainer: Mehr als Stellschrauben. «Amoris Laetitia» ist Ausdruck eines pastoralen Lehramts, in: HerKorr 70 (2016), H. 6, 15–16.

Bünker, Arnd/Gellner, Christoph (Hg.): Kirche als Mission. Anstiftungen zu christlich entschiedener Zeitgenossenschaft. Zürich: Edition NZN bei TVZ 2011.

Bünker, Arnd/Schmitt, Hanspeter (Hg.): Familienvielfalt in der katholischen Kirche. Geschichten und Reflexionen. Zürich: Edition NZN bei TVZ 2015.

Dritte Außerordentliche Generalversammlung der Bischofssynode: Relatio Synodi: Die pastoralen Herausforderungen der Familie im Rahmen der Evangelisierung, vom 5.–19. Oktober 2014. Dokumente der Deutschen Bischofskonferenz (Arbeitshilfen 273), Bonn 2014.

---

[78] *Kleyboldt*, Ortheil. Zu Ortheils drei vielbeachteten Liebesromanen «Die große Liebe» (2003), «Das Verlangen nach Liebe» (2007) und «Liebesnähe» (2011) vgl. *Gellner*, Nach oben 237–247.
[79] *Orth*, Gespräch 286.
[80] *Orth*, Gespräch 288.
[81] *Ortheil*, Was ich liebe 311–328.

Düffel, John von: Beste Jahre. Roman, Köln: DuMont 2007.

Düffel, John von: Bürgerdämmerung. Eine Anatomie des Verfalls, in: *Sareika, Rüdiger:* Buddenbrooks, Houwelandt & Co. Zur Psychopathologie der Familie am Beispiel des Werks von Thomas Mann und John von Düffel. Iserlohn: Tagungsprotokolle – Institut für Kirche und Gesellschaft 2008, 149–186.

Düffel, John von: Houewelandt. Roman. München: dtv, ⁴2008.

Düffel, John von: Wovon ich schreibe. Eine kleine Poetik des Lebens. Köln: DuMont 2009.

Eberl, Ute: Prosecco, Mineralwasser oder Vitaminsaft? *Amoris laetita* im Praxistest, in: LS 67 (2016) 274–277.

Ebertz, Michael N.: Leitbildwechsel. Die Kirche vor neuen religiösen Identitäten und Optionen, in: Impulse aus der Hauptabteilung Schule und Hochschule des Erzbistums Köln Nr. 113 (2016) H. 2, 4–7.

Ebertz, Michael N.: Soziologische Thesen zu Amoris laetitia, in: LS 67 (2016) 278–280.

Faber, Eva-Maria/Lintner, Martin: Theologische Entwicklungen in Amoris laetitia hinsichtlich der Frage der wiederverheirateten Geschiedenen, in: *Goertz, Stephan/Witting, Caroline (Hg.):* Amoris laetita – Wendepunkt für die Moraltheologie? Freiburg i. Br.: Herder 2016, 279–320.

Florin, Christiane: Die Ehe. Ein riskantes Sakrament. München: Kösel 2016.

Fuchs, Ottmar: Im Raum der Poesie. Theologie auf den Wegen der Literatur. Ostfildern: Grünewald 2011.

Garhammer, Erich: Und er bewegt sie doch. Wie Papst Franziskus Kirche und Welt verändert. Würzburg: Echter 2017.

Garhammer, Erich: Zweifel im Dienst der Hoffnung. Poesie und Theologie. Würzburg: Echter 2011.

Gellner, Christoph (Hg.): «… biografischer und spiritueller werden». Anstösse für ein zukunftsfähiges Christentum. Zürich: Edition NZN bei TVZ 2009.

Gellner, Christoph: «Vielleicht hält Gott sich einige Dichter …». Zeitgenössische Literatur – notwendige Provokation und unentbehrlicher Seismograf kulturell sensibler Theologie, in: *Felder, Michael/Schwaratzki, Jörg (Hg.):* Glaubwürdigkeit der Kirche Würde der Glaubenden. Für Leo Karrer. Freiburg i. Br.: Herder 2012, 207–221.

Gellner, Christoph (Hg): Paar- und Familienwelten im Wandel. Neue Herausforderungen für Kirche und Pastoral. Zürich: Edition NZN bei TVZ 2007.

Gellner, Christoph: «… nach oben offen». Literatur und Spiritualität – zeitgenössische Profile. Ostfildern: Grünewald 2013.

Gellner, Christoph: Eine neue Leichtigkeit des Seins? Suchbewegungen in der Literatur unserer Zeit, in: StZ 232 (2014) 689–699.

Gellner, Christoph: Keine Ehe-, nur Ehebruchsgeschichten? Neue Signale in der jüngsten deutschsprachigen Gegenwartsliteratur, in: *Belok, Manfred/Loretan-Saladin, Franziska*

(Hg.): Zwischenmenschlich. Beziehungspastoral heute, Zürich: Edition NZN bei TVZ 2016, 53–67.

Gellner, Christoph: Neue Aufmerksamkeit für Gott. Erkundungen in der zeitgenössischen Gegenwartsliteratur, in: *Mückstein, Walter/Hundertmark, Peter (Hg.):* Brennpunkt Leben – Brennpunkt Gott. Handbuch geistliche Begleitung. Ostfildern: Grünewald 2012, 193–219.

Goertz, Stephan: Über Zweifel, Irrtümer und Unterscheidungen. Eine moraltheologische Zwischenbetrachtung zur Debatte um «Amoris Laetitia», in: StZ. Online, online: www.stimmen-der-zeit.de/zeitschrift/online_exklusiv/details_html?k_beitrag=4784898 (8.1.2018).

Heimbach-Steins, Marianne: Bewährungsprobe «Ehe und Familie». Beobachtungen und Reflexionen nach der Bischofssynode und dem nachsynodalen Schreiben *Amoris Laetitia*, in: *Kettmann, Theodor/Wübbe, Johannes (Hg.):* ZeitGeist?! Heutige Lebenswelten als heilsame Provokation für Theologie und Kirche. Regensburg: Pustet 2016, 97–108.

Kasper, Walter Kardinal: «Amoris laetitia»: Bruch oder Aufbruch? Eine Nachlese, in: StZ 234 (2016) 723–732.

Klein, Stephanie/Karrer, Leo: Sakramentales Denken als Grundlage der Ehe- und Familienpastoral. Ein mystagogischer Zugang zur «Verheutigung» des Sakramentenverständnisses, in: *Belok, Manfred/Loretan-Saladin, Franziska (Hg.):* Zwischenmenschlich. Beziehungspastoral heute, Zürich: Edition NZN bei TVZ 2016, 69–80.

Kleyboldt, Sabine: Der Romanautor muss ein Beichtvater sein. Hanns-Josef Ortheil über Lese- und Lebenshunger, domradio.de vom 8. Februar 2009.

Knop, Julia: Amoris laetitia – Über die Liebe in der Familie. Ein Kommentar, in: *Knop, Julia/Loffeld, Jan (Hg.):* Ganz familiär. Die Bischofssynode 2014/2015 in der Debatte. Regensburg: Pustet 2016, 13–39.

Langenhorst, Annegret: «… die Gottes Gnade fanden zu guter Letzt». Eine theologische Lektüre des Romans «Houwelandt» von John von Düffel, in: *Eckholt, Margrit/Pemsel-Maier, Sabine (Hg.):* Räume der Gnade. Interkulturelle Perspektiven auf die christliche Erlösungsbotschaft. Ostfildern: Grünewald 2006, 162–172.

Langenhorst, Georg: «… größere Kraft als die Sprache der Intellektuellen …» (Romano Guardini). Theologie im Gespräch mit der (Gegenwarts-)Literatur, in: *Büchner, Christine/Spallek, Gerrit (Hg.):* Im Gespräch mit der Welt. Eine Einführung in die Theologie. Ostfildern: Grünewald 2016, 205–232.

Matt, Peter von: Verkommene Söhne, mißratene Töchter. Familiendesaster in der Literatur. München: Hanser, Neuausgabe 2014.

Orth, Stefan: «Durchdringung der Welt von innen her». Ein Gespräch mit dem Schriftsteller Hanns-Josef Ortheil, in: HerKorr 68 (2014) H. 6, 286–290.

Ortheil, Hanns-Josef: Was ich liebe und was nicht. München: Luchterhand 2016.

Papst Franziskus: Nachsynodales Apostolisches Schreiben *Amoris laetitia* an die Bischöfe, an die Priester und Diakone, an die Personen geweihten Lebens, an die christlichen Eheleute und an alle christgläubigen Laien über die Liebe in der Familie, vom 19. März 2016 (VApS 204), Bonn 2016.

Papst Johannes Paul II.: Apostolisches Schreiben *Familiaris consortio* an die Bischöfe, Priester und Gäubigen der ganzen Kirche über die Aufgaben der christlichen Familie in der Welt von heute, vom 22. November 1981 (VApS 33), Bonn ⁵1994.

Sandberg, Beatrice (Hg.): Familienbilder als Zeitbilder. Erzählte Zeitgeschichte(n) bei Schweizer Autoren vom 18. Jahrhundert bis zur Gegenwart. Berlin: Frank & Timme 2010.

Sander, Hans-Joachim: Theologischer Kommentar zur Pastoralkonstitution über die Kirche in der Welt von heute Gaudium et spes, in: *Peter Hünermann/Hilberath, Bernd Jochen (Hg.):* Herders Theologischer Kommentar zum Zweiten Vatikanischen Konzil, Bd. 4. Freiburg i. Br.: Herder 2005, 581–886.

Scheffel, Michael: «Glieder in einer Kette»? Bilder der Familie und Formen des Erzählens in Thomas Manns Buddenbrooks und John von Düffels Houwelandt, in: Catani, Stephanie: Familien Erzählen. Das literarische Werk John von Düffels. Göttingen: Wallstein 2010, 129–143.

Schockenhoff, Eberhard: Theologischer Paradigmenwechsel und neue pastorale Spielräume. Das nachsynodale Apostolische Schreiben *Amoris laetitia*, in: LS 67 (2016) 240–246.

Schockenhoff, Eberhard: Traditionsbruch oder notwendige Weiterbildung? Zwei Lesarten des Nachsynodalen Schreibens «Amoris laetita», in: StZ 235 (2017) 147–158.

Schröer, Henning: Art. Literatur und Religion. VI. Praktisch-theologisch, in: TRE 21 (1991) 294–306.

Ständiger Rat der Deutschen Bischofskonferenz: «Die Freude der Liebe, die in den Familien gelebt wird, ist auch die Freude der Kirche» – Einladung zu einer erneuerten Ehe- und Familienpastoral im Licht von *Amoris Laetitia*. Wort der deutschen Bischöfe vom 23. Januar 2017.

Strüber, Lothar: Barmherzigkeit und Wahrheit begegnen sich. «Babettes Fest» von Gabriel Axel (1987), in: *Peter Hasenberg u. a. (Hg.):* Spuren des Religiösen im Film. Meilensteine aus 100 Jahren Filmgeschichte. Mainz: Grünewald 1995, 31–33.

Wagner, Jochen (Hg.): Ehe.leben. Ökumenische Ermutigungen. Trier: Paulinus 2017.

Wollbold, Andreas: «Amoris laetitia» – Auf der Suche nach einem angemessenen Verständnis, in: MThZ 68 (2017) 17–40.

Zulehner, Paul M.: Vom Gesetz zum Gesicht. Ein neuer Ton in der Kirche: Papst Franziskus zu Ehe und Familie (Amoris laetitia). Ostfildern: Patmos 2016.

Amoris laetitia und der Wandel der kirchlichen Familienvorstellungen

Stephanie Klein

Die kirchliche Lehre von der Ehe hat die Entwicklung des modernen westlichen Familienverständnisses grundlegend geprägt. Im 20. Jahrhundert entstand jedoch eine tiefe Kluft zwischen den lehramtlichen Doktrinen und dem Leben und Selbstverständnis der Gläubigen. Die Enzyklika *Humanae vitae*[1] von Papst Paul VI. im Jahr 1968 und das Apostolische Schreiben *Familiaris consortio*[2] von Papst Johannes Paul II. im Jahr 1982 versuchten, den Gläubigen die Lehre der Kirche zu Ehe und Familie nahezubringen, vertieften jedoch die Kluft nur noch, da viele Gläubige sich in ihren Situationen und ihrem Glauben nicht gehört und verstanden sahen. Papst Franziskus hat einen neuen Weg eingeschlagen, um das Leben und den Glauben der Gläubigen und die lehramtliche Reflexion und Verkündigung miteinander zu verbinden. Durch weltweite Befragungen und zwei Weltbischofssynoden setze er einen umfassenden theologischen Reflexionsprozess auf allen institutionellen Ebenen der Kirche in Gang. Sein Nachsynodales Schreiben *Amoris laetitia*[3] ist nicht als ein Abschluss, sondern als ein zentraler Meilenstein auf einem weitergehenden Reflexionsweg der Kirche zu verstehen.

Der folgende Beitrag beschreibt zunächst die Situation der Entfremdung zwischen dem Familienleben der Gläubigen und den lehramtlichen Aussagen zur Familie. Er zeigt dann die neuen Wege der Annäherung auf, die Papst Franziskus eingeschlagen hat: methodisch durch den synodalen Prozess, der die gesamte Kirche in die Reflexion mit einbezieht, und inhaltlich durch eine neue Zeichenmetaphorik und eine differenzierte Hermeneutik im Umngang mit kirchlichen Normen in *Amoris laetitia*. Der Beitrag schließt mit drei Überlegungen für die weitere theologische *Reflexion* ab.

---

[1] Vgl. *Papst Paul VI.*, Humanae vitae.
[2] Vgl. *Papst Johannes Paul II.*, Familiaris consortio.
[3] Vgl. *Papst Franziskus*, Amoris laetitia.

Stephanie Klein

1 Eine wachsende Kluft

Die kirchliche Lehre von der Ehe als einem von sieben Sakramenten der katholischen Kirche hatte sich bis zum Konzil von Trient (1545–1563) auf der Grundlage mittelalterlicher Theologie herausgebildet und wurde auf diesem Konzil noch einmal verbindlich definiert. Seitdem hat sie sich kaum verändert. Das Zweite Vatikanische Konzil (1962–1965) setzte allerdings neue Akzente, indem es die Personalität und Würde der Ehepartner und die Liebe zwischen ihnen betonte.[4] Es äußerte sich jedoch kulturpessimistisch und kritisch gegenüber Partnerschaftsformen, die der lehramtlichen Ehelehre nicht entsprachen. Die Texte betonen die Keuschheit und «die unbedingte Treue der Gatten und [...] ihre unauflösliche Einheit»[5], die Zeugung und Erziehung der Kinder sowie den Schutz und die pastorale Unterstützung der Familie.

Eine eigene dogmatische Familientheologie gibt es nicht.[6] Das Verständnis der Familie ist aus der Ehe abgeleitet; die Familie ist die Folge, das Ziel und Krönung der für die Fortpflanzung offenen Ehe. Das Apostolische Schreiben *Familiaris consortio* von Papst Johannes Paul II. aus dem Jahr 1982 machte erstmals die Familie zum Thema einer umfassenden lehramtlichen Reflexion, allerdings handelt auch dieses Schreiben hauptsächlich von der Ehe, aus der sich die Familie ableitet. So heißt es in dem Schreiben: «Die Ehegemeinschaft bildet das Fundament, auf dem die größere Gemeinschaft der Familie sich aufbaut. [...] Diese Gemeinschaft wurzelt in den natürlichen Banden von Fleisch und Blut...».[7]

In der Praxis der Gläubigen wie auch der Menschen in der säkularen westlichen Gesellschaft ist das Ideal einer Ehe mit eigenen Kindern durchaus lebendig.[8] Zugleich hat sich aber in den letzten Jahrzehnten Grundlegendes geändert. Eine Partnerschaft ohne Eheschließung wird nicht nur toleriert, sondern in vielen Fällen, wie z. B. vor der Eheschließung, für sinnvoll erachtet. Verschiedene Formen des Zusammenlebens und der Sexualität werden akzeptiert und geachtet. An die Partnerschaft werden hohe Erwartungen herangetragen, und wo diese nicht erfüllbar erscheinen, wird die Möglichkeit einer Trennung und einer neuen Partnerschaft in Erwägung gezogen. Wo Partnerschaften

---

4   Vgl. *Gaudium et spes* Art. 47–52, in: *Rahner/Vorgrimler*, Konzilskompendium 497–506.
5   *Gaudium et spes* Art. 48, in: *Rahner/Vorgrimler*, Konzilskompendium 497–499.
6   Vgl. *Walter*, Annäherungen 47.
7   *Papst Johannes Paul II.*, Familiaris consortio Art. 21.
8   Vgl. zum Folgenden *Klein*, Familienrealitäten, in diesem Band, hier Belege aus empirischen Studien.

scheitern, stehen oft Abwägungen zum Wohl der Partner und Kinder stärker im Vordergrund als die Frage der unbedingten Bindung an das Eheversprechen. Der Umgang mit Sexualität wird als eine Entscheidung der Einzelnen bzw. der Paare betrachtet. Wo allerdings andere geschädigt werden, etwa durch sexualisierte Gewalt in der Ehe, in der Beziehung oder gegenüber Kindern, wird dies von der Gesellschaft und ihrer Gesetzgebung nicht mehr toleriert. In diesen Bereichen hat die Gesellschaft – allerdings auch erst in den letzten Jahrzehnten – schneller mit Gesetzen und Sanktionen reagiert als die Kirche. Die Skandale um Missbrauchsfälle in kirchlichen Institutionen und der Umgang der Verantwortlichen mit ihnen führten zu einem großen Vertrauensverlust der Kirche.

Zu einem ersten großen Bruch zwischen dem Leben der Gläubigen und den Aussagen des kirchlichen Lehramts war es gekommen, als Papst Paul IV. im Jahr 1968 die Enzyklika *Humanae vitae* veröffentlichte, just in der Zeit, als die westliche Welt die sexuelle Befreiung erlebte.[9] Ein großer Teil der Gläubigen folgte den Vorgaben des Lehramts zum Umgang mit der Empfängnisverhütung nicht und fing an, die Fragen der Sexualität nach dem eigenen Gewissen zu entscheiden. Die Kirche verlor immer mehr das Vertrauen der Gläubigen und der Gesellschaft in ihre Kompetenz und Weisungsbefugnis in Fragen von Ehe, Familie und Sexualität. Es war nicht zuletzt auch die Sprache der Kirchenmänner und der lehramtlichen Dokumente, die weithin nicht nur als weltfremd, sondern auch als wenig einfühlsam und zuweilen auch als beleidigend empfunden wurde.

Dabei zeichnete sich nicht nur eine wachsende Kluft zwischen dem Leben der Gläubigen und den Aussagen des Lehramts ab, sondern auch ein Spagat zwischen der konkreten pastoralen Praxis der kirchlichen Mitarbeitenden und Institutionen vor Ort und den allgemeinen Normen des Lehramtes. Denn kirchliche Schwangerschaftsberatungsstellen, Ehe- und Familienberatungsstellen, die kirchlichen Frauenverbände, die kirchlichen Jugendverbände und die pastoralen Mitarbeitenden der Gemeinden taten ihr Bestes, um die Familien in Konflikten und Erziehungsfragen zu begleiten und zu beraten, Getrennten zu helfen, Wiederverheiratete zu integrieren, Schwangeren bei schwierigen Entscheidungen beizustehen oder Homosexuellen eine Ort in der Kirche zu geben. Wer in der Gesellschaft die kompetente kirchliche Praxis vor Ort kennengelernt hat, brachte ihr oft großen Respekt entgegen, denn sie stellte in der Gesellschaft ein unentbehrliches Angebot gerade auch für Menschen in Notsi-

---

[9] Vgl. *Papst Paul VI.*, Humanae vitae.

tuationen zur Verfügung. Allerdings trug die Spannung zwischen den allgemeinen kirchlichen Lehren und der konkreten pastoralen Praxis dazu bei, dass diese pastorale Arbeit vor Ort von der Kirchenleitung oft wenig wahrgenommen und gewürdigt und oftmals auch kritisiert und behindert wurde.

Die kirchliche Lehre von der Ehe schien in sich so konsistent und folgerichtig, dass hier keine Veränderungen mehr möglich und nötig erschienen. In der lehramtlichen Verkündigung ging es vor allem darum, die kirchlichen Lehren und Normen zu entfalten und explizit darzulegen. An die Pastoral wurde die Erwartung herangetragen, dass sie den Gläubigen die verbindlichen Normen der Kirche vermittelt, sie zum Befolgen der Lehre anhält und die kirchlichen Sanktionen bei Nichtbefolgen der Normen ausführt.

2 Neue Wege der Annäherung

Dies änderte sich, als Jorge Mario Bergoglio im Jahr 2013 zum Papst gewählt wurde. Die Familie ist ein zentrales Anliegen und vielleicht sogar das Kernstück des Pontifikats von Papst Franziskus. Er schlug einen neuen Weg ein, der die Kluft zwischen den lehramtlichen Ehedoktrinen und der Praxis der Gläubigen zu überwinden beginnt – und zwar auf eine neue und unerwartete Weise. Er leitete einen synodalen Prozess des gemeinsamen Nachdenkens der Weltkirche über die Familie ein, in den er nicht nur die Bischöfe und Verantwortlichen aus allen Regionen der Welt, sondern auch die Gläubigen der Weltkirche einbezog.[10] In seinem Nachsynodalen Schreiben *Amoris laetitia* fasste er nicht nur die Ergebnisse von zwei Weltbischofssynoden zur Familie zusammen, sondern setzte auch eigene theologische Impulse. Bemerkenswert ist, dass dieser Prozess nicht ein dogmatisches Thema der kirchlichen Lehre, sondern das Leben und die Praxis der Menschen und die Fragen der Pastoral zum Gegenstand hat.

Zur Überwindung der Kluft zwischen Lehre und Praxis ist der synodale Prozess ebenso wichtig wie die Inhalte es sind. Die Vertreter der Ortskirchen, der Papst und die Gläubigen lernten, sich gegenseitig wahrzunehmen und auf-

---

[10] Erfahrungen mit solchen Prozessen der gemeinsamen Meinungsbildung hat Bergoglio in der Leitung der Kirche in Lateinamerika gesammelt. Der chilenische Kardinal *Francisco Javier Errázuriz Ossa* beschreibt, wie Kardinal Jorge Mario Bergolio auf der Fünften Lateinamerikanischen Bischofsversammlung in Aparecida im Jahr 2007 das Vertrauen in die eigene Dynamik von Bischofsversammlungen lernte. Vgl. *Ossa,* Generalversammlung.

einander zu hören und dabei auch die Erfahrungen der Menschen in verschiedenen Lebensverhältnissen sowie die Glaubensreflexionen der Gläubigen in verschiedenen Regionen und Kulturen der Welt zu berücksichtigen. So kamen Dialoge zwischen den unterschiedlichen inkulturierten Glaubensauffassungen der Ortskirchen über Familie zustande. Zwar war der Prozess in seiner Durchführung noch verbesserungsbedürftig, Papst Franziskus hat aber deutlich gemacht, dass er möglich und richtungsweisend für die Kirche ist. Die Inhalte und das Vorgehen gehören unabdingbar zusammen. Aufgrund seiner Bedeutung für den Wandel des Familienverständnisses und des Selbstverständnisses der Kirche möchte ich im Folgenden detaillierter auf diesen Prozess eingehen.

3 Der Prozess einer gemeinschaftlichen theologischen Urteilsbildung

Bereits ein halbes Jahr, nachdem Bergoglio am 13. März 2013 zum Papst gewählt worden war, kündigte er am 8. Oktober 2013 eine außerordentliche Welt-Bischofsversammlung an.[11] Es wurde ein Vorbereitungspapier *Lineamenta* erstellt, das in einer enormen Offenheit eine große Anzahl von Phänomen rund um die Familie benennt: unverheiratete Lebensgemeinschaften, gleichgeschlechtliche Lebensgemeinschaften mit der Frage der Adoption von Kindern, konfessions- und religionsverschiedene Ehen, Einelternfamilien, Kastensysteme, Polygamie, arrangierte Ehen und Mitgift als Kaufpreis der Braut, Migration, sexuelle Ausbeutung von Frauen und Kindern, ein vielfältiges Verständnis von Ehe und Familie in unterschiedlichen Kulturen, die «Ehe auf Zeit», Leihmütter, die zivile Eheschließung usw.

Im November und Dezember 2013 fand eine *weltweite Umfrage bei allen Gläubigen* in den Gemeinden statt, die von den Diözesen und den nationalen Bischofskonferenzen im Auftrag des Vatikans organisiert wurde. Die Antworten wurden von den nationalen Bischofskonferenzen gesammelt, zusammengefasst und bis Mitte 2014 nach Rom gesandt. Einige Bischofskonferenzen veröffentlichten die Zusammenfassung der Ergebnisse auch online.

Auf der Grundlage der Antworten wurde im Vatikan ein Diskussionspapier (*Relatio ante disceptationem*) mit dem Titel *Die pastoralen Herausforderungen der Familie im Kontext der Evangelisierung* erarbeitet, das Gegenstand der *III. Außerordentlichen Generalversammlung der Bischofssynode vom 5. bis 19. Oktober 2014* war. 191 stimm-

---

[11] Vgl. zum Folgenden auch *Loffeld,* Prozessverläufe.

berechtige Bischöfe aus der ganzen Welt berieten sich, zudem nahmen 16 Fachleute, 38 Gasthörer und acht Repräsentanten anderer Kirchen teil. Diskutiert wurde in Sprachzirkeln. Der Papst hörte zu und machte sich Notizen.[12] Die Gasthörer hatten am 10. Oktober eine eigene Anhörung. Nun ist nicht zu übersehen, dass der Anteil der Eheleute und der Frauen doch sehr gering war, obwohl unter den Gasthörern (ohne Stimmberechtigung) auch 13 Ehepaare eingeladen waren. Das Schlussdokument, die *Relatio Synodi*,[13] wurde mit einer Zweidrittelmehrheit absatzweise abgestimmt, und die Abstimmungsergebnisse wurden zusammen mit der *Relatio Synodi* veröffentlicht (was bisher nicht üblich war). Der Papst verfügte ausdrücklich, dass jene Passagen, die die erforderliche Mehrheit nicht bekommen hatten, auch weiter diskutiert werden sollten; dazu gehörte auch eine Passage zur Homosexualität.

Im darauffolgenden Herbst 2014 fand eine *zweite Befragung* der Weltkirche zur Familie statt. In dieser Phase ging es nun um die Stellungnahmen von kirchlichen Gruppen, Verbänden, Fachstellen und theologischen Fakultäten, die bis April 2015 von den nationalen Bischofskonferenzen gesammelt, zusammengefasst und nach Rom gesandt wurden. Die Fragen von Ehe und Familie wurde nun vielfältig in Diözesen und kirchlichen Verbänden diskutiert, und es erschienen theologische Publikationen und Stellungnahmen zu dem Thema.

Zu erwähnen sind noch zwei Ereignisse aus der Zwischenzeit, die die brennenden Punkte berührten: Für das Kardinalskollegium am 20./21. Februar 2014 bat der Papst den emeritierten deutschen Kurienkardinal Walter Kasper, einen theologischen Impuls zu geben. Der Papst verschaffte damit einem jahrzehntelangen wichtigen Diskurs in den Ortskirchen um den kirchlichen Umgang mit gescheiterten Ehen einen öffentlichen Ort in der Weltkirche. Bereits 1993 hatten sich die Oberrheinischen Bischöfe mit einem Hirtenwort zu zerbrochenen Ehen zu Wort gemeldet, unter ihnen auch der damalige Bischof von Rottenburg-Stuttgart Walter Kasper. Seine Rede, die später veröffentlicht wurde, geht auf das Herzensanliegen der deutschen Sprachgruppe ein: den kirchlichen Umgang mit den wiederverheirateten Geschiedenen.[14]

Ein unerwarteter Vorfall ereignete sich zwei Tage vor Beginn der Zweiten Bischofsversammlung. Der polnische Monsignore Kryszof Charamsa, der hohe Ämter im Vatikan bekleidete, outete sich öffentlich zusammen mit seinem Lebenspartner als homosexuell und legte einen Katalog mit Forderungen be-

---

[12] Einen interessanten Einblick in die Hintergründe dieser Weise der Kirchenleitung des Papstes bietet *Köster*, Papst Franziskus.
[13] Vgl. *III. Außerordentliche Generalversammlung der Bischofssynode,* Relatio Synodi.
[14] Vgl. *Kasper,* Evangelium.

züglich des Umgangs der Kirche mit Homosexuellen vor.[15] Zunächst schien dieser Vorfall außer für ihn selbst ohne Konsequenzen zu bleiben, insgesamt machte er aber deutlich, dass die Praxis der gleichgeschlechtlichen Beziehung bis hinein in hohe kirchliche Kreise reicht und die Beschäftigung mit diesem Thema von großer Relevanz ist.

Die *XIV. Ordentliche Generalversammlung der Bischofssynode* mit dem Thema *Berufung und Sendung der Familie in Kirche und Welt von heute* tagte vom 4. bis 25. Oktober 2015. Arbeitsgrundlage war das *Instrumentum Laboris*. Es enthält den vollständigen Text der *Relatio Synodi*, abschnittsweise ergänzt durch die Zusammenfassung der Antworten aus der weltweiten zweiten Befragung. Das Dokument wurde in 13 Sprachzirkeln diskutiert (vier englischen, drei französischen, drei italienischen, zwei spanischen und einem deutschen). Unter den 270 stimmberechtigten Synodenteilnehmern war wieder keine Frau und kein Ehepaar. Von den 61 weiteren (nicht stimmberechtigten) Teilnehmenden[16] waren die Hälfte Frauen (32), von ihnen die Hälfte (17) Ehefrauen mit ihren Ehemännern. Das Abschlusspapier *Relatio finalis* wurde wieder in Abschnitten abgestimmt.[17]

Diese Prozesse verschafften vor allem zwei Desiderata eine neue Realität: Erstens: Das *Lehramt hört auf die Erfahrungen* der Gläubigen, der Gemeinden, Verbände und kirchlichen Institutionen vor Ort. Dies bezieht sich nicht nur auf den Papst und das Bischofskollegium. Der Prozess hat auch die Ortsbischöfe dazu bewegt, auf die Gläubigen in ihren eigenen Diözesen zu hören, was nicht immer selbstverständlich ist. Auf diese Weise wurde begonnen, die Kluft zwischen den Gläubigen und dem Lehramt in der Praxis zu überbrücken und aufeinander zuzugehen. Zwar wurde der berechtigte Einwand vorgebracht, dass dies nur sehr partiell geschehen sei und dass die Methode der Erhebung des *sensus fidei* der Weltkirche große Mängel gehabt habe. Die Kirche kann hier sicher noch dazulernen. Dennoch scheint eine neue Richtung einer synodalen Kirche eingeschlagen worden zu sein, die das Potenzial besitzt, strukturell ausgebaut zu werden.[18]

---

[15] Charamsa hat in Polen und Lugano studiert, an der Gregoriana in Rom promoviert und war Assistenzsekretär der Internationalen Theologischen Kommission der Kongregation für die Glaubenslehre im Vatikan. Er wurde später von seinem priesterlichen Amt suspendiert.

[16] 22 Teilnehmende des Sondersekretariats und 39 Auditoren und Auditorinnen.

[17] Vgl. *XIV. Ordentliche Generalversammlung der Bischofssynode,* Relatio finalis.

[18] Vgl. *Papst Franziskus,* Amoris laetitia Art. 2–4.

Zweitens: Der Prozess hat den Gläubigen und den Bischöfen die *Pluralität der Weltkirche* ins Bewusstsein gerufen und einen synodalen Umgang mit ihr eingeübt; er hat damit einen Gegenakzent zu dem zentralistischen Verständnis der Kirche gesetzt, das sich im 19. Jahrhundert herausgebildet hatte. Schon immer hat sich die Kirche als die eine (und vereinte), katholische (allumfassende) und in der treuen Nachfolge Jesu Christi und seiner Jünger stehende (apostolische) Gemeinschaft verstanden. Nun wurde erfahrbar, dass dies auch bedeutet, dass Gläubige und ihre Ortsbischöfe auf die Lebenssituationen und den Glauben der Christinnen und Christen in anderen Kulturen hören. Bislang wurde dies vom Papstamt als dem Einheitsamt erwartet. Die wechselseitige Wahrnehmung des inkulturierten Glaubens in den verschiedenen Regionen der Welt führt auf Dauer zu differenzierten Diskursen und zu einer kritischen Wahrnehmung der eigenen kulturbedingten Glaubensüberzeugungen, der Familiensituationen und der Familienvorstellungen. Und so resümiert der Papst: «Das Ergebnis der Überlegungen der Synode ist nicht ein Stereotyp der Idealfamilie, sondern eine herausfordernde *Collage* aus vielen unterschiedlichen Wirklichkeiten voller Freuden, Dramen und Träume. Die Realitäten, die uns Sorgen machen, sind Herausforderungen.»[19]

Die Ergebnisse dieses synodalen Prozesses fasste Papst Franziskus in seinem Nachsynodalen Apostolischen Schreiben *Amoris Laetitia* vom 19. März 2016 zusammen und führte sie dort inhaltlich weiter.[20]

Im Folgenden möchte ich zwei theologische Akzente aus dem Schreiben aufgreifen, die eine neue theologische Richtung im kirchlichen Familienverständnis anzeigen: eine neue Zeichenhermeneutik, die alte, z. T. problematische Metaphern und Narrationen ablöst und die auf zentrale theologische Aussagen fokussiert, und eine neue Normenhermeneutik, die einen theologisch sorgfältig begründeten Weg zu einem differenzierten Umgang mit kirchlichen Normen weist.

4 Eine neue Zeichenhermeneutik

Welche Richtung Franziskus theologisch weist, wird erst deutlich, wenn man in Erinnerung ruft, in welchen Metaphern und Bildern bis anhin von der Ehe gesprochen wurde, und welche Inhalte und Assoziationen diese Bilder trans-

---

[19] *Papst Franziskus*, Amoris laetitia Art. 57.
[20] Vgl. *Papst Franziskus*, Amoris laetitia.

portierten. Franziskus greift solche Bilder auf, bezieht sie aber auf ihre zentrale theologische Aussage und korrigiert damit einen zuweilen problematischen Gebrauch dieser Bilder. Das geschieht eher am Rande; um das theologische Verständnis der Ehe und Familie darzulegen, verwendet er neue und sehr positive biblische Metaphern, Bilder und Erzählungen von der partnerschaftlichen Beziehung und der Familie. Er weist patriarchalische Subinhalte der Bilder zurück und fokussiert auf das zentrale Zeichen der Liebe: Das (immer unvollkommene) Zeichen der Ehe ist die Liebe, die auf die Liebe Gottes verweist. Dies soll im Folgenden näher ausgeführt werden.

4.1 Die Zeichenmetaphorik in der Rede von der Ehe in der kirchlichen Tradition: die Bundesmetapher und die Haustafel

Das theologische Verständnis der katholischen Kirche von der Ehe ist davon geprägt, dass sie die Ehe als ein Sakrament begreift. Für das Verständnis der Sakramente nun spielt die Bedeutung des Zeichens eine zentrale Rolle. Wofür ist die Ehe ein Zeichen? In der Tradition wurde die Ehe oder der «Ehebund» immer wieder als ein Zeichen für den *Bund zwischen Christus und der Kirche* betrachtet. In dieser Metapher klingen die Aspekte Versprechen, Vertrag und Unauflöslichkeit an. Den meisten christlichen Ehepaaren wird es heute allerdings schwerfallen, ihre Ehe als ein Zeichen für den Bund zwischen Christus und Kirche zu begreifen, und in der säkularen Gesellschaft wird dieses Zeichen ohnehin kaum verstanden.

Diese Bundesmetapher ist ohne theologische Erklärungen nicht angemessen zu verstehen. In ihren Anklängen an das Alte Testament transportiert sie eine geschlechterspezifische Typologie vom Bund Jahwes mit dem Volk Israel. Die Propheten beschreiben diesen Bund mit Bildern und Erzählungen einer Liebesbeziehung zwischen Jahwe und der jungen Frau Jerusalem (z. B. Ez 16; Jer 2,2; Hos 2,4–26 u. a.). In diesen Narrationen erscheint Jerusalem als eine untreue Dirne, die anderen Männern nachläuft, und Jahwe als ein eifersüchtiger, zorniger und gewalttätiger Ehemann. Es ist das Bild einer Beziehung, so die Exegetin Marie-Theres Wacker, «in der sich der weibliche Partner als allein schuldig erweist und der männliche Part in seinem als berechtigt dargestellten Zorn auch vor brutaler sexualisierter Gewalt nicht zurückschreckt»[21]. Diese Bilder der Propheten wurden in der Vergangenheit nicht selten benutzt, um hierarchische Geschlechtsstereotypen in die christliche Ehe einzuschreiben und

---

[21] *Wacker,* Bezüge 122.

religiös zu legitimieren.[22] Auch die Abschlussdokumente der beiden Bischofskonferenzen beziehen sich noch auf die Bundesmetaphorik der Propheten, wie Wacker aufweist.[23]

Papst Franziskus greift die Bundesmetapher auf, befreit sie aber dabei von den Bedeutungen des Vertrags, der Unauflösbarkeit oder der eifersüchtigen Liebe Jahwes zu seinem untreuen Volk und richtet sie auf die Liebe zwischen den Ehepartnern aus, die der Heilige Geist ermöglicht.

> «Denn diese starke, durch den Heiligen Geist ausgegossene Liebe ist ein Abglanz des unerschütterlichen Bundes zwischen Christus und der Menschheit, der in der Hingabe bis zum Ende am Kreuz gipfelte: ‹Der Geist, den der Herr ausgießt, macht das Herz neu und befähigt Mann und Frau, einander zu lieben, wie Christus uns geliebt hat.›» [24]

Mit einem anderen Bild aus einem Text, der die lehramtliche Theologie zur Ehe stark geprägt hat und der als Bestandteil der kirchlichen Trauliturgie große Wirkung entfaltet hat, setzt sich Papst Franziskus explizit auseinander. Der Text aus der sogenannten Haustafel des Epheserbriefs wurde in der Vergangenheit zur scheinbar gottgewollten Unterordnung der Frauen unter die Männer missbraucht.

> «Ihr Frauen, ordnet euch euren Männern unter wie dem Herrn (Christus); denn der Mann ist das Haupt der Frau, wie auch Christus das Haupt der Kirche ist; er hat sie gerettet, denn sie ist sein Leib. Wie aber die Kirche sich Christus unterordnet, sollen sich die Frauen in allem den Männern unterordnen. Ihr Männer, liebt eure Frauen, wie Christus die Kirche geliebt und sich für sie hingegeben hat, um sie im Wasser und durch das Wort rein und heilig zu machen. So will er die Kirche herrlich vor sich erscheinen lassen, ohne Flecken, Falten oder andere Fehler; heilig soll sie sein und makellos.» (Eph 5,22–27)

Im weiteren Verlauf des Textes (Eph 5,28–6,9) ermahnt der Autor, wohl ein Paulusschüler, die Kinder und die Sklaven zum Gehorsam, wie umgekehrt die Väter und die Herren zu einem achtsamen Umgang. Die sozial Untergeordne-

---

[22] Die Propheten haben die zeitgenössische Geschlechtertypologie als Stilmittel benutzt, aber nicht, um Aussagen zur Ehe oder zu den Geschlechterverhältnissen zu machen, sondern um die Zuwendung des Volkes Israel und seiner Anführer zu anderen Göttern und zu fremden Großmächten zu karikieren.
[23] Vgl. *Wacker*, Bezüge 120–123.
[24] *Papst Franziskus*, Amoris laetitia Art. 120; Zitat: *Papst Johannes Paul II.*, Familiaris consortio Art. 13.

ten – Frauen, Kinder und Sklaven – werden jeweils zuerst ermahnt, danach die ihnen übergeordneten Männer, wodurch strukturell eine wechselseitige Bezogenheit, aber nicht Gleichheit hergestellt wird.

Dieser Text steht im Wiederspruch zu der Aussage des Paulus in Gal 3,28, die die Unterschiede von sozialen Rollen und Geschlechterrollen in Bezug auf Christus aufhebt. Wie ist dieser Text theologisch zu verstehen? Diese Ermahnungen in der Haustafel im Epheserbrief, so zeigt die kritische Exegese auf, wurden wahrscheinlich notwendig, weil christliche Haushalte in der Zeit der Verfolgung dadurch auffielen und gefährdet waren, dass sie die gesellschaftlichen Herrschafts- und Geschlechterverhältnisse außer Kraft setzten und eine neue Freiheit praktizierten.[25] Im römischen Reich galt die Führung der Haushalte durch die Haushaltsvorstände, die *patres familiarum*, als Vorbild für die Führung des Staates und als die Grundlage seiner Stabilität; sie galt als staatstragend. Die neue christliche Freiheit und Gleichheit in den christlichen Gemeinden und Häusern konnte als subversiv verdächtigt werden. Die Ermahnungen der Haustafel im Epheserbrief verweisen somit auf eine neue Praxis eines egalitären Rollenverständnisses unter den Christinnen und Christen. Sie schränken die neue Freiheit zwar vordergründig ein, denn die Haustafel war wohl auch ein Zeichen nach außen; sie werden aber im einleitenden und abschließenden Satz der Textpassage in einen theologischen Verständnishorizont gerückt, der sie relativiert und der auch mit dem paulinischen Verständnis im Gal 3,28 übereinstimmt:

> «Einer ordne sich dem anderen unter in der gemeinsamen Ehrfurcht vor Christus» (Eph 5,21), *und:*
> «...denn ihr wisst, dass ihr im Himmel einen gemeinsamen Herrn habt. Bei ihm gibt es kein Ansehen der Person» (Eph 6,9c–d).

Die verhängnisvolle und verkürzte Rezeption dieser Haustafel und ihr Missbrauch zur Unterordnung der Frauen in der Kirchengeschichte[26] zeigt, dass das unreflektierte Zitieren dieser Textstelle und insbesondere ihre liturgische Verwendung problematisch sind, da der Text theologisch voraussetzungsreich und erklärungsbedürftig ist.[27] Die Analogie Christus – Mann und Kirche – Frau ist heute weder für die Eheleute noch für die Gesellschaft unmittelbar verständlich und birgt Risiken eines missbräuchlichen Gebrauchs.

---

[25] Vgl. *Melzer-Keller*, Ephesus 619–623, hier weitere Belege.
[26] Vgl. *Thistlethwaite,* Missbrauch.
[27] Vgl. dazu auch *Kirchschläger*, Ehe, in diesem Band.

Zeichen und Metaphern sollen verstanden werden, und sie sollen *richtig* verstanden werden, und zwar nicht nur von den Gläubigen selbst; aufgrund des Sendungsauftrags sollen die Zeichen der Kirche ja auch von den Menschen in der säkularen Gesellschaft verstanden werden. Metaphorische Rede ist deshalb riskant. Dies wusste die Kirche schon lange und hat deshalb auf dem IV. Laterankonzil (1213–1215) einen zentralen Grundsatz zur Hermeneutik von Analogien lehramtlich festgehalten: «Denn zwischen dem Schöpfer und dem Geschöpf kann man keine so große Ähnlichkeit feststellen, daß zwischen ihnen keine noch größere Unähnlichkeit festzustellen wäre.»[28]

Metaphorische Redeweise soll auf unmittelbare Weise einen komplexen Sachverhalt verständlich machen. In der Haustafel des Epheserbriefes wird der Mann in Analogie zu Christus gesetzt und die Frau in Analogie zur Kirche, wobei der Mann in die Nähe des Göttlichen gebracht wird und das Bild vom Verhältnis von Jahwe und Jerusalem anklingt.

Papst Franziskus rückt in seinen Ausführungen im dritten Kapitel von *Amoris laetitia* über die lehramtlichen Aussagen zur Ehe das Verständnis dieses Bibeltextes zurecht. «Die Ehe ist eine Berufung, insofern sie eine Antwort auf den besonderen Ruf ist, die eheliche Liebe als *unvollkommenes* Zeichen der Liebe zwischen Christus und Kirche zu leben.»[29] Er führt damit die Liebe auf den Ruf und das Geschenk Gottes zurück und stuft die Zeichenmetaphorik als «unvollkommen» ein. Dann geht er direkt auf die Analogie ein und gibt ihr eine neue theologische Bedeutung im Kontext der Liebessymbolik:

> «Auch wenn die ‹Analogie zwischen dem Paar Mann – Frau und Christus – Kirche› eine ‹unvollkommene Analogie› ist, lädt sie dazu ein, den Herrn anzurufen, dass er seine eigene Liebe in die Begrenztheit der ehelichen Beziehungen ausgieße.»[30]

Franziskus klassifiziert den Vergleich auch hier noch einmal als eine «unvollkommene Analogie» und verschiebt den Vergleichspunkt von der Unterordnung auf den theologisch gehaltvolleren Aspekt der Liebe.

Während der Aspekt der Unterordnung theologisch allenfalls mit der Demut vor Gott begründet werden könnte, so ist die Aussage der Liebe theologisch sehr viel zentraler. Franziskus relativiert die Analogie als unvollkommen und füllt die Metapher gnadentheologisch neu. Zudem weist er eine Vermischung der Ebenen in der Analogie ebenso zurück wie eine Idealisierung, welche die Eheleute belastet. Als theologische Begründung führt er mit Bezug auf

---

[28] *IV. Laterankonzil* Kap. 2 (DH 806), in: Denzinger/Hünermann, Kompendium 1215.
[29] *Papst Franziskus*, Amoris laetitia Art. 72 (Hervorhebung S. K.).
[30] *Papst Franziskus*, Amoris laetitia Art. 73; Zitat: *Papst Franziskus:* Generalaudienz 2.

Familiaris consortio an, dass die Ehe ein sich verändernder und in die Gnade Gottes hineinwachsender Prozess ist.

«Dennoch ist es nicht angebracht, unterschiedliche Ebenen miteinander zu vermischen: Man sollte nicht zwei begrenzten Menschen die gewaltige Last aufladen, in vollkommener Weise die Vereinigung nachzubilden, die zwischen Christus und seiner Kirche besteht, denn die Ehe als Zeichen beinhaltet einen ‹dynamischen Prozess von Stufe zu Stufe entsprechend der fortschreitenden Hereinnahme der Gaben Gottes›».[31]

4.2 Neue richtungsweisende Narrationen

Religiöse Rede ist auf Metaphern angewiesen. Insbesondere für die Sakramententheologie ist der Begriff des Zeichens grundlegend. Welche Metaphern eignen sich *heute* für die christliche Ehe? In welchen Metaphern können Eheleute selbst ihre christliche Ehe begreifen, und welche Metaphern werden auch von Menschen in der modernen Gesellschaft verstanden, die mit der biblischen Überlieferung kaum noch vertraut sind?

Papst Franziskus belässt es nicht bei einer unauffälligen, aber sehr wichtigen Korrektur des lehramtlichen Metapherngebrauchs, sondern er bietet einige *positive* biblische Metaphern, Bilder und Geschichten für Ehe und Familie an. Der biblische Kanon, so Franziskus, ist gerahmt von Ehe- und Familienbildern: «von der Familie von Adam und Eva [...] mit ihrer Last der Gewalt, aber auch mit der Kraft des Lebens, das weitergeht (vgl. Gen. 4), bis zur letzten Seite, wo die Hochzeit der Braut und des Lammes erscheint (vgl. Offb 21,2.9)»[32]. Er greift das Bild einer familiären Mahlgemeinschaft aus dem Psalm 128 auf, der auch in der jüdischen und christlichen Trauliturgie einen Ort hat: «Wie junge Ölbäume sind deine Kinder rund um deinen Tisch.»[33] Erzählerisch entfaltet er dieses Bild und stellt mit ihm implizit eine Analogie zur eucharistischen Mahlgemeinschaft der Kirche und der eschatologischen Mahlgemeinschaft Gottes mit den Menschen her. «Überschreiten wir also die Schwelle dieses heitergelassenen Heimes mit seiner Familie, die in festlicher Tafelrunde vereint ist.»[34]

---

[31] *Papst Franziskus*, Amoris laetitia Art. 122; Zitat: *Papst Johannes Paul II:* Familiaris consortio Art. 9.
[32] *Papst Franziskus*, Amoris laetitia Art. 8.
[33] *Papst Franziskus*, Amoris laetitia Art. 9, Zitat Ps 128,3b.
[34] *Papst Franziskus*, Amoris laetitia Art. 9.

Das Menschenpaar bezeichnet er im Anschluss an die Schöpfungsgeschichte als «lebendiges und wirkungsvolles ‹Abbild› [Gottes, S. K.], ein sichtbares Zeichen des Schöpfungsaktes»[35]. Die Liebe des Paares und seiner Familie wird zu einem Bild für die Liebe und die innergöttliche Beziehung des trinitarischen Gottes. «Der dreieinige Gott ist Gemeinschaft der Liebe, und die Familie ist sein lebendiger Abglanz.»[36] Franziskus greift auch die Erzählung des zweiten Schöpfungsberichts auf, in dem die Begegnung zwischen dem Mann und der Frau das Leben heilvoll macht. «Es ist die Begegnung mit einem Gesicht, einem ‹Du›, das die göttliche Liebe wiederspiegelt. [...] Aus dieser Begegnung, die der Einsamkeit abhilft, gehen die Zeugung und die Familie hervor.»[37] Die Liebe zwischen den Ehepartnern und in der Gemeinschaft in der Familie ist das Zeichen, das auf die Liebe Gottes hinweist.

Was diese Liebe ist, erläutert er im vierten Kapitel von *Amoris laetitia*, das er mit einer spirituellen Meditation zum sogenannten Hohenlied der Liebe in 1Kor 13,4–7 beginnt.[38] Er geht auf die Liebe im Alltag ein, auf die Liebe in der Ehe, die erotische Liebe und die intergenerationale Liebe in der erweiterten Familie zu Kindern, zu Geschwistern, zu den Eltern und den alten Menschen, auf die Liebe zu Freunden und zu Feinden.[39]

Papst Franziskus, so lässt sich zusammenfassen, verändert die lehramtliche Ehetheologie, indem er die Zeichensymbolik der christlichen Ehe auf die zentrale theologische Aussage der Liebe Gottes zum Menschen zentriert, die dem Selbst- und Glaubensverständnis der Eheleute heute entsprechen und auch als positives Zeichen in der Gesellschaft verstanden werden kann.

5 Eine neue Hermeneutik im Umgang mit Normen

Viele Menschen waren von dem Nachsynodalen Schreiben *Amoris laetitia* enttäuscht, weil es die Ehelehre der katholischen Kirche zwar neu darlegt, aber die kirchliche Lehre nicht verändert. Kardinal Walter Kasper sieht das anders: «Der Papst ändert keine einzige Lehre, und doch verändert er alles.»[40] Papst Franziskus verändert nicht die Normen der Kirche, aber er betrachtet sie in einem

---

[35] *Papst Franziskus*, Amoris laetitia Art. 10.
[36] *Papst Franziskus*, Amoris laetitia Art. 11.
[37] *Papst Franziskus*, Amoris laetitia Art. 12f.
[38] Vgl. *Papst Franziskus*, Amoris laetitia Art. 90–119.
[39] Vgl. *Papst Franziskus*, Amoris laetitia Art. 89–198.
[40] *Kasper*, Liebe 2.

neuen Licht, stellt eine Hermeneutik zu einem neuen Verständnis zur Verfügung und zeigt den Weg eines angemessenen und differenzierten Umgangs mit ihnen auf. Dabei wendet er sich sowohl an die Gläubigen als auch an die Leitungsverantwortlichen der Kirche. Wie brisant dieser Weg ist, zeigt die Reaktion konservativer Kirchenkreise um die sogenannten «Dubia-Kardinäle», die den Papst bereits seit den Bischofssynoden offen als häretisch kritisieren und lehramtliche Klärungen verlangen.

Papst Franziskus *verändert die Blickrichtung* von einer ausgrenzenden Fixierung auf lehramtliche Normen, ihre Einhaltung und Sanktionierung und richtet den Blick auf die *Würdigung* dessen, was die Gläubigen in ihren unterschiedlichen Situationen tun, um die Situationen aus ihrem Glauben zu meistern. Den Weg der Gesetzeskasuistik weist er explizit zurück. «Es ist kleinlich, nur bei der Erwägung stehen zu bleiben, ob das Handeln einer Person einem Gesetz oder einer allgemeinen Norm entspricht oder nicht.»[41] Er verweist auf die Notwendigkeit einer sorgfältigen Unterscheidung und Differenzierung. Mit Verweis auf Thomas von Aquin betont er, dass die Wahrheit nur bezüglich des Allgemeinen für alle gleich ist, bezüglich des Spezifischen im Bereich des Handelns aber nicht für alle dieselbe praktische Wahrheit oder Richtigkeit gilt und diese zudem auch gar nicht allen bekannt ist. «Es kommt also umso häufiger zu Fehlern, je mehr man in die spezifischen Einzelheiten absteigt.»[42] Franziskus kritisiert jene, die andere verurteilen:

«Daher darf ein Hirte sich nicht damit zufriedengeben, gegenüber denen, die in ‹irregulären› Situationen leben, nur moralische Gesetze anzuwenden, als seien es Steine, die man auf das Leben von Menschen wirft. Das ist der Fall der verschlossenen Herzen, die sich sogar hinter der Lehre der Kirche zu verstecken pflegen, ‹um sich auf den Stuhl des Mose zu setzen und – manchmal von oben herab und mit Oberflächlichkeit – über die schwierigen Fälle und die verletzten Familien zu richten›.»[43]

---

41 *Papst Franziskus*, Amoris laetitia Art. 304.
42 *Papst Franziskus*, Amoris laetitia Art. 304; Zitat: *Thomas von Aquin*, Summa Theologicae I–II ae, Q. 94, art. 4.
43 *Papst Franziskus*, Amoris laetitia Art. 305; Zitat: *Papst Franziskus*, Ansprache 1. Die deutsche Übersetzung hat den Text abgeschwächt und dabei verdreht. Im Lateinischen heißt es «Pastor sibi placere non potest», wörtlich: der Hirte darf sich nicht selbst darin gefallen, was zu einer Änderung der selbstgefälligen Haltung auffordert, während die deutsche Übersetzung, der Hirte dürfe «sich nicht damit zufriedengeben» zu einer verstärkten Anstrengung in derselben Haltung auffordert.

In diesem Bild klingt die Perikope von Jesus und der Ehebrecherin (Joh 8,3–11) an. Auf die kasuistische Frage der Pharisäer nach der Anwendung des Gesetzes (Steinigung), die sich auf Verfehlung, Schuld und Strafe bezieht, verändert Jesus in seiner Antwort die Blickrichtung auf die eigene Unzulänglichkeit der Pharisäer: «Wer von euch ohne Sünde ist, werfe als Erster einen Stein auf sie.» (Joh 8,7) Auch Jesus selbst verurteilt die Frau nicht.

Franziskus erinnert daran, dass es Situationen gibt, in denen ein Mensch bei einen Normverstoß nicht anders handeln kann, ohne neue Schuld auf sich zu laden.[44] Zudem weist er darauf hin, dass viele psychische und gesellschaftliche Faktoren wie Angst, Unkenntnis, Gewalt oder Furcht die Schuldhaftigkeit beeinträchtigen können und auch die eigene Gewissensentscheidung des einzelnen berücksichtigt werden muss, mit der der Mensch erkennen kann, welche Antwort «Gott selbst inmitten der konkreten Vielschichtigkeit der Begrenzungen fordert, auch wenn sie noch nicht völlig dem objektiven Ideal entspricht»[45]. Mit dem Gewissen haben die Gläubigen eine Instanz, die sie berechtigt und befähigt, in den komplexen und konkreten Situationen des Lebens selbst angemessen zu entscheiden.

> «Es [das Gewissen, S. K.] kann auch aufrichtig und ehrlich das erkennen, was vorerst die großherzige Antwort ist, die man Gott geben kann, und mit einer gewissen moralischen Sicherheit entdecken, dass dies die Hingabe ist, die Gott selbst inmitten der konkreten Vielschichtigkeit der Begrenzungen fordert, auch wenn sie noch nicht völlig dem objektiven Ideal entspricht.»[46]

Papst Franziskus stellt den *Weg der Barmherzigkeit* anstelle der Normen- und Gesetzeslogik als den authentischen Weg der Kirche vor, den diese gehen muss, will sie nicht sich selbst und ihren Auftrag verfehlen. Die Barmherzigkeit hat nicht den Status einer den Normverstößen nachgängigen Milde, sondern sie hat einen normativen und verbindlichen Charakter für die Kirche selbst.[47] Die Kirche findet zu ihrer wahren Identität nicht, indem sie über die Einhaltung der Normen wacht, sondern indem sie barmherzig handelt und darin als die Kirche Gottes erkennbar wird. Nur so entspricht sie der Barmherzigkeit

---

[44] Vgl. *Papst Franziskus*, Amoris laetitia Art. 301.
[45] *Papst Franziskus*, Amoris laetitia Art. 303.
[46] *Papst Franziskus*, Amoris laetitia Art. 303.
[47] Vgl. *Papst Franziskus*, Amoris laetitia Art. 296. Hier verschränken sich Dogmatik und Pastoraltheologie auf untrennbare Weise, wie dies bereits in der Theologie des II. Vatikanischen Konzils besonders in der Kirchenkonstitution *Lumen gentium* und der Pastoralkonstitution *Gaudium et spes* zu beobachten war.

Gottes und kann Zeichen dieser Barmherzigkeit sein. Die Barmherzigkeit ist für die Kirche konstitutiv, sie ist «‹der Tragebalken, der das Leben der Kirche stützt›».[48] Denn «Barmherzigkeit [ist] nicht nur eine Eigenschaft des Handelns Gottes [...] Sie wird vielmehr auch zum Kriterium, an dem man erkennt, wer wirklich seine Kinder sind. Wir sind also gerufen, Barmherzigkeit zu üben, weil uns selbst bereits Barmherzigkeit erwiesen wurde.»»[49]

6 Die Praxis und die Herausforderungen für die Pastoral

Die Praxis der Kirche hat für Papst Franziskus eine zentrale Bedeutung, aber nicht allein als Ort der Anwendung kirchlicher Lehren, sondern als *Wohnort Gottes* und Ort der theologischen Erkenntnis. Die Kirche gewinnt ihre Erkenntnis von Gottes Willen nicht allein aus der kirchlichen Tradition und aus theologischen Spekulationen, sondern vor allem aus dem Blick auf die Praxis der Menschen. Die Praxis der Familien ist ein konstitutiver Ort für die theologische Erkenntnis.

«Heute können wir auch sagen, dass die Dreifaltigkeit im Tempel der ehelichen Gemeinschaft gegenwärtig ist. [...] Die Gegenwart des Herrn wohnt in der realen, konkreten Familie mit all ihren Leiden, ihren Kämpfen, ihren Freuden und ihrem täglichen Ringen.»[50]

Damit hat Franziskus auch das Zueinander von Familie und kirchlichem Lehramt neu bestimmt. Nicht nur die Familien müssen sich am Lehramt und an den von ihm verkündeten Botschaften und Normen orientieren, um Gott zu finden, sondern auch das Lehramt muss sich an der Glaubenssuche der Familien in ihren konkreten Situationen orientieren, um Gott angemessen verstehen und verkünden zu können.

Die Aufgabe der kirchlichen Pastoral ist es, die Familien in ihrem Leben und Glauben zu unterstützen. Die pastorale Perspektive durchdringt vollständig den Hauptteil *von Amoris laetitia*. Insbesondere im siebenten Kapitel geht der Papst explizit auf das pastorale Handeln der Kirche als Institution ein: auf die Ehevorbereitung, die Feier der Trauung, die Begleitung der ersten Ehejahre; er

---

[48] *Papst Franziskus*, Amoris laetitia Art. 310; Zitat: *Papst Franziskus*, Misericordiae vultus Art. 12.
[49] *Papst Franziskus*, Amoris laetitia Art. 310; Zitat: *Papst Franziskus*, Misericordiae vultus Art. 12.
[50] *Papst Franziskus*, Amoris laetitia Art. 315f.

betont die Bedeutung der Eucharistie, der Beichte, der geistlichen Begleitung und des Beistands in Ehekrisen sowie die Notwendigkeit von Ausbildungsprogrammen für die kirchlichen Mitarbeiterinnen und Mitarbeiter.[51] Die Befragungen haben, so Franziskus weiter, zudem die Notwendigkeit der fachkundigen Unterstützung durch Psychologen, Ärzte und Sozialarbeiter deutlich zur Sprache gebracht.[52]

Wie aber ist das zu leisten? Die Forderung der Unterstützung der Familien durch die Pastoral der Kirche vor Ort wirft die Frage auf: Wie muss die Kirche organisiert sein, wenn sie den Familien und allen ihren Mitgliedern in ihren konkreten Situationen nah sein will: den Kindern und den alten Menschen, den Eltern, den Pflegebedürftigen und den Pflegenden, den Einsamen und jenen, die am Leben scheitern oder am Sinn des Lebens verzweifeln? Wie kann die Kirche mit ihnen Eucharistie feiern, die «nicht eine Belohnung für die Vollkommenen, sondern ein großzügiges Heilmittel und eine Nahrung für die Schwachen»[53] ist? In vielen Regionen der Welt können die Gemeinden nicht einmal an den Sonntagen Eucharistie feiern, da ihnen die Priester fehlen. Können die Umstrukturierungen der Pfarreien zu großflächigen Seelsorgeräumen dem Anliegen der Nähe zu den Familien gerecht werden? Es gibt nicht nur zu wenig Priester für die Familienpastoral, sie sind auch oft nicht gut genug für sie ausgebildet.[54] Die weltweiten Befragungen haben deutlich gemacht, «dass es den geweihten Amtsträgern gewöhnlich an einer geeigneten Ausbildung fehlt, um mit den vielschichtigen aktuellen Problemen der Familien umzugehen»[55]. Der Papst bringt an dieser Stelle eine Lösung ins Spiel, die auch den mangelnden Möglichkeiten, Eucharistie zu feiern, ein wenig abhelfen könnte: «In diesem Sinne kann auch die Erfahrung der langen östlichen Tradition der verheirateten Priester nützlich sein.»[56] Vielleicht ist es an der Zeit, genügend Priester und vielleicht doch auch Priesterinnen zu weihen, um eine Struktur der Kirche aufzubauen, die den Familien nah ist.[57]

---

[51] Vgl. *Papst Franziskus*, Amoris laetitia Art. 204.
[52] Vgl. *Papst Franziskus*, Amoris laetitia Art. 204.
[53] *Papst Franziskus*, Evangelii Gaudium Art. 44, zit. auch in *ders.*, Amoris laetitia Art. 305, Fn. 351.
[54] Vgl. *Papst Franziskus*, Amoris laetitia Art. 202–204.
[55] *Papst Franziskus*, Amoris laetitia Art. 202.
[56] *Papst Franziskus*, Amoris laetitia Art. 202.
[57] Vgl. hierzu *Klein*, Priesteramt.

7 Resümee und weiterführende Überlegungen

Die beiden Welt-Bischofssynoden und das Nachsynodale Schreiben *Amoris laetitia* haben die Diskussion um die Ehe und Familie in der katholischen Kirche nicht abgeschlossen, sondern den Prozess einer umfassenden theologischen Reflexion zur Familie in Gang gesetzt. Es darf und soll weiter theologisch nachgedacht und diskutiert werden. Im Folgenden möchte ich im Anschluss an die theologischen Weichenstellungen durch die Synoden und Papst Franziskus drei Überlegungen für die weitere Diskussion skizzieren.

7.1 Das Sakrament der Ehe als ein besonderes Zeichen

Eine erste Überlegung schlägt vor, das *Sakrament der Ehe als ein besonderes Zeichen,* aber nicht als eine ausschließliche und ausschließende Norm zu verstehen. Das katholische Verständnis von der Ehe, so lässt sich zunächst zusammenfassen, ist wesentlich dadurch bestimmt, dass die Kirche die Ehe als ein Sakrament versteht. Ein sakramentales Zeichen ist ein Hinweis auf die göttliche Wirklichkeit, es ist aber weder diese Wirklichkeit selbst, noch ist es ein Abbild dieser Wirklichkeit, allenfalls ist es ein unvollkommener «Abglanz»[58]. Papst Franziskus ermahnt, dem Leben der Eheleute nicht durch die Symbolik der Kirche eine Last aufzulegen. Er kritisiert den falschen Gebrauch missverständlicher Bilder und zentriert das theologische Verständnis des Zeichens der Ehe auf die zentrale Glaubensaussage der Liebe Gottes zu den Menschen, die als Gnade der Liebe der Eheleute zugrunde liegt, in ihr wirksam ist und in ihr zum Ausdruck kommt. Mit dieser Vorstellung können die christlichen Ehepartner etwas anfangen. Ihre eigene Liebe können sie als eine Erfahrung und ein Zeichen der gnadenhaften Liebe Gottes begreifen. Diese Vorstellung kann auch in der säkularen Gesellschaft verstanden werden. Sie trifft die Sehnsucht vieler Menschen nach Liebe, nach einer verlässlichen und dauerhaften Partnerschaft, nach einer Familie mit Kindern und nach einem dauerhaften Familienglück bis in das hohe Alter.[59] Diese Sehnsucht drückt auch Franziskus mit einem Zitat aus der *Relatio Synodi* aus: «Die großen Werte der christlichen Ehe und Familie entsprechen jener Suche, welche die menschliche Existenz durchzieht.»[60] Das

---
[58] *Papst Franziskus,* Amoris laetitia Art. 120.
[59] Vgl. *Klein,* Familienrealitäten (in diesem Band), hier auch die Belege in empirischen Studien.
[60] *Papst Franziskus,* Amoris laetitia Art. 57; Zitat: *III. Außerordentliche Generalversammlung der Bischofssynode:* Relatio Synodi Art. 11.

Wissen darum, dass das Leben komplizierter und brüchiger ist als die Sehnsucht nach Glück, schmälert nicht die Suche danach. Das Verständnis der sakramentalen Ehe als einem Zeichen für die lebenslange Liebe und Treue und die Freude an Kindern wird also durchaus in der säkularen Gesellschaft verstanden, und von vielen Menschen wird vielleicht auch verstanden und erfahren, dass diese Liebe ein Geschenk ist, das die Christen als Gnade Gottes begreifen. Die Ehe als Zeichen für die Liebe ist also durchaus auch in der modernen Gesellschaft ein verständliches Zeichen.

Auf Unverständnis in der Gesellschaft und auch bei vielen Gläubigen stoßen allerdings die Ausschließlichkeit und die Normativität der sakramentalen Ehe und die mit ihr verbundenen moralischen Verurteilungen anderer Lebensformen. Sie behindern und blockieren die Akzeptanz der christlichen Ehe und ihr Verständnis als ein Zeichen für die Liebe Gottes.

Das sakramentale Zeichen ist ein Hinweis auf die Nähe Gottes.[61] Wo es ausschließlich und ausschließend verwendet wird, indem es nicht mehr den Hinweis auf die Liebe Gottes zu allen Menschen und die Gnade Gottes am Grund des Lebens aller Menschen einschießt, da droht es zu einem Diabol zu werden, denn es versperrt den Blick auf das, wofür es Zeichen sein soll, und trennt die Menschen von einander und von Gott.

Wäre es nicht ein auch theologisch gut begründeter Weg, die sakramentale Ehe als ein *besonderes*, aber nicht exklusives Zeichen zu verstehen? Ist es tatsächlich notwendig, sie als eine ausschließliche und ausschließende Norm der Kirche zu verstehen? Muss die Ehe Zeichen und Norm zugleich sein? Das sakramentale Zeichen weist auf etwas ganz anderes, auf die göttliche Wirklichkeit hin. Es darf unvollkommen sein, ist doch das sakramentale Zeichen aus der weltlichen Wirklichkeit genommen, die brüchig, unvollkommen und vergänglich ist. In ihrer Unvollkommenheit kann die Ehe auf die göttliche Wirklichkeit hinweisen, die eine andere ist und die zugleich der Liebe in der Ehe wie der Liebe der Menschen überhaupt zugrunde liegt.

Wird die sakramentale Ehe als ein *besonderes* Zeichen und nicht als allgemeine Norm verstanden, dann ist es auch möglich, neben ihr noch andere Partnerschafts- und Familienformen anzuerkennen und zu würdigen. Die sakramentale Ehe weist ja gerade darauf hin, dass die Liebe auch in anderen Partnerschafsformen als Ort der Liebe und der Gnade Gottes begriffen werden soll. Die

---

[61] So die Kurzformel des Dogmatikers Theodor Schneider, der seine Abhandlung über die Sakramententheologie «Zeichen der Nähe Gottes» genannt hat, vgl. *Schneider*, Zeichen.

sakramentale Ehe verliert deshalb keineswegs an Bedeutung und Würde, vielmehr hat sie eine *besondere* Bedeutung auch für andere Lebensformen. Die Kirche hat im Lauf ihrer Geschichte selbst eine Vielfalt von Lebensformen hervorgebracht, wie etwa das ehelose Leben der Priester, die einsame Lebensform der Eremiten oder eine Vielfalt von gemeinschaftlichen Lebensformen wie veschiedene Ordensgemeinschaften oder befristete Gemeinschaften christlichen Zusammenlebens wie Priesterseminare und kirchliche Internate. Einige Lebensformen hat sie institutionalisiert, aber nur die Ehe versteht sie als ein Sakrament. Das hat sie nicht gehindert, den Priestern die Ehe zu verbieten und auch anderen Lebensformen, die nicht die Würde eines Sakraments haben, eine hohe, ja zuweilen sogar höhere Wertschätzung entgegenzubringen als der Ehe.[62] Sie hätte also heute durchaus die Möglichkeit, auch andere Partnerschafts- und Familienformen neben der sakramentalen Ehe anzuerkennen.

Auch eine sakramentale Ehe kann scheitern, und dies kann auch ein Scheidungsverbot nicht verhindern. Das Verbohren in die Frage nach Schuld und Sünde führt weg von der zentralen theologischen Frage nach dem Heil für die Menschen. Das Heil muss nicht in jedem Fall in einem lebenslangen Zusammenbleiben von Menschen liegen, deren Beziehung zerrüttet ist. Eine solche Beziehung ist auch nicht mehr ein Zeichen der Liebe. Auch das Sakrament der Versöhnung kann eine zerrüttete Ehe meist nicht heilen, und Versöhnung muss nicht unbedingt zur Fortsetzung einer zerrütteten Ehe führen. Versöhnung kann auch darin bestehen, den anderen loszulassen und ihm Gutes für sein weiteres Leben zu wünschen; dies kann auch zu einer Versöhnung mit sich selbst und der eigenen gebrochenen Lebensgeschichte vor Gott beitragen.

7.2 Ein theologisches Verständnis der manigfaltigen Familienkonstellationen

Das *Verständnis der Familie* ist dogmatisch nicht festgelegt,[63] es wird lediglich insofern aus dem Sakrament der Ehe abgeleitet, als diese «auf die Zeugung und Erziehung von Nachkommenschaft hingeordnet» ist und «darin gleichsam ihre

---

[62] Papst Johannes Paul II. hat sogar in seinem Apostolischen Schreiben zur Familie *Familiaris consortio* den Vorzug der «Jungfräulichkeit» vor der Ehe betont: «Deshalb hat die Kirche im Lauf ihrer Geschichte immer die Erhabenheit dieses [der Jungfräulichkeit, S. K.] Charismas über das der Ehe verteidigt, eben aufgrund seiner ganz einzigartigen Verbindung mit dem Reich Gottes.» *Papst Johannes Paul II.*, Familiaris consortio Art. 16.

[63] Der Dogmatiker Peter Walter stellt fest, dass Familie «kein Thema der dogmatischen Theologie» sei. *Walter,* Annäherungen 47.

Krönung»⁶⁴ findet. Wie lassen sich die vielfältigen anderen Familienkonstellationen und Familienmitglieder *theologisch* verstehen und würdigen? Es wird ihnen wohl kaum gerecht, sie als «irregulär» einzuordnen und der Pastoral der Kirche anzuempfehlen.⁶⁵ Lässt sich aus der Tradition der Kirche auch ein positives Verständnis der verschiedenen Familienformen von heute gewinnen? Die Tatsache, dass es keine eigene Familientheologie gibt, eröffnet viele Möglichkeiten für ein neues theologisches Verständnis der Familie. Es geht dabei nicht darum, nun doch noch eine dogmatische Familientheologie zu entwickeln, sondern darum, die vielfältigen Familienkonstellationen auch in einem theologischen Horizont zu verstehen. Eine Möglichkeit ist es, die Familie vom *Sakrament der Taufe* her zu begreifen, anstatt allein vom Sakrament der Ehe auszugehen.⁶⁶ Es ist wenig hilfreich für das christliche Selbstverständnis der Familienmitglieder, eine Familie mit unehelichen Kindern, mit Adoptiv-, Pflege- oder Stiefkindern und mit unverheirateten, mit geschiedenen oder wiederverheirateten Eltern oder einem alleinerziehenden Elternteil als ein Konglomerat irregulärer oder schwieriger Zustände zu verstehen und moralisch nach den Normen der Kirche zu beurteilen. Das Sakrament der Taufe stärkt das Bewusstsein, dass jedes Familienmitglied eine eigene göttliche Würde und Berufung hat. Selbst wenn einige Mitglieder einer solchen Familie nicht getauft sind, was in der multikulturellen und säkularen Gesellschaft heute immer häufiger vorkommt, ist das Sakrament der Taufe doch als ein Zeichen zu verstehen, das in besonderer Weise sichtbar macht, was die Kirche auch in Bezug auf das Leben der nicht getauften Menschen glaubt: dass jedes Leben von Gott gewollt ist, dass es eine göttliche Berufung hat, und dass die Gnade Gottes in jedem Leben wirksam ist.

7.3 Weiterentwicklung der kirchlichen Lehraussagen

Es ist die Frage, ob nicht langfristig doch auch eine *Weiterentwicklung der kirchlichen Lehraussagen* vor allem in Bezug auf die Frage der Ehescheidung und der Wiederverheiratung möglich ist.

Jesu Verbot der Ehescheidung war in den frühen Gemeinden bekannt und wurde als ein Wort des Herrn tradiert, aber als eine Weisung und nicht als ein allgemeines Gesetz. Schon den ersten Gemeinden war klar, dass diese Weisung nicht rigoros lebbar ist (vgl. Mt 19,10). Paulus differenziert in Bezug auf die

---

[64] *Gaudium et spes* Art. 48, in: *Rahner/Vorgrimler*, Konzilskompendium 498.
[65] So noch *Papst Johannes Paul II.*, Familiaris consortio Art. 79–84.
[66] Zu diesem Ansatz ausführlicher: *Klein*, Vielfalt.

damalige Praxis: Er besteht auf dem Verbot der Trennung: «Den Verheirateten gebiete nicht ich, sondern der Herr: Die Frau soll sich nicht vom Mann trennen...» (1Kor 7,10). Im selben Satz zieht er zugleich den Fall der Trennung in Erwägung: «...wenn sie sich aber trennt, so bleibe sie unverheiratet oder versöhne sich wieder mit dem Mann» (1Kor 7,11), und anschließend gibt er angesichts der besonderen Situation der multikulturellen Gesellschaft in Korinth eine von Jesu Weisung abweichende – aber im Geist Jesu stehende – Erlaubnis: »Den Übrigen sage ich, nicht der Herr: [...] Wenn aber der Ungläubige sich trennen will, soll er es tun. Der Bruder oder die Schwester ist in solchen Fällen nicht wie ein Sklave gebunden; zu einem Leben in Frieden hat Gott euch berufen» (1Kor 7,12.15). Auch die Gemeinde des Matthäus kannte eine Ausnahme des Scheidungsverbots, nämlich den Fall der Unzucht (Mt 5,32; 19,9). In der Geschichte der Kirche hat es zudem immer die Praxis gegeben, das Scheidungsverbot aufrecht zu erhalten und gleichzeitig Wege zu einer Trennung zu öffnen. So weist Jon Mathieu beispielsweise darauf hin, dass es im 11. Jahrhundert eine Ausweitung der Heiratsverbote bis in den siebenten Grad der Verwandtschaft gab, zu der auch die Paten und die Traupriester und ihre Verwandtschaft zählten, so dass es wohl kaum ein Paar gab, das gültig verheiratet war.[67] Damit war aber auch eine Ehescheidung aufgrund der Ungültigkeit der Ehe leicht möglich. Ein kirchenrechtlich-formaler Weg der Ehescheidung über die Feststellung der Nichtigkeit einer Ehe ist auch heute möglich, er wird von vielen betroffenen Menschen allerdings als unwürdig angesehen.

Welche Möglichkeiten gibt es, die Lehre und Praxis der katholischen Kirche in Bezug auf die Ehescheidung weiterzuentwickeln? Es wäre ein theologisch überzeugender Weg, die Befunde der Exegese in Bezug auf die heutigen Situationen der Menschen neu auszuloten, auch in der ökumenischen Überzeugung, dass auch die anderen christlichen Konfessionen sich um das rechte Verständnis der Bibel und um eine angemessene Praxis bemüht haben. In diesem Zusammenhang kann die katholische Kirche gut an die Praxis der Orthodoxen Kirche anknüpfen.[68] Konrad Hilpert bringt die Überlegung eines geregelten Verfahrens zur Korrektur lehramtlicher Aussagen ins Spiel. «Letztlich wäre aber auch die Generierung eines solchen Verfahrens ein Ausdruck der Bereitschaft der ganzen Kirche, umzukehren und sich jeweils in der Gegenwart neu auszurichten auf das Evangelium, ohne dieses und seine Interpretationen durch die Geschichte hindurch aus dem Auge zu verlieren.»[69] Letzlich gilt es, immer

---

[67] *Mathieu*, Entwicklung, in diesem Band.
[68] Vgl. *Belliger*, Die Geschiedenen.
[69] *Hilpert*, Verschiebung 72.

weiter in der christlichen Gemeinschaft und in der Gesellschaft nach den «Zeichen der Zeit», nach den Zeichen des Heils Gottes für die Menschen zu suchen, und sie im Licht des Evangeliums zu deuten.[70]

Literaturverzeichnis

III. Außerordentliche Generalversammlung der Bischofssynode: Relatio Synodi: Die pastoralen Herausforderungen der Familie im Rahmen der Evangelisierung, vom 5.–19. Oktober 2014. Bonn (Dokumente der Deutschen Bischofskonferenz/Arbeitshilfen 273) 2014.

XIV. Ordentliche Generalversammlung der Bischofssynode: Relatio finalis: Die Berufung und Sendung der Familie in Kirche und Welt von heute, vom 24. Oktober 2015. Bonn (Dokumente der Deutschen Bischofskonferenz/Arbeitshilfen 276) 2015.

Belliger, Andréa: Die wiederverheirateten Geschiedenen. Eine ökumenische Studie im Blick auf die römisch-katholische und griechisch-orthodoxe (Rechts-)Tradition der Unauflöslichkeit der Ehe. Münster: Ludgerus (Beiheft 26 zum Münsterischen Kommentar zum CODEX IURIS CANONICI) 2000.

Denzinger, Heinrich/Hünermann, Peter (Hg.): Enchiridion symbolorum definitorum et declarationum de rebus fidei et morum – Kompendium der Glaubensbekenntnisse und kirchlichen Lehrentscheidungen. Lateinisch – deutsch. Freiburg i. Br.: Herder [44]2014.

Die Bibel. Einheitsübersetzung Altes und Neues Testament. Freiburg i. Br.: Herder 2006.

Hilpert, Konrad: Verschiebung der Koordinatenachsen. Eine Zwischenbilanz des synodalen Wegs, in: *Arnold, Markus u. a.:* Familie im Brennpunkt. Freiburg/Schweiz: Paulusverlag (Theologische Berichte 37) 2017, 56–72.

Kasper, Walter Kardinal: Das Evangelium von der Familie. Die Rede vor dem Konsistorium. Freiburg/Basel/Wien: Herder 2014.

Kasper, Walter Kardinal: «In der Liebe selber entscheiden», in: Zeit-Online www.zeit.de/2016/17/vatikan-kardinal-walter-kasper-amoris-laetitia/seite-2 (5.6.2018).

Klein, Stephanie: Das Priesteramt mutig stärken – den Priestermangel beheben. Ein Beitrag aus pastoraltheologischer Sicht zu den Folgen des Priestermangels, in: *Bünker, Arnd/Husistein, Roger (Hg.):* Diözesanpriester in der Schweiz. Prognosen, Deutungen, Perspektiven. Zürich: NZN bei TVZ (Beiträge zur Pastoralsoziologie 15) 2011, 147–159.

Klein, Stephanie: Die Vielfalt der Familien und das Sakrament der Taufe. Ansätze zu einem neuen theologischen Verständnis der Familien, in: *Bauer, Christian/Schüßler, Michael (Hg.):* Pastorales Lehramt? Spielräume einer Theologie familialer Lebensformen. Ostfildern: Grünewald Verlag 2015, 51–67.

---

[70] Vgl. *Gaudium et spes* Art. 4, in: *Rahner/Vorgrimler,* Konzilskompendium 451.

Amoris laetitia und der Wandel der kirchlichen Familienvorstellungen

Klein, Stephanie: Familienrealitäten und Familienvorstellungen heute. Ein Blick auf empirische Befunde, in: *Klein, Stephanie (Hg.):* Familienvorstellungen im Wandel. Biblische Vielfalt, geschichtliche Entwicklungen, gegenwärtige Herausforderungen. Zürich: TVZ 2018.

Köster, Norbert: Papst Franziskus und die jesuitische Art der Entscheidungsfindung, in: *Knop, Julia/Loffeld, Jan (Hg.):* Ganz familiär. Die Bischofssynode 2014/2015 in der Debatte. Regensburg: Friedrich Pustet 2016, 63–74.

Loffeld, Jan: Prozessverläufe und divergente theologische Erkenntnisorte. Die Außerordentliche und Ordentliche Bischofsversammlung 2014/2015, in: *Knop, Julia/ Loffeld, Jan (Hg.):* Ganz familiär. Die Bischofssynode 2014/2015 in der Debatte. Regensburg: Friedrich Pustet 2016, 43–62.

Mathieu, Jon: Entwicklung von Ehe und Familie in Europa: Die Jack-Goody-Debatte um die christliche Prägung der Familienverfassung, in: *Klein, Stephanie (Hg.):* Familienvorstellungen im Wandel. Biblische Vielfalt, geschichtliche Entwicklungen, gegenwärtige Herausforderungen. Zürich: TVZ 2018 (in diesem Band).

Melzer-Keller, Helga: Der Brief an die Gemeinde in Ephesus. Gemeinsinn und Wertkonservativismus als Überlebensstrategie einer kleinasiatischen Gemeinde, in: *Schottroff, Luise/Wacker, Marie-Theres (Hg.):* Kompendium Feministische Bibelauslegung. Gütersloh: Gütersloher Verlagshaus ²1998.

Ossa, Francisco Javier Kardinal Errázuriz: Die 5. Generalversammlung des Episkopats von Lateinamerika und der Karibik und ihre Beziehung zu Papst Franziskus. In: *Müller, Wolfgang W. (Hg.):* Reden über die Welt und Gott. Otto-Karrer-Vorlesungen 2010–2017, Zürich: TVZ (Ökumenisches Institut Luzern Bd. 11) 2017, 46–85.

Papst Franziskus: Ansprache zum Abschluss der XIV. Ordentlichen Generalversammlung der Bischofssynode (24. Oktober 2015), in: L'Osservatore Romano (dt.) 45 (2015) Nr. 44, 1.

Papst Franziskus: Apostolisches Schreiben *Evangelii gaudium* des Heiligen Vaters Papst Franziskus an die Bischöfe, an die Priester und Diakone, an die Personen geweihten Lebens und an die christgläubigen Laien über die Verkündigung des Evangeliums in der Welt von heute, vom 24. November 2013. Hg. vom Sekretariat der Deutschen Bischofskonferenz. Bonn (Verlautbarungen des Apostolischen Stuhls 194) 2013.

Papst Franziskus: Generalaudienz (6. Mai 2015), in: L'Osservatore Romano (dt.) 45 (2015) Nr. 20, 2.

Papst Franziskus: Misericordiae vultus. Verkündigungsbulle von Papst Franziskus zum Außerordentlichen Jubiläum der Barmherzigkeit vom 11. April 2015. Hg. vom Sekretariat der Deutschen Bischofskonferenz. Bonn (Verlautbarungen des Apostolischen Stuhls 200) 2015.

Papst Franziskus: Nachsynodales Apostolisches Schreiben *Amoris laetitia* an die Bischöfe, an die Priester und Diakone, an die Personen geweihten Lebens, an die christlichen Eheleute und an alle christgläubigen Laien über die Liebe in der Familie, vom 19. März 2016

(VApS 204). Hg. vom Sekretariat der Deutschen Bischofskonferenz. Bonn (Verlautbarungen des Apostolischen Stuhls 204) 2016.

Papst Johannes Paul II.: Apostolisches Schreiben *Familiaris consortio* von Papst Johannes Paul II. an die Bischöfe, Priester und Gläubigen der ganzen Kirche über die Aufgaben der christlichen Familie in der Welt von heute, vom 22. November 1981. Hg. vom Sekretariat der Deutschen Bischofskonferenz. Bonn (Verlautbarungen des Apostolischen Stuhls 33) 1982.

Papst Paul VI: Enzyklika Papst Pauls IV. *Humanae vitae* über die rechte Ordnung der Weitergabe des menschlichen Lebens. Trier: Paulinus-Verlag ⁴1979.

Rahner, Karl/Vorgrimler, Herbert: Kleines Konzilskompendium. Sämtliche Texte des Zweiten Vatikanischen Konzils. Freiburg i. Br.: Herder ³⁵2008.

Schneider, Theodor: Zeichen der Nähe Gottes. Grundriss der Sakramententheologie. Mainz: Matthias-Grünewald-Verlag 1979.

Thistlethwaite, Susan: Mißbrauch führt zu Mißhandlung. In: *Schmidt, Eva Renate/Korenhof, Mieke/Jost, Renate (Hg.):* Feministisch gelesen Bd. 1: 32 ausgewählte Bibeltexte für Gruppen, Gemeinden und Gottesdienste. Stuttgart: Kreuz Verlag ³1990.

Wacker, Marie-Theres: Biblische Bezüge zur Ehe- und Familienthematik auf der Bischofssynode. Hermeneutische Bruchstellen, in: *Knop, Julia/Loffeld, Jan (Hg.):* Ganz familiär. Die Bischofssynode 2014/2015 in der Debatte. Regensburg: Friedrich Pustet 2016, 111–126.

Walter, Peter: Einige Annäherungen an das Thema «Familie» aus theologiegeschichtlicher Perspektive. In: *Goldschmidt, Nils/Beestermöller, Gerhard/Steger, Gerhard (Hg.):* Die Zukunft der Familie und deren Gefährdungen. Norbert Glatzel zum 65. Geburtstag. Münster: Lit (Schriften des Instituts für Christliche Sozialwissenschaften der Westfälischen Wilhelms-Universität Münster 44) 2002, 47–55.

Autorinnen und Autoren

Breslauer, Richard, Dr. phil., war Dozent an der Universität Basel und am Zürcher Institut für interreligiösen Dialog (ZIID) und ist Bankdirektor in Zürich.

Gellner, Christoph, Dr. theol., ist Leiter des Theologisch-pastoralen Bildungsinstituts der deutschschweizerischen Bistümer (TBI) in Zürich und freier Mitarbeiter am Ökumenischen Institut der Universität Luzern.

Gniosdorsch, Iris Maria, Dr. phil. habil., ist Lehrerin für Philosophie, katholische Religion und Ethik am Leibniz-Gymnasium und am Friedrich-Dessauer-Gymnasium in Frankfurt am Main.

Graf, Claudia, Dr. theol., ist Spitalseelsorgerin in Bülach.

Kirchschläger, Walter, Prof. em. Dr. theol. habil., ist emeritierter Professor für Exegese des Neuen Testaments an der Universität Luzern.

Klein, Stephanie, Prof. Dr. theol. habil., Dipl.-Päd., ist Professorin für Pastoraltheologie an der Universität Luzern und Co-Leiterin des Universitären Forschungsschwerpunkts «Wandel der Familie im Kontext von Migration und Globalisierung».

Mathieu, Jon, Prof. em. Dr. phil. habil., ist emeritierter Titularprofessor für Geschichte mit Schwerpunkt Neuzeit an der Universität Luzern.

Vorholt, Robert, Prof. Dr. theol. habil., ist Professor für Exegese des Neuen Testaments an der Universität Luzern.